Para:

De:

CB018816

Data:

Vivendo pela Graça

Dalene Reyburn

1ª Edição
Santo André - SP
2021

Geográfica editora

Editor responsável
Marcos Simas

Supervisão editorial
Maria Fernanda Vigon

Tradução
Alzeli Simas

Preparação de texto
Carlos Fernandes

Diagramação e Adaptação
PSimas
Renata Nunes Nawrath

Capa
Let Design

Revisão
João Rodrigues Ferreira
Carlos Buczynski
Nataniel dos Santos Gomes
Angela Baptista

SIGA-NOS NAS REDES SOCIAIS

 geograficaed

 geoeditora

 geograficaeditora

 geograficaeditora

Geográfica editora

R457v	Reyburn, Dalene
	Vivendo pela graça / Dalene Reyburn. Tradução de Alzeli Simas. – Santo André : Geográfica, 2024.
	408p. ; 16x23cm
	Título original: Walking in grace.
	ISBN 978-65-5655-110-4
	1. Livro de meditações. 2. Bíblia Sagrada. 3. Devocional. I. Título. II. Simas, Alzeli.
	CDU 242

Para Murray,
Por todas as maneiras com que o seu amor me mantém
seguindo em frente

E para Nicole, Meagan, Annabelle, Caroline e Isla – que
vocês cresçam para serem mulheres corajosas que amam
a verdade e caminham em graça

CONTEÚDO

JANEIRO

"Faça tudo o que puder com o que você tem, no tempo que você tem, no lugar em que você está."

– *Nkosi Johnson, ativista contra a Aids (1989-2001)*

Um novo ano sem medo

O próprio SENHOR irá à sua frente e estará com você;
ele nunca o deixará, nunca o abandonará.
Não tenha medo! Não se desanime!

Deuteronômio 31.8

Moisés disse, de forma incisiva e diante de todo o Israel, que Josué deveria ser forte e corajoso, porque ele mesmo sabia o que era estar às portas do futuro. O grande líder hebreu também conhecia o Deus que já sabia inteiramente o que aconteceria nos dias que estavam por vir.

Hoje, você está se aproximando das páginas em branco de um novo ano. Você nunca chegou tão longe, e pode ser meio assustador pensar em enveredar pelos desafios que o futuro lhe reserva. Como Josué – e como Moisés, antes dele –, você não sabe o que pode estar lhe esperando quando virar as páginas da vida.

Porém, este novo ano pode ser o seu culto sem medo, seu presente para Deus, com 365 pequenos passos em direção à obediência – sua declaração viva de que a fé e o medo não podem coexistir em seu coração. E, como costuma acontecer com a adoração, viver este ano pode ser difícil, estimulante e profundamente satisfatório. Por isso, quando você acordar a cada novo dia deste ano para planejar suas ações, seus pensamentos, suas palavras e seus posicionamentos no ritmo da adoração ao Senhor em espírito e em verdade, agradeça a Deus pelo potencial do que pode lhe acontecer nos próximos meses. E lembre-se de que ele está 365 passos à frente de você – e depois, mais alguns...

Qual o tipo de medo, grande ou pequeno, que você pode entregar a Deus hoje para o próximo ano?

Jesus, eu te consagro este ano e te entrego todos os meus sentimentos.
Por favor, faz dele algo bonito. Amém.

Olhe para frente para olhar para trás

Portanto, assim como vocês receberam a Cristo Jesus, o Senhor, continuem a viver nele, enraizados e edificados nele, firmados na fé, como foram ensinados, transbordando de gratidão.

Colossenses 2.6-7

No momento em que você for definir suas metas para este ano, considere aquilo pelo que gostaria de ser mais grata durante os próximos doze meses, a partir de agora. Escolha um tema para você buscar durante todo o ano: pode ser perseverança, gentileza, sabedoria ou consistência. Enfim, algo que a ajudará a se manter focada. A tentativa de viver por uma determinada ideia diz muito acerca de suas prioridades e decisões. Poderia ser algo como: "Eu gostaria de chegar ao final deste ano e dizer que estou muito grata, porque fui mais paciente com meus filhos." Desta forma, estaria escolhendo a paciência como tema.

Os temas deste devocional são *verdade, coragem, excelência e beleza*. Talvez você possa começar por um deles. O que esses temas poderiam parecer para você? Em que áreas de sua vida, atualmente, você poderia ser corajosa o suficiente, para enfrentar a verdade e procurar viver de uma maneira excelente, para a glória de Deus? O que o Senhor está pondo em seu coração como desafio acerca deste novo ano que se inicia, e onde ele indica que você deve gastar seu tempo, seu dinheiro, sua energia e sua capacidade emocional? Ouça. Obedeça. Você se sentirá feliz pelo que fez.

O que você quer agradecer a Deus durante este ano que se inicia?

Jesus, ajuda-me a tomar decisões hoje de acordo com o que quero te adorar no futuro. Amém.

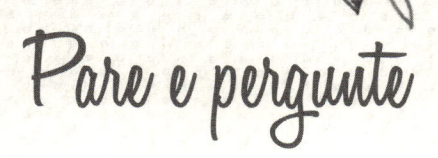

Pare e pergunte

> Confie no SENHOR de todo o seu coração e não se apoie em seu próprio entendimento; reconheça o SENHOR em todos os seus caminhos, e ele endireitará as suas veredas.
>
> *Provérbios 3.5-6*

Este é um compromisso extremo: o de se entregar a Deus completamente e absolutamente todas as facetas de sua vida. No entanto, isso vem com uma promessa radical, que altera toda uma vida: ele lhe dará claras instruções.

Não podemos nos permitir perder isso. Portanto, não saia mais adiante no labirinto de um outro ano, ou na confusão das estradas brilhantes e claras da vida, sempre e de tráfego ascendente, a não ser que você tenha se rendido a Deus.

Decida hoje arriscar tudo em Jesus – tanto a sua vida interior quanto a exterior. E não tente convencer a si mesma de que você sabe exatamente para onde está indo e que não precisa parar e perguntar sobre quais direções tomar. Afinal, ninguém tem uma bússola moral totalmente confiável. Em vez disso, em cada reunião de grandes mentes ou no trânsito mundano ao longo de corredores cheios de alimentos congelados, continue pedindo a Deus que lhe mostre sua vontade e seu caminho em sua força, para a glória do nome do Senhor. Então, respire a certeza de uma profunda paz e saiba que ele lhe dará as coordenadas de que você precisa, pelo menos, para o próximo passo.

Se você sabe que está assustada e paralisada ou se sente como se estivesse começando mal este novo ano – doente e fracassada –, que tal tirar um momento hoje para uma silenciosa rendição ao Pai?

Deus, estou lutando para confiar em ti. Eu sou tentada a seguir meu próprio caminho, mas sei que tu vês as coisas que não vejo. Por favor, escolhe o caminho certo para mim. Amém.

Simplifique

> Não que eu já tenha obtido tudo isso ou tenha sido aperfeiçoado, mas prossigo para alcançá-lo, pois para isso também fui alcançado por Cristo Jesus. Irmãos, não penso que eu mesmo já o tenha alcançado, mas uma coisa faço: esquecendo-me das coisas que ficaram para trás e avançando para as que estão adiante, prossigo para o alvo, a fim de ganhar o prêmio do chamado celestial de Deus em Cristo Jesus
>
> *Filipenses 3.12-14*

Paulo tinha uma maneira bem particular de destilar a pura verdade da sujeira da vida. Ele entendeu que não podia mudar seu passado, mas teve a coragem de enfrentá-lo e colocá-lo em seu lugar – o qual não era outro senão para trás dele. O apóstolo descobriu que, olhando para frente, sua prioridade mais elevada, e ao mesmo tempo mais simples, era tornar-se cada vez mais como Jesus.

Lembrar-se do que realmente importa no final das contas, ajuda a simplificar e a embelezar a sua vida. Isso acalma o ruído do presente e as vozes do passado, dá clareza e perspectiva e dispersa as distrações que puxam você para direções que levam a um beco sem saída. Um novo ano é um presente e uma bela oportunidade para limpar as armadilhas e pesar as coisas sabiamente: relacionamentos, trabalho, ministério e outras áreas da vida nas quais despendemos tempo e energia. Portanto, avalie cada decisão e cada interação, direcionando e definindo a sua esperança apenas em Jesus.

Você poderia fazer alguma coisa hoje para simplificar a sua vida?

Jesus, deixa que a coisa mais verdadeira e mais bonita em minha vida seja, simplesmente, te seguir. Amém.

Pessoas de propósito

O amor deve ser sincero. Odeiem o que é mau; apeguem-se ao que é bom.

Romanos 12.9

O amor não é falso ou fraco. Jesus disse que é o nosso amor real e autêntico que nos separa radicalmente do mundo (João 13.35), que permanece instável nas aparências e egoísta. O amor de Cristo, por outro lado, é forte e seguro. Sólido e estável, esse amor nos obriga a observar as pessoas que atravessam nossos caminhos ou que chegam à porta de nossa casa com *um propósito* especial. Quando elas fazem parte de nossa vida de alguma maneira, preenchem nossos dias e lhes dão algum propósito.

Seu Pai celestial já conhece as pessoas que serão escritas em sua história este ano. Ore por discernimento, sabedoria e perspicácia para lê-las corretamente. Tenha uma ideia de onde elas vêm, para onde estão indo e como estão chegando lá emocional e espiritualmente. Interceda, também, para que Deus dê um pouco de seu coração a elas e para que você realmente as perceba e possa amá-las de maneira plena.

Esteja você saudando um estadista ou cumprimentando uma faxineira, aprenda a levar esses momentos, que podem parecer artificiais e aleatórios, ou aparentemente insignificantes, com igual seriedade. Gaste menos energia tentando ser interessante e se empenhe mais em se interessar realmente pelos outros.

Há pessoas em sua vida que você tende a esquecer? Como você poderia começar a vê-las e a amá-las?

Senhor, não me deixes desperdiçar uma única interação, oferecendo palavras calorosas de vida. Amém.

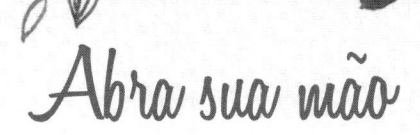

Abra sua mão

Então o SENHOR lhe perguntou: "Que é isso em sua mão?"

Êxodo 4.2

Em um momento crucial de sua vida, Moisés não acreditava que tinha muito a contribuir para o plano grandioso de Deus em relação ao seu povo. Ele era, aparentemente, apenas um pastor com uma vara – e, mesmo assim, é exatamente dessa forma que o Senhor Deus o usa. Ele desafia Moisés a tomar *apenas o que tem* e a confiar nele para usá-lo de maneiras que jamais poderia imaginar. Deus transforma a vara na mão de Moisés em uma cobra, e esse é o primeiro sinal destinado a faraó. Mais tarde, vencido, o soberano do Egito deixa o povo de Deus ir. O resto é história.

Você tem algo na sua mão também. É algo para oferecer ao Senhor.

Pode não ser muito, como a vara na mão de Moisés – mas isso que você tem é a maravilha que será usada por Deus. Sim, o Todo-poderoso pode transformar o que é simplesmente entregue a ele em algo deslumbrante – algo surpreendentemente belo e eficaz.

Faça um simples ato de obediência este ano, abrindo mão do que tem e semeando aquilo que você está segurando. Semeie a verdade. Semeie a excelência. E quando sua mão estiver vazia e você achar que não tem mais nada para semear, pode se surpreender ao encontrar outro saco de sementes a seus pés. Então, mergulhe as mãos de volta nesse saco e procure mais sementes. Solte-as no solo em que você está e confie em Deus para a colheita. Em seguida, faça-o novamente, e mais uma vez e outra.

O que você está segurando? Você vai dar a Deus e deixar que ele use isso?

Jesus, isso é tudo o que tenho na minha mão. Estou dando ao Senhor e confiando que tu podes transformá-lo para a tua glória. Amém.

Começa com você

A vereda do justo é como a luz da alvorada, que brilha cada vez mais até a plena claridade do dia.

Provérbios 4.18

É um paradoxo deslumbrante que nos tornemos mais experientes e plenos quanto mais velhos ficamos, porque crescemos na plenitude de Cristo. Contudo, por mais que cresçamos, *nunca* temos o que é preciso para mudar o mundo.

Você quer mudar o mundo, certo? Você quer políticos honestos, um excelente nível educacional para todos, preservação do meio ambiente, segurança e assistência médica eficaz e abrangente. No entanto, os males de cada sociedade se transformam em formas cada vez mais sinistras, a menos que seus integrantes mudem. Portanto, antes que seja possível começar a corrigir os erros que vemos, precisamos que a luz de Cristo nasça no coração das pessoas, porque o coração mudado transforma o comportamento dos indivíduos que mudam uma sociedade.

Só que o processo começa com você. Na tradição hebraica de alcançar os outros pela mudança e influência, eles dizem: "Um é obrigatório; dois é um privilégio." Você é o obrigatório – e as vidas que você toca são o privilégio. Se *apenas você* puder mudar, o mundo será diferente; e, se *apenas uma outra pessoa* cuja vida se conecta com a sua pode mudar, a diferença dobra, e, de repente, você não é apenas uma sonhadora – é uma revolucionária, capaz de deixar o planeta melhor do que o encontrou.

Você está agindo intencionalmente para oferecer o brilho mais brilhante todo dia, inspirando os outros a olhar para Jesus como fonte de mudança positiva?

Jesus, tu és a esperança do mundo. Usa-me. Amém.

O que a impede de ser você mesma?

Porque somos criação de Deus realizada em Cristo Jesus para fazermos boas obras, as quais Deus preparou de antemão para que nós as praticarmos.

Efésios 2.10

Você é uma obra-prima de Deus. Então, o que a impede de ser e fazer o que Deus planejou há muito tempo para a sua vida, hoje e em todos os seus dias já contados, passados, presentes e futuros?

Se o que é verdade para mim é verdadeiro para você, então você experimentou coisas que a fazem desejar que o mundo seja diferente. Você tem sentimentos em seu coração que não gostaria de ter. Fica desanimada e não é levada a sério. Alguns dias, você sonha sonhos e fecha negócios; em outros, quer esquecer o que aconteceu na noite passada, com vergonha do que fez. Você olha para trás com pesar e para a frente, com medo – e por causa disso vive um presente medíocre, permitindo que o medo de não se importar muito com algo a mantenha longe justamente do que mais importa.

Você poderia decidir hoje o que poderia ser evitado para desperdiçar seu tempo e potencial e poderia começar a decodificar os sonhos de Deus tecidos em seu DNA, porque ele colocou em você uma paixão por sua glória – e porque ele a chama de obra-prima, feita nova para cumprir as atribuições do Reino, previamente planejadas pelo Criador. Isso é maravilhoso!

Você está vivendo a verdade de que, apesar dos desafios externos e internos da vida, foi feita nova criatura, com um propósito planejado por Deus?

Senhor, deixa-me ser e fazer aquilo para o que tu me preparaste. Amém.

Vivendo a maravilha

E ele morreu por todos para que aqueles que vivem já não vivam mais para si mesmos, mas para aquele que por eles morreu e ressuscitou. De modo que, de agora em diante, a ninguém mais consideramos do ponto de vista humano. Ainda que antes tenhamos considerado Cristo dessa forma, agora já não o consideramos assim. Portanto, se alguém está em Cristo, é nova criação. As coisas antigas já passaram; eis que surgiram coisas novas!

2Coríntios 5.15-17

Espere um momento. Deixe isso se aprofundar... e assentar: *uma nova vida começou!*

Jesus tomou sobre si o castigo que deveria ser sua e minha responsabilidade, a fim de que pudéssemos andar livres e limpas para o destino que ele projetou para nós. A pressão para ganhar o seu futuro acabou.

E você – a bela e nova você – foi criada e abençoada por Deus. Há coisas em você que são únicas e inusitadas para qualquer um dos sete bilhões de pessoas que se aglomeram nos cinco continentes. Você tem oportunidades exclusivas e uma vocação única! Então, comece a viver essa nova vida para Jesus em uma área específica de influência. Naturalmente, a maravilha que envolve a sua vida com tanta distinção está lá porque Deus venceu as trevas com ardente esperança, para chamá-lo de Redentor e de amado. Toda a maravilha de Jesus brilha de maneira esplendorosa somente quando você sabe que não é a personagem principal da história e quando vive a maravilha da glória dele, não a sua.

Olhando para trás, você pode identificar de verdade que a velha vida se foi e uma nova vida começou?

Jesus, obrigada porque o teu sacrifício abriu espaços maravilhosos para eu viver para ti. Amém.

Busque a perfeição, mas caminhe na graça

Então Jesus pôs-se em pé e perguntou-lhe: "Mulher, onde estão eles? Ninguém a condenou?" "Ninguém, Senhor", disse ela. Declarou Jesus: "Eu também não a condeno. Agora vá e abandone sua vida de pecado."

João 8.10-11

10 DE JANEIRO

Jesus sempre apontou para o ideal no que diz respeito a como as pessoas devem viver. Contudo, ele nunca condenou aquelas que ficaram aquém. O Salvador nunca abaixou o nível de exigência ou deu quaisquer desculpas para o pecado. Pelo contrário: chamou as pessoas à santidade. Ele as convocou para se arrependerem com a urgência de um Deus compassivo, a fim de que conhecessem a liberdade da graça redentora. Seu perdão para a mulher pega em flagrante adultério é absoluto – contudo, sua orientação é clara: "Vá e abandone sua vida de pecado."

Sua vida pode parecer totalmente diferente da daquela mulher, mas viver em gratidão pela generosa graça de Deus, amando e honrando a ele, é o que mudará você também e transformará o mundo. Mudar o mundo depende de um compromisso com a obediência que exige verdade e coragem. O que tem de ser feito (verdade) precisa ser feito (coragem), e fazê-lo é bela obediência. Você precisa ser corajosa para inclinar-se radicalmente para o lado da verdade, mas ele vai deixá-la livre para viver plenamente, na cozinha, no carro, na sala de reuniões ou no quarto. E é em você, vivendo plenamente, livre e perdoada, que a mudança começa.

Você aceitou o dom de Deus de perdão total?

Jesus, obrigada por me libertares. Fortalece-me para usar a minha liberdade te glorificando diante do mundo. Amém.

Você pode perceber que não pode

> Darei a vocês um coração novo e porei um espírito novo em vocês; tirarei de vocês o coração de pedra e, em troca, darei um coração de carne.
>
> *Ezequiel 36.26*

Tentar mudar o seu próprio coração é como querer conduzir uma lancha que foi colocada no piloto automático. Você pode tentar forçar o barco para ir na direção que você escolhe, mas com certeza seus braços vão ficar muito cansados. Então, terá que deixá-lo simplesmente ir – e o barco vai acabar voltando à direção para a qual foi programado.

Talvez você tenha tentado mudar seu coração por conta própria, substituindo o já cansado piloto automático do seu coração. Mas a verdade é que você nunca pode mudar a si mesma, tampouco criar em seu peito um novo coração que seja sensível e compreensível. Porém, tenha a certeza de que você pode construir canais para canalizar os recursos surpreendentes da graça que muda um coração.

A mudança verdadeira e duradoura do coração acontecerá quando você entregar ao Salvador sua beleza e seu quebrantamento, confiando que ele fará a mudança, a fim de que o espaço e o potencial que você tem para a influência do Reino, possam se tornar uma realidade admirável e significativa.

Você vem tentando por conta própria mudar partes de você para ser "boa o suficiente", em vez de confiar em Deus para fazer essa mudança?

Pai, não posso mudar a mim mesma. Muda-me! Eu preciso de ti para me dar um novo coração e um novo espírito. Amém.

O ritmo irresistível da bela rotina

Tomem sobre vocês o meu jugo e aprendam de mim, pois sou manso e humilde de coração, e vocês encontrarão descanso para as suas almas.

Mateus 11.29

A rotina tem uma reputação ruim. A ideia de algo rotineiro sempre remete àquilo que é considerado tedioso e ordinário – algo maçante, repetitivo, sem sentido e desinteressante. Uma vida que se repete de forma ensaiada, onde os dias são iguais uns aos outros. No entanto, se você se atreve a se aprofundar para além do que é o cotidiano mundano, descobrirá a brilhante verdade de que a rotina é essencial para criar ritmo – e de que não há nada tedioso no que se refere ao ritmo.

Trata-se de um ritmo regular que atrai as pessoas para participar de uma dança. É o que nos faz rir mais facilmente; é o que entra na alma, levanta o humor, ilumina o espírito. Você não pode dançar espontaneamente, a menos que possa ouvir uma batida constante. Jesus disse que, se andássemos com ele na rotina cotidiana de segui-lo, nada nos seria pesado, comum ou ordinário. Ele disse que iria dar ritmo aos nossos passos e que isso seria algo belo. É a excelência e a beleza de nossa rotina que determinam a excelência e a beleza de nossa liberdade.

Como é a sua rotina, se é que você tem uma? Você a vê como algo que a prende ao comum ou uma oportunidade para desfrutar do extraordinário?

Jesus, eu quero andar, trabalhar e observar a ti. Escolhe o meu ritmo e a minha rotina. Transforma minha vida em uma bela batida que as pessoas não podem ignorar e que as atrai a ti. Amém.

Momento

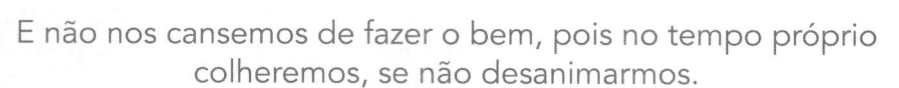

E não nos cansemos de fazer o bem, pois no tempo próprio colheremos, se não desanimarmos.

Gálatas 6.9

A rotina cria o momento. Se você tem o hábito de fazer alguma coisa todos os dias, é fácil continuar fazendo isso todos os dias depois de um certo tempo, porque o hábito – ou a rotina – faz com que você crie uma espécie de roteiro pessoal de ações. Assim, vai fazer as mesmas coisas simplesmente porque você continuou escolhendo essa forma de ir adiante.

Coisas como escovar os dentes, fazer café ou tomar banho são hábitos integrantes de nossa rotina diária. Cada um de nós realiza essas atividades sem perder tempo, ponderando sobre cada uma delas. E o tempo e a energia economizados por meio de bons hábitos e rotinas saudáveis, libertam-nos para nos ocuparmos em mudar o mundo.

Nunca subestime o poder e o significado de sua rotina, mesmo que você se pergunte se a rotina deste ano vai parecer a mesma, e igualmente sombria, do ano passado. Apreciar a forma como a estabilidade, a previsibilidade e o ímpeto que a rotina traz, pode liberá-la para assumir os desafios e as aventuras da vida, estimulando seu potencial de variadas e estimulantes maneiras diferentes.

Você é corajosa o suficiente para buscar a excelência este ano, cultivando rotinas?

Deus, ajuda-me a não ficar cansada do dia a dia enquanto faço o bem. Espero que, no teu devido tempo, eu possa colher os frutos da liberdade do momento de impulso. Amém.

Manter tempo com o tempo

Por isso não tema, pois estou com você; não tenha medo, pois sou o seu Deus. Eu o fortalecerei e o ajudarei; eu o segurarei com a minha mão direita vitoriosa.

Isaías 41.10

Lemos as Escrituras o tempo todo, mas parecemos não acreditar no que elas nos dizem. Nós, *realmente,* não vivemos como se acreditássemos que não há nada a temer. Você pode estar em uma fase de olhar ansiosamente para o futuro, procurando desligar a mente do presente com a expectativa de quem quase fica sem fôlego. Porém, é quase certo que virá um tempo quando o futuro vai parecer ameaçador e irá alcançar o presente, para roubar a sua alegria. Quando isso acontecer, se segure na verdade de que Deus cuida para que você fique firme onde está, sempre fortalecendo e ajudando você.

Mantenha seus pensamentos no dia de hoje. O futuro chegará a seu tempo. Ele não pode e não vai chegar a você nem um momento antes do que é devido. Você somente pode estar presente no agora e não no futuro, então, viva neste momento. Caminhe no ritmo do tempo. Não se retarde no passado – e não se apresse para o que vem adiante.

Você é uma pessoa propensa ao medo incapacitante provocado pelo futuro? O que você pode fazer para se lembrar de que hoje é tudo o que você sabe com certeza e que Deus está com você?

Deus, estou muito feliz porque tu estás presente nas minhas circunstâncias atuais. Dá-me a coragem de fazer um presente excelente e belo agora. Obrigada porque tu já estás no meu futuro, e podemos falar sobre isso quando eu chegar lá. Amém.

Bata seu próprio tambor

Esforcem-se para ter uma vida tranquila,
cuidar dos seus próprios negócios e trabalhar com
as próprias mãos, como nós os instruímos.

1 Tessalonicenses 4.11

Quando alguém nos diz que cuidemos de nossa própria vida, tais palavras geralmente vêm com certa carga de agressividade. É uma espécie de aviso para recuarmos. Contudo, a instrução de Paulo aos crentes de Tessalônica é maravilhosamente libertadora. Ele está exortando-os a se entregarem à própria vida, vivendo e apreciando o que possuem, sem olhar ao redor para ver quem está fazendo o quê ou o que mais está acontecendo.

Sua capacidade e suas prioridades variam dependendo do seu estágio de vida. Se você está solteira, se seus filhos deixaram o ninho vazio ou se você é a mãe de três criancinhas, tudo isso pode afetar, digamos, a maneira como irá preparar um jantar – se é que você tem tempo de fazê-lo...

Não se prejudique porque uma amiga, sua sogra ou seu chefe têm tudo o que desejam, enquanto você não está nem mesmo certa do que deseja de verdade. Pare de tentar fazer a sua vida seguir em um ritmo que não é o certo para sua vida. Seja corajosa e encontre a paz de espírito que funcione para você nesta sua atual fase da vida. Você não pode estar sempre dando seu mais excelente ou mostrando o seu lado mais bonito quando dança a música de outra pessoa. Então, dance segundo o seu próprio ritmo.

Você está tentando seguir o ritmo de sua vida de acordo com as características de alguma outra pessoa, desejando os seus dons e as suas aparentes capacidades?

Deus criador, ajuda-me a fazer o que tu gostarias que eu fizesse, de uma forma excelente e linda. Amém.

Previsão: Mudança, com uma chance de surpresa

Para tudo há uma ocasião certa; há um tempo certo para cada propósito debaixo do céu.

Eclesiastes 3.1

A mudança não deveria nos surpreender tanto quanto normalmente *acontece*, porque ela é resultado de um processo. Ou melhor, a mudança é uma das formas de sabermos que o tempo passou. Da mesma maneira que um micro-ondas descongela algo, de repente, o mundo é um pouco diferente do que era até alguns segundos atrás – é como se o que estava congelado até agora há pouco está descongelado neste momento. A mudança aconteceu, mostrando que o tempo passou.

A razão pela qual a mudança nos surpreende é porque depositamos nossas esperanças nas circunstâncias de nossa vida. No fundo, nós nos convencemos de que elas *não* mudarão com o tempo – então, quando elas inevitavelmente mudam, ficamos horrorizados.

Enquanto podemos e devemos apreciar nossas circunstâncias, precisamos de uma saudável consciência de que elas não são para sempre e que estão sujeitas às mudanças de tempo. Uma atitude mais segura e inteligente é manter toda a nossa esperança em Jesus – e, então, olhar com expectativa e sem medo, para que o tempo mude.

Que mudanças estão soprando com o tempo em seu mundo? Que tipo de coragem elas exigem de você?

Deus do tempo, ajuda-me a lembrar que a mudança não é apenas provável, mas inescapável. Dá-me a graça de me portar bem quando isso acontecer. Amém.

Voe, lute ou congele-se

Jesus Cristo é o mesmo, ontem, hoje e para sempre.

Hebreus 13.8

A verdade é que, da mesma forma que todos nós queremos fazer o que podemos para ver o mundo se tornar um lugar melhor, uma mudança, negativa ou adversa, que está além do nosso controle e que altera a nossa realidade, pode nos paralisar e nos impedir de fazermos a transformação positiva que desejamos. A mudança negativa torna o novo em uma realidade imprevisível. As coisas com as quais pensávamos que poderíamos contar podem desaparecer ou se transformar em algo irreconhecível.

A mudança negativa – como uma limitação física ou uma doença autoimune que remodelou sua vida irrevogavelmente – pode fazer você se esconder em uma caverna, desperdiçando sua energia com fúria. Ou, então, fazer você correr para qualquer lugar, mas não para o aqui e agora. Pode, ainda, estagná-la no mesmo velho esquema de sempre. Você luta, voa ou se congela.

Se você *optar* por alguma mudança, como trocar seu assento do corredor por um na janela, ótimo! No entanto, a mudança que você *não escolhe* é ameaçadora. É uma força que vem de fora de seu ser e que refreia sua determinação de dar o seu melhor para o mundo, porque, repentinamente, o mundo não é mais o que era. De repente, a tranquilidade e a confiança que você gerou a partir de um conjunto de circunstâncias desaparecem. Daí você gasta recursos emocionais, intelectuais e espirituais se recompondo, e isso leva tempo para se ajustar.

Quando o mundo ao seu redor muda, agarre-se à verdade: você está ancorada naquele que nunca muda.

Você está enfrentando mudanças difíceis que a estão levando a lutar, voar ou se congelar?

Ó Deus, obrigada porque tu és a minha constância. Amém.

Uma mudança é (nem sempre) tão boa quanto um feriado

Assim Josué ordenou aos oficiais do povo: "Percorram o acampamento e ordenem ao povo que preparem as provisões. Daqui a três dias vocês atravessarão o Jordão neste ponto, para entrar e tomar posse da terra que o SENHOR, o seu Deus, dá a vocês."

Josué 1.10-11

Os israelitas, sob o comando de Josué, não estavam atravessando o Jordão para fazer um piquenique em um novo lugar. Eles mal conseguiam imaginar a magnitude das mudanças que estavam à frente deles. Os hebreus iam de batalha em batalha em território inimigo desconhecido. No entanto, Deus tinha planos de usar aquele período de mudança hostil para transformar e restaurar o coração de seu povo.

As mudanças que você enfrenta em sua vida nem sempre serão agradáveis ou convenientes. Elas, provavelmente, vão deixá-la magoada, confusa, zangada ou até atordoada. Mas você pode confiar que Deus usará as mudanças para dar à sua fé uma força e um preparo que nunca seriam alcançados de outra forma. Você também pode confiar que, embora experimente sua vida como uma aventura surpreendente, espontânea e extenuante, isso não representa nenhuma dessas coisas para o Deus que nunca é tomado de surpresa e cujos planos são de eternidade em eternidade.

Se você não está enfrentando uma mudança agitada e desorientadora agora, talvez conheça alguém que esteja. De que forma você pode ajudar essa pessoa, para que ela seja encorajada e resistente durante esse período tão difícil?

Jesus, oro pela paz em meio à confusão de tanta mudança e confio que tu estejas usando toda essa mudança para me mudar. Amém.

Onde está sua esperança?

"Então você saberá que eu sou o SENHOR; aqueles que esperam em mim não ficarão decepcionados."

Isaías 49.23

Quando você foi atingida pelas ondas de choque de alguma mudança, provavelmente fez questionamentos irritados e zangados. Talvez você tenha pensado em fugir das mudanças. Ou, talvez, tenha tentado até mesmo subsistir com uma espécie de indiferença fria. Se você, mentalmente, minou os eixos de luta ou de isolamento, deve ter percebido que eles todos só a levariam a um beco sem saída. Com efeito, nenhum deles mudaria você, ou o mundo, para o bem. Se você bateu na origem de onde o medo espuma quente e irracional e o túnel se mostra ainda mais profundo para o poço da alma, onde as coisas nos ferem e depois se curam, terá ouvido que o sussurro de Deus é sempre o mesmo: *Onde está a sua esperança?*

Esperar que as coisas deste mundo permaneçam as mesmas ou que apenas mudem para se adequar ao seu conforto ou conveniência, conduzirá somente à decepção. O medo pode encolher um pouco, por um tempo, mas, provavelmente, vai voltar a crescer e aparecer e poderá se tornar vicioso. Ora, se colocar a sua esperança em qualquer coisa ou em alguém que não seja o Criador da serenidade e da estabilidade, você se decepcionará. Como é incrível *conhecer* este Criador e saber que você nunca precisará viver uma vida desprovida de propósito ou de esperança!

Você é corajosa o suficiente para pedir a Deus que faça brilhar uma luz em seu coração e mostrar se você está colocando sua esperança em algo diferente dele?

Deus de poder e de paz, coloco toda a minha esperança em ti. Amém.

Como o Deus imutável muda tudo

Com o teu amor conduzes o povo que resgataste; com a tua força tu o levas à tua santa habitação.

Êxodo 15.13

Diante dos hebreus estava o mar Vermelho; atrás, a escravidão. Então, Moisés louvou a Deus por resgatar o seu povo. Há uma bela ironia no fato de que a ampla mudança que o Senhor havia realizado neles estava de acordo com seu amor perene e sua fidelidade, além de seu caráter imutável de santa integridade. Só o Deus imutável pode trazer uma mudança duradoura.

Então, quando você tiver seu próprio mar para atravessar, confie no Deus soberano, aquele que *nunca muda*. Se a sua paz e o seu ritmo vêm dele, se você acredita que ele é quem diz que é e se você confia nele para pastorear e moldar a sua vocação e as condições de sua vida, então você não precisa ter medo. Deus fala e então a luz surge, as estrelas brilham, as células se multiplicam e o coração do feto bate! Ele está muito à frente de culturas on-line que se transformam durante a noite. Ele é maior do que a política, maior do que a segurança física ou o perigo, maior do que o que é tendência hoje e amanhã é esquecido, maior do que o cenário atual ou a velocidade das mudanças. Ele é muito, muito maior do que o medo – e ele pode até separar as águas.

Como o amor imutável de Deus mudou o seu próprio coração? Isso a tornou corajosa o bastante para aceitar e se envolver a fundo em busca da mudança no mundo ao seu redor?

Jesus, quero que teu caráter imutável venha me mudar, para que eu possa trazer mudanças para este mundo que honrem a Deus. Amém.

Catalisador

> Pela fé Abraão, quando chamado, obedeceu e dirigiu-se a um lugar que mais tarde receberia como herança, embora não soubesse para onde estava indo.
>
> *Hebreus 11.8*

Se a mudança a deixa atordoada, insegura ou ineficaz, pense um pouco nas pessoas que, ao longo da história, foram confrontadas com profundas mudanças e se tornaram revolucionárias.

Veja o caso de Abraão e sua esposa, que deixaram sua terra natal *sem saber, sequer, para onde Deus os estava levando*. No final, eles construíram uma nação. Moisés levou aquela nação para segui-lo através de um deserto – e o Senhor deu a ele um pacto atemporal que moldou culturas durante milênios. Ruth perdeu o marido e a casa, e mesmo assim seguiu sua sogra para um território estranho, pois Deus lhe deu não apenas um novo amor como, também, um lugar na linhagem familiar de Jesus. Alguns homens assistiram a sua única esperança sangrar em uma cruz – dias depois, Deus ressuscitou essa esperança. Cristo preencheu aqueles amigos com seu Espírito Santo e os enviou ao mundo, a fim de que eles o transformassem.

É possível, então, que a mudança seja um catalisador. Talvez a mudança não solicitada, ainda que seja assustadora, esteja lhe dando oportunidades sem precedentes para efetuar a mudança que você espera em seu mundo. Estranhamente, o caos da mudança pode atraí-la para o centro da tempestade, onde as coisas estão tranquilas. A perspectiva, então, é alterada, se torna mais evidente e a verdade fica clara. Você pode resolver novamente maximizar o seu tempo, procurando o que Deus colocou dentro de você – porque as circunstâncias mudaram e isso exige que você encontre a coragem e a convicção para começar a agir.

Como uma mudança catastrófica mobilizou você ou outras pessoas para o bem?

Senhor, faz algo bonito por intermédio das mudanças em torno de mim. Amém.

Sem surpresas

"Porque sou eu que conheço os planos que tenho para vocês", diz o SENHOR.

Jeremias 29.11

Há incrível paz e alívio na verdade de que nada, nem mesmo a desastrosa ou devastadora mudança de planos de vida e de sonhos, pega Deus de surpresa. Nós rotulamos determinadas circunstâncias como "mudança" porque elas são diferentes de como nós pensamos, esperamos ou planejamos; simplesmente não aconteceram do "nosso jeito". Só que nos esquecemos rapidamente de que, com Deus no trono, isso tudo já aconteceu exatamente da maneira que ele sabia que aconteceria.

Você pode ter certeza de que, enquanto ainda é parte da vida neste planeta, sua vida vai sofrer mudanças e mais mudanças. Alterações repentinas vão tentar roubar o seu entusiasmo para fazer algumas mudanças belas e positivas. Em algumas partes, a infraestrutura mundial vai desmoronar; e, em outras, os castelos serão construídos em complacência. Porém, descanse no grande e infalível plano eterno de que em todas as partes do mundo Jesus está. Onde terras e vidas são dizimadas, ele planta esperança. Onde a mudança arrasa o que era sólido, ele o reergue. E esse Deus sabe os planos que tem para a sua vida.

Você está querendo saber se Deus realmente tem os melhores interesses sobre a sua vida? Você está lutando com a verdade de que ele viu suas circunstâncias presentes antes de elas chegarem e, ainda assim, não fez nada para evitá-las? Vale a pena confiar em um Deus que controla completamente o futuro!

Deus, estou tão feliz que tu nunca és surpreendido, ainda que sejas surpreendente. Amém.

Você nunca andará sozinha

Conservem-se livres do amor ao dinheiro e contentem-se com o que vocês têm, porque Deus mesmo disse: "Nunca o deixarei, nunca o abandonarei."

Hebreus 13.5

Se você está assustada com a mudança, pare de tentar lutar sozinha contra o seu próprio medo. Pare de correr e deixe de se esconder. Lembre-se de que Deus está ilimitado pelo tempo, mas transita por ele quando precisa, e o tempo todo. Ele convoca cada nova geração desde o início do tempo (Isaías 41.4). Ele preparou de antemão o terreno para receber o Reino no qual ele queria que você fizesse a sua parte (Efésios 2.10). Sim, o Senhor sabia os contextos físicos e espirituais do local em que colocou você muito antes de ele tê-la botado lá. Ele sabe como o terreno da jornada vai mudar à medida que você anda por ele – e promete nunca relaxar em sua graça sustentadora sobre sua vida.

Quando as tropas de Israel enfrentavam seus adversários, o sacerdote as advertia antes da batalha, dizendo: "Ouça, ó Israel. Hoje vocês vão lutar contra os seus inimigos. Não desanimem nem tenham medo; não fiquem apavorados nem aterrorizados por causa deles, pois o SENHOR, o seu Deus, os acompanhará e lutará por vocês contra os seus inimigos, para dar a vitória a vocês" (Deuteronômio 20.3-4).

De que forma descansar na presença permanente de Deus poderia mudar os seus níveis de estresse e ansiedade?

Jesus, me ajuda a lembrar que, mesmo se eu não te "sentir", tu estás sempre comigo. Amém.

Heroína da fé

Então Raabe os ajudou a descer pela janela com uma corda,
pois a casa em que morava fazia parte do muro da cidade,
e lhes disse: "Vão para aquela montanha, para que os
perseguidores não os encontrem. Escondam-se lá por três dias,
até que eles voltem; depois poderão seguir o seu caminho."

Josué 2.15-16

Como você e eu, Raabe não era perfeita. Mas, ela era uma heroína. Em uma situação desesperadora e completamente imprevisível, ela viu as coisas claramente, para além do desastre que se avizinhava – e encontrou coragem para fazer a coisa certa, da maneira certa e no momento certo.

Você saberá a partir de suas próprias experiências que a mediocridade não é simplesmente transformada em algo significante quando a estrada é fácil e não exige de nós quase nenhum esforço. É na calamidade provocada pelos deslizamentos de mudança que a heroína que existe em você pode transformar o mundo – e ela não vive para receber aplausos, mas é corajosa o suficiente para agarrar-se às armas da verdade, sabendo que há alguém que sempre luta ao seu lado. O tempo e a energia que você investiu no período das trevas da ansiedade, são canalizados para a excelência a fim de fazer uma diferença no mundo – e um mundo de diferença.

Deus está chamando você para agir heroicamente, ao invés de recuar com medo?

Deus, faz-me valente. Eu quero ser uma heroína e demonstrar sempre uma diferença que aponte toda a glória somente para ti. Amém.

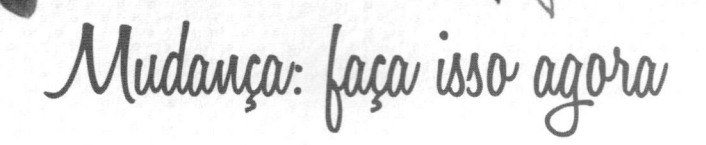

Mudança: faça isso agora

Assim, meus amados, como sempre vocês obedeceram, não apenas na minha presença, porém muito mais agora na minha ausência, ponham em ação a salvação de vocês com temor e tremor, pois é Deus quem efetua em vocês tanto o querer quanto o realizar, de acordo com a boa vontade dele.

Filipenses 2.12-13

Quão difícil uma mudança de vida pode ser! E, ao mesmo tempo, é tão importante lembrar que a mudança é a vontade de Deus para você. Ele a redimiu para mudá-la e deseja transformá-la em uma melhor e mais bela versão de você mesma: a que se parece com Jesus. Um dos mistérios mais surpreendentes da fé é o de que Deus esteja trabalhando dentro de você, mudando suas inclinações e seus desejos, de modo que queira ser como Jesus.

E o Senhor não apenas lhe dá o *querer*. Ele lhe dá o *quanto*. Ele a equipa com o poder do Espírito Santo e de sua sábia Palavra. Além disso, as pessoas em sua comunidade cuidam de você e a confortam. Portanto, você tem todos os motivos para estar animada e esperançosa!

Como você pode mostrar os resultados de sua salvação, sabendo que a sua vontade e a sua capacidade para fazê-lo são dons de Deus?

Deus Todo-poderoso, traz a mudança. Faz-me bem diferente e, ao mesmo tempo, excelente para a tua glória. Amém.

Movendo-se

Então, Jesus aproximou-se deles e disse: "Foi-me dada toda a autoridade no céu e na terra. Portanto, vão e façam discípulos de todas as nações, batizando-os em nome do Pai e do Filho e do Espírito Santo, ensinando-os a obedecer a tudo o que eu ordenei a vocês. E eu estarei sempre com vocês, até o fim dos tempos."

Mateus 28.18-20

Os discípulos de Jesus foram confrontados com uma mudança avassaladora: Jesus morreu, foi sepultado e ressuscitou. Agora, ele estava deixando seus amigos com um novo conjunto de orientações que soavam pesadas e difíceis para eles: "Vão e mudem o mundo com a verdade sobre mim." E Jesus ainda os chamou para fazerem parte da temporada de mudanças que se iniciava ali. Ele os chamou a seguirem-no em obediência, quando teria sido mais fácil para eles se afundar na sua dor ou confusão, ficando estagnados e passivos. E, novamente, ele lhes assegurou sua presença.

Jesus está chamando você para mudar também. Ele tem os planos do seu Reino para você, e obedecer à sua convocação significará um movimento contínuo, que sempre a mudará à medida que você ouvir a sua voz.

O que a obediência parece ser em sua vida hoje? Como você está se movendo para a frente com fé?

Jesus, obrigada por eu não precisar temer as incertezas de minha resolução de seguir em frente, para cima ou adiante, porque sei que tu estás comigo. Amém.

Vivendo no limite

Porque vivemos por fé, e não pelo que vemos.

2Coríntios 5.7

"Viva no limite" é um dos apelos comuns em várias culturas pelo mundo afora. Quando as pessoas dizem isso, o que elas pensam, geralmente, é que é preciso correr o risco de viver e se divertir.

Acontece que o horizonte da mudança está constantemente diante de nós. Você está no limite do futuro o tempo todo. Está sempre vivendo no limite, quer goste ou não. Mas, para um crente, isso significa algo muito mais emocionante do que apenas viver como um louco ou mesmo ser um pouco ousado. Viver no limite de seu futuro terreno e da eternidade, significa ceder todos os seus sonhos para o grande *Eu Sou*, deixando a sua vida nas mãos Dele, da mesma maneira como Jesus fez (1Pedro 2.23). Significa, ainda, viver a vida plena e abundante que Jesus prometeu (João 10.10). É o risco e a aventura da fé, experimentando o melhor de Deus para você.

Então, e quando os abismos surgirem logo adiante de você, os caminhos ficarem interrompidos e as mudanças entrarem em erupção para todo lado em sua vida? Alegre-se! Você está vivendo no limite. Basta manter os pés sobre a rocha que é impermeável a tremores, porque o grande *Eu Sou* ainda é.

Você sente como se Deus tivesse você no limite de sua capacidade em algumas ou em todas as áreas de sua vida? Você está preocupada? Apavorada? Exausta – ou tudo isso e muito mais?

Deus, se tu não vieres a mim, eu não tenho nenhum lugar para me segurar. Obrigada por me trazeres a este lugar de total dependência de ti, minha única esperança e salvação. Amém.

Contágio radiante

Apeguemo-nos com firmeza à esperança que professamos, pois aquele que prometeu é fiel. E consideremos uns aos outros para nos incentivarmos ao amor e às boas obras.

Hebreus 10.23-24

Uma maneira de encontrar seu próprio equilíbrio e espaço na vida é realizar tudo sempre pensando nos outros. Ajudar seus filhos, seu cônjuge, um amigo ou um colega a encontrarem sua cadência particular pode acalmá-los, energizá-los e dar-lhes perspectiva. Só é preciso ser intencional e identificar isso da forma correta, para que você possa fazer o possível para amá-los.

Alguém perto de você pode precisar do incentivo otimista do seu encorajamento. Outros podem demandar um conselho antes de uma decisão importante. Oferecer encorajamento ou orientação, soprando o vento nas "velas" de outra pessoa, é bom para todos.

O resultado disso para sua vida é que tudo é mais belo quando você deixa de lado seus próprios interesses por um momento, para procurar servir à outra pessoa.

Como você pode adicionar equilíbrio ou brilho à vida de outra pessoa, ainda que seja de uma maneira simples?

Senhor, ajuda-me a ver e conhecer as necessidades das pessoas em torno de mim, para que elas encontrem a harmonia que vai impulsioná-las a continuar seguindo em frente, vivendo uma corajosa, bela e excelente vida. Amém.

Faça bem o que só você pode fazer

"Eu e a minha família serviremos ao SENHOR."

Josué 24.15

Se você tem uma carreira ou se é voluntária na igreja ou na escola do seu filho, então tem responsabilidades para cumprir, sejam elas quais forem. Existem coisas que você precisa fazer para evitar ser demitida ou afastada de suas funções.

Nossa excelência no mercado de trabalho honra a Deus. Mas, às vezes, nós tentamos, de maneira bastante difícil, agradar às pessoas que tomam decisões em detrimento daqueles que realmente importam, como nossa família ou nossos amigos. Talvez você esteja desesperada para que ninguém venha a pensar mal de você – e, nesse afã, faz tudo da melhor forma para não ser reprovada quando está fazendo algo publicamente, sem perceber que, ao mesmo tempo, negligencia as pessoas que realmente importam em sua vida. É um pensamento estranho, mas quem são essas pessoas que você está fazendo de tudo para impressionar? Elas, provavelmente, não vão estar no seu funeral.

Há tarefas que várias pessoas podem fazer, como, por exemplo, advogar, dirigir táxis ou vender lanches. No entanto, há trabalhos que só você pode fazer, como ser a esposa do seu marido, a mãe dos seus filhos, a filha de seus pais ou a melhor amiga de sua melhor amiga. Pois então, faça bem as tarefas que só você pode realizar!

Você poderia gerir o seu tempo de modo diferente hoje, para abençoar e encorajar aqueles que Deus colocou exclusivamente em sua vida para amar?

Jesus, me ajuda a valorizar o próximo e os meus queridos antes de tentar impressionar os outros. Amém.

A beleza que resplandece

Fala o SENHOR, o Deus supremo; convoca toda
a terra, do nascente ao poente. Desde Sião,
perfeita em beleza, Deus resplandece.

Salmo 50.1-2

De acordo com o mito, a beleza de Helena de Troia mudou o curso da história. Sua captura levou à mobilização de uma nação e à guerra. É um exemplo extremo (e fictício), mas ilustra que a beleza tem poder.

E você, mulher crente e filha do Rei, é linda! Você foi vestida de justiça (Isaías 61.10). O esplendor de Deus passou a residir em sua vida, e você está fazendo história. O Senhor tem você em mente na sua missão terrena particular. Então, aproveite isso! Use o seu potencial. Aprecie sua beleza e use-a com sabedoria, porque a verdadeira formosura, do tipo que não pode brotar apenas de você, é poderosa o suficiente para provocar uma mudança duradoura.

Se você não tem certeza do que fazer com sua beleza única, ou onde e como viver com ela, pergunte a si mesma: À luz de onde venho, onde estou agora e aonde quero ir, o que seria sábio e excelente, além de belo, que eu poderia fazer hoje?

Você pode pensar em alguém cuja beleza interior inconfundível tem influenciado aqueles ao seu redor, e que isso trouxe uma mudança positiva e duradoura na vida de outros?

Deus, quero ser realmente muito bonita, mas de dentro para fora. Muda meu interior, para que eu possa mudar o mundo ao meu redor para a tua glória. Amém.

Obrigação de estar contente

O SENHOR firma os passos de um homem,
quando a conduta deste o agrada.

Salmo 37.23

O que quer que a vida esteja trazendo para você, guardar esse texto das Escrituras em seu coração é a arma secreta de que você precisa, para acabar com o descontentamento inquieto e encontrar a paz. Assumir o fato de que Deus está em *cada detalhe* de sua vida, é o que vai lhe permitir relaxar. Nada escapa à atenção dele, e mais ainda: o Senhor *se deleita* nos detalhes.

Não aceite a mentira de que Deus é demasiado ocupado, cuidando do universo, para notá-la. Deixe de lado a tentação de pensar que ele não se importa com o resultado dos exames do seu filho, com a sua máquina de lavar quebrada ou com o seu casamento desfeito. Ele vê e se preocupa sobre como cada detalhe de sua vida acontece, inclusive sobre sua carreira, sua comunidade ou sua zona de conforto.

Nós somos muito inconstantes e estamos sempre com altos e baixos em nossos pensamentos. Leve essa verdade inestimável com você quando as coisas começam a parecer perder o controle e elevam os níveis de responsabilidades, incertezas, mudanças e desafios que atormentam o seu coração e a sua mente. Deus está nos detalhes! Alegre-se por isso.

O que está roubando o seu contentamento? (Faça uma lista desses itens.) Você compreende que nada do que a preocupa pode ser irritante para o Deus que se deleita em todos os seus passos?

Jesus, obrigada por estares nos detalhes nos dias de hoje e em todos os meus amanhãs. Amém.

FEVEREIRO

Quebrada, corajosa e bela

"Nós podemos ignorar até mesmo o prazer. Mas a dor insiste em ser atendida. Deus nos sussurra em nossos prazeres, fala em nossa consciência, mas grita em nossas dores: é o seu megafone para despertar um mundo surdo."

– C. S. Lewis

Pelo que você não optou

"Eu disse a vocês essas coisas para que em mim vocês tenham paz. Neste mundo vocês terão aflições; contudo, tenham ânimo! Eu venci o mundo."

João 16.33

Dor e tragédia, ou seja qual for a forma que elas tomem, podem tirar de você a capacidade de usar o seu tempo e o seu potencial para ser tudo o que Deus a criou para ser. Mas, para começar a lutar, combater e sofrer, você precisa reconhecer sua presença, ou a presença potencial, em sua vida. Jesus nos ajudou com isso. Ele nunca minimizou essa alegre e gloriosa verdade, tampouco revestiu de facilidades essa difícil verdade. O Salvador nos disse claramente que não deveríamos ser surpreendidas pela chegada do sofrimento, pois ele certamente seria parte de nossa jornada. Pois saiba que, se o sofrimento ainda não a acometeu, isso certamente vai acontecer.

Tal certeza pode soar macabra, mas realmente não é. Ter uma perspectiva real sobre o sofrimento irá lhe dar uma serena aceitação. Claro, você não deseja, planeja ou, necessariamente, espera o sofrimento – e, uma vez em meio a ele, provavelmente não vai senti-lo como sendo um raio de sol proverbial para Jesus. Contudo, não precisa ficar chocada ou paralisada pela tempestade. Em vez disso, você pode ser corajosa, porque o seu Salvador a acalmou. Assim, você pode até começar a ver os raios de luz, alegria, beleza e esperança.

Você poderia escrever em seu diário sobre um tempo em que você se sentiu indignada, debilitada ou atordoada pela dor ou por um trauma em sua vida?

Jesus, tu nos disseste o que esperar nesta vida. Ajuda-me a confiar na promessa de que tu venceste o mundo e o meu sofrimento. Amém.

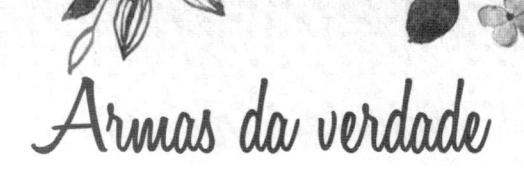

Armas da verdade

Usem o capacete da salvação e a espada do Espírito,
que é a palavra de Deus.

Efésios 6.17

Nós vemos os gigantes do sofrimento à distância, quando atacam a vida de outras pessoas. Mas é só quando eles começam a perseguir cada uma de nós que percebemos que a luta chegou até nós. A partir disso, podemos nos sentir chocadas e despreparadas.

Entretanto, aqui está algo maravilhoso: se você olhar para si, poderá ver que você está segurando armas. Você pode não ter notado antes, porque até agora realmente não precisava delas. No entanto, por força do hábito ou instinto, você as manteve mais ou menos polidas e afiadas. Deus não a deixa entrar em um combate despreparada. Em silêncio e de forma consistente, talvez ao longo de muito tempo, ele tem fornecido as armas que você precisa para sobreviver às batalhas da vida.

E quanto às suas armas? Elas são feitas da Palavra da verdade. Apegue-se a elas, pois são poderosas contra as intempéries e ameaças de dificuldade que vêm do inimigo. Elas são a sua esperança de vitória.

Que hábitos você pode colocar em prática para tornar a Palavra de Deus parte de sua estratégia de batalha e do seu pensamento todos os dias? Seja qual for o gigante que a ameace hoje, o que você poderia fazer para enfrentá-lo com armas de verdade?

Deus, faz-me valente. Firma a minha compreensão sobre a espada do Espírito, que é a tua Palavra. Amém.

A verdade é a sua defesa e o seu remédio

Ele enviou a sua palavra e os curou, e os livrou da morte.

Salmo 107.20

Você precisa da verdade da Palavra de Deus para ajudá-la a ficar firme contra ondas de tragédias e de mentiras que saem dos lábios inimigos. E, no entanto, a verdade é mais do que a sua defesa; ela é, também, o seu remédio.

Quando você sofre os golpes da vida, tem de encontrar coragem mesmo enquanto é atingida, não importa o quanto doa. A verdade é o seu bálsamo contra as dores da existência. A Bíblia não é apenas um livro de bem-estar, daqueles que oferecem bons conselhos e histórias inspiradoras. Ela tem poder sobrenatural para mudar corações e mentes, vidas e circunstâncias (Romanos 1.16; Hebreus 4.12). A Palavra de Deus vem ao seu encontro no meio da guerra que você está travando, trazendo-lhe esperança, cura e perspectiva em um mundo que não pode lhe oferecer nenhuma dessas coisas.

Que parte de sua vida precisa da verdade das Sagradas Escrituras para estancar o sangramento de seu coração? Quanto tempo você gastou na Palavra de Deus desde que a temível batalha começou?

Pai Celeste, obrigada por não me deixares cuidar de meus próprios ferimentos de batalha. Obrigada pela bonita verdade, que cura e me dá a coragem de que preciso para ir adiante. Amém.

A verdade repetida em sua mente

Ele é a Rocha, as suas obras são perfeitas,
e todos os seus caminhos são justos. É Deus fiel,
que não comete erros; justo e reto ele é.

Deuteronômio 32.4

Quando você está no meio de algo perturbador – seja uma tragédia ou apenas um dia ruim –, é difícil se *sentir* como se *realmente* acreditasse que Deus é perfeito em poder, perfeito em sabedoria e perfeito em amor.

Contudo, quanto mais tempo você vive por essa verdade, mais provável é que ela se torne o seu padrão. Quando você constrói sua vida em torno da certeza do caráter de Deus, mesmo quando parece que a vida estivesse para implodir, você vai *saber*, de alguma forma, que o seu Deus é onipotente, onisciente e amoroso. Ele não é cruel, caprichoso ou muito ocupado assistindo ao que acontece no universo, de costas para você enquanto a sua agonia se desenvolve. Você sabe que *não pode ser* assim, não importa como é sussurrada em seus ouvidos aquela voz que diz que Deus não a ama ou que ele a está punindo. Não há circunstâncias de sua vida que estejam além do controle divino – e você não tem culpa de boa parte do que lhe acontece, já que muitos fatos são aleatórios.

Amiga, repita para si mesma e mantenha esta frase em sua mente: Ele é perfeito em poder, perfeito em sabedoria, perfeito em amor.

Você, secretamente – ou, talvez, não tão secretamente –, luta para acreditar que Deus é perfeito em poder, sabedoria e amor?

Deus, apesar do que está acontecendo na minha vida, eu confio que teus planos são sábios e bons e que tu me amas completamente e sustentas a minha vida no teu perfeito poder. Amém.

Será que Deus deixa que isso aconteça ou faz com que isso aconteça?

Embora ele traga tristeza, mostrará compaixão, tão grande é o seu amor infalível. Porque não é do seu agrado trazer aflição e tristeza aos filhos dos homens. [...] Quem poderá falar e fazer acontecer, se o SENHOR não o tiver decretado? Não é da boca do Altíssimo que vêm tanto as desgraças como as bênçãos?

Lamentações 3.32-33, 37-38

Quando os tempos difíceis pressionam a sua vida, questionamentos surgem em sua mente e, em sussurros, perguntam coisas como: Pode um Deus amoroso *permitir* isso? Como um Senhor soberano pode *ordenar* isso?

E a resposta é *sim*. Na verdade, são dois lados da mesma moeda – e Deus não faz apostas. Ele, simplesmente, não sacode tudo o que está na balança de sua vida para ver como ela vai se comportar. Você nunca pode respirar o ar fresco da paz profunda neste lado da eternidade, até que resolva o fato de que não pode compreender plenamente o paradoxo perfeito do caráter multifacetado de Deus, ou como seus atributos coexistem em compaixão, bondade, perfeição, poder e santidade. Mas eles são assim. E o seu nome está escrito nas palmas das suas mãos.

Diante de uma tragédia, é mais fácil para você fazer as pazes com a soberania ou com o amor do Senhor? Você se contenta em servir a um Deus que é apenas compassivo ou apenas poderoso?

Soberano Deus de amor, eu sei que tu unes todos os átomos da existência para a tua glória. Em alguns dias, tudo o que vejo é dor e confusão, que não fazem nenhum sentido. Ajuda-me a confiar que tu estás me amando mesmo nesses momentos. Amém.

Faça a pergunta certa

Todavia, não há um só justo na terra, ninguém que pratique o bem e nunca peque.

Eclesiastes 7.20

6 DE FEVEREIRO

Por que coisas ruins acontecem a pessoas boas? Todos nós já nos perguntamos isso.

No entanto, é possível que essa seja a pergunta errada. Afinal, você, eu e todo mundo não somos pessoas boas. Nós temos um defeito congênito e debilitante chamado pecado. Estamos vivendo em pura graça e em um tempo que nos é emprestado. Quando Adão pecou, levou com ele toda a criação (Gênesis 3). Nesta vida não podemos nos livrar de todas as consequências dessa catástrofe. O mundo está falido. Coisas terríveis e fatos inconvenientes acontecem. Isso não é justo, mas é a verdade.

Então, a pergunta certa a fazer, descansando e lutando ao mesmo tempo com a firme esperança de que Deus vê coisas que não vemos e que ele julgará o mundo com justiça e retidão quando descortinar toda a história em sua glória, não é "Por quê?", mas sim "E agora?"

A verdade é que nunca ninguém conseguiu superar o sofrimento apenas por ter uma explicação acerca dele. O sofrimento, geralmente, é irracional. Ele se manifesta em nossa vida como algo que nos ataca aleatória e indiscriminadamente e de formas bem misteriosas. Mas, maravilhosamente, ele detém o poder de mudar o nosso coração.

Então, e agora?

Jesus, eu não sinto como se o que estou enfrentando seja justo. Mesmo assim, ajuda-me a fazer as perguntas certas. Ajuda-me a ser corajosa, para viver uma vida excelente e deixar que a dor realize seu belo e misterioso trabalho, fazendo parte da obra do Senhor por meio da minha vida. Amém.

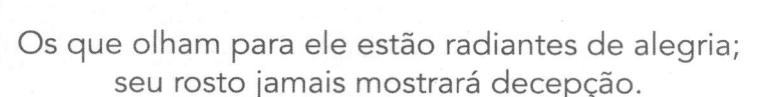

Existe ajuda

Os que olham para ele estão radiantes de alegria;
seu rosto jamais mostrará decepção.

Salmo 34.5

Quando você está passando por tempos difíceis, sejam eles leves ou graves, há ajuda disponível. Psicólogos e psiquiatras, por exemplo, nos ajudam com as angústias e os males da mente. Pastores, pregadores e professores nos orientam quanto à caminhada espiritual e intelectual. Médicos socorrem nossa saúde, e daí por diante. Na dificuldade, você pode procurar a sua mãe ou ligar para a sua melhor amiga. No entanto, onde quer que Deus tenha aberto um canal de ajuda ou apoio, ore por sabedoria e tire proveito dos recursos que ele proveu.

No entanto, em última instância, a menos que uma mudança de perspectiva ocorra em seu coração e a menos que você tenha reconhecido que Deus está no seu trono, toda a ajuda que você procura pode trazer alívio temporário, mas não vai aliviar a dor, o medo, a mágoa ou a decepção instalada em sua alma. Só Deus pode fazer isso. Ele escreveu algo para você ao longo de milhares de anos e providenciou para que essas suas palavras fossem preservadas e protegidas de modo que, mesmo quando você se encontra, hoje, diante de sua realidade do século 21, tais palavras lhe trazem a paz e o brilho da alegria.

Você vê a Palavra de Deus como seu apoio, sua ajuda e sua cura?

Deus, tu criaste a comunicação e nunca estás em silêncio na minha vida, porque eu tenho a tua Palavra viva. Obrigada! Ajuda-me a acreditar em tuas promessas, tua soberania e tua sabedoria para ouvir, aceitar e viver bem. Amém.

As novíssimas palavras antigas

Abre os meus olhos para que eu veja as maravilhas da tua lei.

Salmo 119.18

Meu filho de quatro anos de idade me disse outro dia: "Mãe, eu conheço todas as histórias da Bíblia!" Estou encantada porque ele sente que tem uma boa compreensão sobre as Escrituras, mas quero lhe ensinar que nenhum de nós pode ousar pensar que conhecemos tudo sobre a Palavra de Deus ou que não temos nada de novo para aprender da parte do Senhor.

E não há nada como a angústia para conduzi-la de volta à Palavra de Deus e para você ler e buscar ajuda desesperada de Gênesis a Apocalipse. É na Palavra de Deus que você vai encontrar o caloroso refúgio para parar e descansar. Respire fundo e lembre-se da verdade de que você é muito amada – e fique boquiaberta com aquelas palavras antigas que são renovadas, por causa da dificuldade em que você se encontra.

Para cada conjunto diferente de circunstâncias que se apresenta, a verdade antiga e imutável da Palavra se acende de maneiras novas e gloriosas, capacitando-a a viver corajosa e bela, onde quer que você esteja.

Houve dias, ou talvez temporadas inteiras, quando você sentiu que a Palavra de Deus é redundante, ou irrelevante, para o que você estava enfrentando?

Pai, eu não quero ignorar ou evitar a tua Palavra por tanto tempo, a ponto de a verdade juntar poeira no meu coração e na minha mente. Mantém-me na busca do frescor das tuas narrativas inspiradas, das tuas poesias e dos teus conselhos. Amém.

Mas Deus

Vocês planejaram o mal contra mim, mas Deus o tornou em bem, para que hoje fosse preservada a vida de muitos.

Gênesis 50.20

A vida de José, e a maneira como ele a viveu, é um maravilhoso exemplo de como confiar em Deus no contexto de um momento de intensa dificuldade ao longo da vida. É fácil, para nós, lermos alguns capítulos de Gênesis e ver o "fio de ouro" do engenhoso plano de Deus sendo conduzido na geração de José e por toda a eternidade.

Mas José viveu tudo isso. Ele experimentou dias de profunda e penosa dificuldade – e, enquanto estava no meio de tudo isso, não podia ver como a rejeição, a escravidão, a prisão ou a política poderiam, algum dia, trazer luz e vida. Ele apenas continuou confiando e obedecendo. Décadas de uma vida sofrida fizeram-no capaz de dizer com perfeita paz a seus irmãos traidores que Deus pode fazer surgir o bem, mesmo onde é impossível ver qualquer possibilidade.

Você pode nunca saber ou entender a razão para sua angústia e para seu desgosto, ou até pelo seu pneu furado a caminho do trabalho ou de um compromisso importante. E, até mesmo conhecendo e compreendendo a razão de isso estar acontecendo, pode não fazer você superar o aborrecimento ou o desgosto de uma maneira mais fácil. *Porém, o Senhor* está trabalhando mesmo que você não consiga ainda ver para cumprir o plano perfeito que ele tem para a sua vida.

Você pode olhar para o passado em sua vida e reconhecer que Deus transformou o que você viu naquele momento como um desastre em algo bom ou em liberdade?

Rei amável e poderoso, eu não vejo o bem que tu vais trazer para a minha vida diante das dificuldades que estou vivendo hoje, mas confio em ti. Amém.

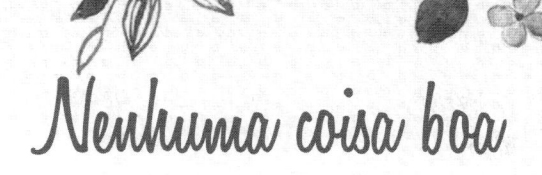

Nenhuma coisa boa

O SENHOR Deus é sol e escudo; o SENHOR concede favor e honra; não recusa nenhum bem aos que vivem com integridade.

Salmo 84.11

Você pode querer guardar essas palavras do versículo na geladeira. Ou, então, usá-las realmente como escudo e segurança para poder superar as suas lutas e dificuldades.

O Senhor é o seu sol e traz luz ao seu mundo quando ele fica escuro. Ele é o seu escudo e o protege das setas flamejantes do inimigo. Ele lhe dá graça diariamente: uma graça suficiente, um favor imerecido e novas misericórdias a cada manhã (2Coríntios 12.9; Lamentações 3.23). Ele lhe dá a sua glória refletida em sua vida vivida para honrá-lo.

Se você confiar na justiça do Senhor e não na sua, ele não irá negar nenhuma coisa boa à sua vida. O que significa que, se a liberdade de suas circunstâncias for *boa* para você e para o Reino de Cristo, então Deus vai permitir que isso aconteça. Por mais difícil que seja suportar ou não algo que é bom para você, mesmo que seja algo regular em sua vida, isso não representa nem de longe a admirável vida prometida a você na eternidade. Se Deus está, de alguma maneira, retendo a liberdade, a cura ou o alívio neste momento de cansativa luta, há uma excelente razão para isso.

Você vai ser corajosa e confiar que Deus está realizando algo bom em sua vida?

Jesus, é difícil acreditar que há uma razão no que fazes, diante do que eu acho que seria tão melhor. Mas tu és Deus e eu não sou. Fortalece a minha fé! Amém.

Elaborando o plano

O SENHOR cumprirá o seu propósito para comigo!
Teu amor, SENHOR, permanece para sempre;
não abandones as obras das tuas mãos!

Salmo 138.8

Se neste momento a sua vida está sem dificuldades, então este é o melhor momento para estabelecer a sua política pessoal para enfrentar tempos difíceis. Isso, porque a decepção ou a tragédia podem deixar você sentir o pior tipo de solidão e ausência de amor, e isso não é apropriado para quem quer pregar a verdade para si mesmo. Quando se sentir solitária, ou realmente for abandonada, você precisa ter uma camada espessa e, ao mesmo tempo, serena de uma sólida verdade diante de qualquer possibilidade de colapso que venha a surgir em sua vida.

Então você irá acreditar, como o salmista, que, não importa como as coisas pareçam a partir de uma perspectiva terrena, ou como você se sinta, Deus não a abandonou e nunca irá abandoná-la. Ele criou você e fez planos para a sua vida porque o seu amor fiel é eterno, e por isso ele cumprirá os planos e os propósitos que estabeleceu para sua vida.

Você também precisa saber, de antemão, que os planos de Deus são quase que certamente muito diferentes dos seus. E, pelo fato de ele poder ver o passado e o futuro e que está dentro e fora do tempo ao mesmo tempo, você pode contar com o Senhor, tendo a certeza de que ele sempre sabe o que está fazendo.

Será que o seu dia seria mais bonito se você soubesse que Deus não a abandonou, mas está elaborando planos meticulosos para a sua vida?

Deus Criador, estou muito feliz porque não sou eu quem traça o curso da minha vida totalmente. Faz tudo da tua maneira. Amém.

Cego por causa da carga

Conduzirei os cegos por caminhos que eles não conheceram, por veredas desconhecidas eu os guiarei; transformarei as trevas em luz diante deles e tornarei retos os lugares acidentados. Essas são as coisas que farei; não os abandonarei.

Isaías 42.16

Nosso filho mais velho é deficiente visual. Por isso, sou capaz de compreender totalmente esse versículo sobre cegos. Eu sinto o temor de saber como é, na prática e até fisicamente, a descida por uma estrada áspera e difícil, como você nunca andou. Mas, então, imagino como ele deve se sentir quando o medo se dissipa, pelo simples fato de que alguém pega na sua mão e o conduz. A escuridão é, milagrosamente, transformada em luz, e ele não estará tropeçando em sua própria humilhação diante dos outros, nem corre o risco de ferir-se no caminho, porque os lugares irregulares são refeitos de forma suave.

Se você estiver carregando algo desconfortável, confuso, pesado ou desolador hoje e está pisando no escuro em um caminho estreito da subida pela montanha, saiba que, mesmo quando as pedras irregulares estão cortando seus pés, o sol vai nascer e, daqui para a frente, vai ficar tudo mais claro. Essa é a promessa de Deus para a sua vida!

Você poderia pensar em uma espécie de lembrete no dia de hoje e deixar seus tênis de corrida na porta da frente? Assim, você não vai esquecer que Deus a está levando para a próxima etapa de uma forma mais suave, mesmo que você não possa vê-lo.

Deus da luz, que nos guia pela mão, obrigada por não teres me deixado em uma estrada traiçoeira e escura sozinha. Amém.

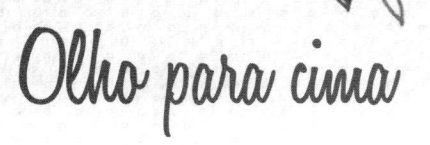

Olho para cima

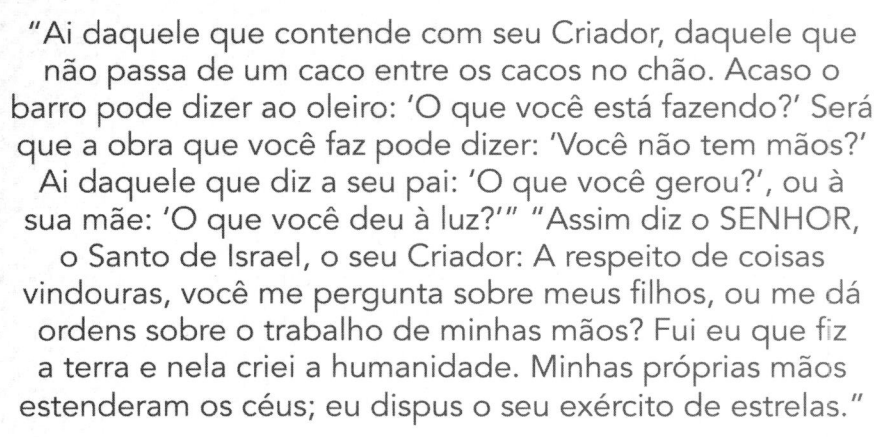

"Ai daquele que contende com seu Criador, daquele que não passa de um caco entre os cacos no chão. Acaso o barro pode dizer ao oleiro: 'O que você está fazendo?' Será que a obra que você faz pode dizer: 'Você não tem mãos?' Ai daquele que diz a seu pai: 'O que você gerou?', ou à sua mãe: 'O que você deu à luz?'" "Assim diz o SENHOR, o Santo de Israel, o seu Criador: A respeito de coisas vindouras, você me pergunta sobre meus filhos, ou me dá ordens sobre o trabalho de minhas mãos? Fui eu que fiz a terra e nela criei a humanidade. Minhas próprias mãos estenderam os céus; eu dispus o seu exército de estrelas."

Isaías 45.9-12

Mesmo em meio ao que é triste ou difícil, há sempre o céu. Talvez, esta noite, após a hora de dormir das crianças ou de checar as redes sociais e os e-mails, você possa separar uns trinta segundos para olhar para o céu durante a noite e pensar sobre essa passagem das Escrituras.

Aquele que estendeu os céus pode estar fazendo você passar por momentos doloridos, mas a verdade é que a luz de algumas das estrelas que você vê hoje tem viajado durante séculos, da mesma forma que Deus está muito à frente de você. "Assim como os céus são mais altos do que a terra, também os meus caminhos são mais altos do que os seus caminhos" (Isaías 55.9).

Tudo bem você querer discutir com Deus. Você já teve a última palavra com ele?

Deus é um mistério glorioso. Tu és o oleiro e eu sou o barro. *Amém.*

Antes mesmo de clamarmos

Antes de clamarem, eu responderei; ainda não estarão falando, e eu os ouvirei.

Isaías 65.24

Na maior parte do tempo, quase não reconhecemos que essas palavras foram, são e serão verdadeiras em nossa vida. Somos tão egocêntricas que dificilmente tomamos nota das intervenções diárias de um Deus bom que não apenas nos guarda, mas, também, está ativa e intencionalmente envolvido no planejamento sobrenatural que preparou para nós. Afinal, ele conhece as nossas necessidades antes mesmo de sabermos que elas existem.

Contudo, quando você conhece as suas necessidades, cujo gosto é amargo e cheira a derrota, e isso a faz se sentir com medo, então precisa se agarrar firmemente, sabendo que, antes mesmo do sussurro de seu clamor diante de sua necessidade, ele já havia respondido.

Você consegue se lembrar de uma época em que a graça de Deus começou a surgir em sua vida, para prover uma necessidade que você não tinha ideia de que, um dia, teria?

Obrigada, Deus Todo-poderoso, porque tu já estás trabalhando no meu futuro, para a tua glória e o meu bem. Obrigada por conheceres as minhas necessidades atuais e futuras, as quais, um dia, tu certamente vais responder. Antes mesmo de eu clamar a ti, serei respondida. Amém.

Quando todo mundo quer ajudar

"Verificamos isso e vimos que é verdade. Portanto, ouça e aplique isso à sua vida."

Jó 5.27

Os amigos de Jó, provavelmente, queriam ajudá-lo. Porém, suas críticas e a insensibilidade que demonstraram, tornaram as coisas ainda piores para ele, que já estava enfrentando uma tragédia pessoal de enormes proporções.

Se você faz parte de uma maravilhosa comunidade de pessoas que estão ansiosas para compartilhar com você felicidade, monotonia ou desgosto, pode ser difícil lidar com tudo isso quando essas mesmas pessoas se aproximam, com toda a boa vontade, e colocam mais um fardo em sua vida já tão exausta.

A compreensão das pessoas acerca de sua luta é quase sempre unidimensional. Ela é a sua luta, não a delas. Da mesma forma, mesmo se você já passou por um trauma idêntico ao de alguma outra pessoa, nunca vai entender completamente o que ela está passando. A forma como cada uma de nós traduz a angústia ou uma desilusão em nossas circunstâncias pessoais é diferente.

Ainda assim, você precisa aceitar a forma como as pessoas que a amam querem ajudá-la. Elas veem apenas uma pequena parte do seu sofrimento, mas estão ansiosas para lhe dar esperanças, de alguma maneira. Deixe, então, que façam algo por você – mas, é claro que você não tem que aceitar todos os seus conselhos. Tente estender graça, da mesma forma como seria com você quando dissesse alguma coisa errada, na hora errada, para uma pessoa com dor.

Você já esteve com raiva de alguém que lhe disse que se animasse em meio a uma intensa angústia?

Deus, obrigada pelas pessoas que realmente se preocupam comigo. Ajuda-me a aceitar melhor as tuas intenções, e não apenas as tuas ações. Amém.

Fragrância de quebrantamento

Então Maria pegou um frasco de nardo puro, que era um perfume caro, derramou-o sobre os pés de Jesus e os enxugou com os seus cabelos. E a casa encheu-se com a fragrância do perfume.

João 12.3

Judas estava indignado com a extravagância do ato de Maria e o que lhe pareceu um desperdício: "Nós poderíamos ter vendido aquele perfume e dado o dinheiro aos pobres", disse ele. Mas Jesus torna extremamente claro que está profundamente comovido pelo ato sacrificial e humilde de adoração de sua serva. Por isso, imediatamente, a protege: "Deixem-na em paz", disse Jesus. "Por que a estão perturbando? Ela praticou uma boa ação para comigo" (Marcos 14.6).

Maria deve ter percebido que seria mal compreendida. Romper o frasco e derramar o perfume era um ato desesperado – e sua própria fragilidade foi refletida na quebra do recipiente, porque o que nos deixa sem esperança é a humilhação, seja ela vinda de outras pessoas ou de nós mesmas.

Maria, porém, precisava mesmo era de um Salvador. Ela sabia que estava quebrada e tinha pleno conhecimento de como a desesperança a afetava. Por isso, levou o que tinha diretamente aos pés de seu Rei e o deixou lá, em um ato corajoso, na frente de uma sala cheia de espectadores críticos. O que Jesus viu foi uma mulher que derramou sobre ele um presente extremamente caro, e tudo de si mesma.

Será que você oferece a fragrância do seu quebrantamento ao Rei?

Jesus, mesmo no meu quebrantamento, quero ser corajosa o suficiente para te adorar de uma maneira extravagante. Amém.

Negócio justo?

"Qual de vocês, se seu filho pedir pão, lhe dará uma pedra? Ou se pedir peixe, lhe dará uma cobra? Se vocês, apesar de serem maus, sabem dar boas coisas aos seus filhos, quanto mais o Pai de vocês, que está nos céus, dará coisas boas aos que lhe pedirem!"

Mateus 7.9-11

Amo cozinhar massas para os meus meninos, porque é o que *mais* gostam de comer. Bem, pelo menos é o que dizem... Tenho prazer na alegria deles. Porém, também gosto de cozinhar brócolis para eles – e isso eles *detestam* comer. Mas eu cozinho de qualquer maneira, gostem ou não. Meu objetivo não é, claro, acabar com a alegria deles ou simplesmente exercer minha autoridade. Eu lhes sirvo alimentos saudáveis porque sei o que é melhor para eles, mesmo que eles ainda não sejam capazes de entender.

Superar o desgosto da adversidade tem a ver com a nossa visão de Deus Pai, que tem prazer em nos alegrar. Ele é o Pai, que sabe quais os nutrientes que melhor alimentarão a nossa alma.

Algumas vezes, podemos até mesmo *sentir* como se Deus só nos desse brócolis. Mas Jesus deixou claro que Deus não nos abandonou: ao contrário, ele nos prometeu vida abundante (João 10.10) e nos proveu essa promessa de vida entregando-se a si mesmo por nós.

Você poderia confiar em Deus, entendendo que a pedra ou a serpente em sua mão é, realmente, um pão ou um peixe?

Jesus, obrigada por me assegurares que o meu Pai celeste tem as melhores intenções sobre minha vida. Amém.

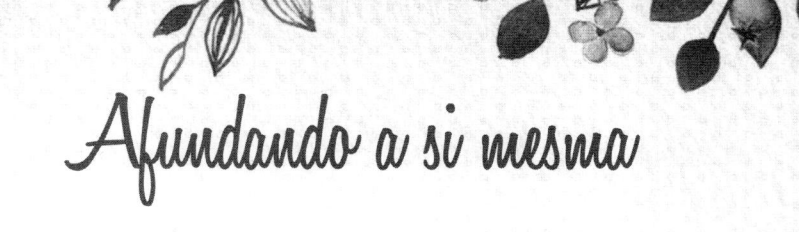

Afundando a si mesma

18 DE FEVEREIRO

Quando o meu coração estava amargurado e no íntimo eu sentia inveja, agi como insensato e ignorante; minha atitude para contigo era a de um animal irracional. Contudo, sempre estou contigo; tomas a minha mão direita e me susténs. Tu me diriges com o teu conselho, e depois me receberás com honras.

Salmo 73.21-24

Se você quiser a imagem perfeita de uma pessoa cheia de autopiedade, e de como sair dela, leia todo o Salmo 73, escrito por Asafe. Os primeiros dezesseis versículos são uma verdadeira explosão de autocomiseração. O salmista reclama sobre quão injusto tudo lhe parece e se pergunta se de fato compensa seguir a Deus, já que, no seu entender, o Senhor parece nunca ter trabalhado a seu favor. O momento decisivo vem no versículo 17, quando ele diz: "Até que entrei no santuário de Deus." Então, ele busca ao Senhor e recebe uma nova perspectiva. Asafe esquece-se de suas angústias e, finalmente, fica feliz.

Assim como parece ter acontecido ao salmista, um dia ruim pode conduzi-la a uma espiral de autopiedade e lamentações, a tal ponto que a desesperada pena que você sente de si mesma venha a ser ainda mais destrutiva. Sim, a sua autocomiseração pode ser legítima; ainda assim, ela vai sugar a sua força. Mesmo que seja a última coisa no mundo que você sente vontade de fazer, busque a Deus e procure aproximar-se de pessoas que também estão buscando ao Senhor.

O seu desejo de buscar a Deus é como uma autocompaixão sufocante?

Ó Deus, me tira dessa espiral de autopiedade. Socorre-me! Amém.

Porque eu sei que você não vai desistir

> Por isso não desanimamos. Embora exteriormente estejamos a desgastar-nos, interiormente estamos sendo renovados dia após dia, pois os nossos sofrimentos leves e momentâneos estão produzindo para nós uma glória eterna que pesa mais do que todos eles. Assim, fixamos os olhos, não naquilo que se vê, mas no que não se vê, pois o que se vê é transitório, mas o que não se vê é eterno.
>
> *2Coríntios 4.16-18*

Apesar da confusão do vai e vem desta vida e de seus altos e baixos, há um ritmo que acalma a alma nos santos argumentos de Paulo por um Deus de graça – aquele que faz com que todas as coisas cooperem para o bem e que não vai deixar nada ficar entre você e seu Senhor (Romanos 8). Isso é motivo suficiente para não desistir.

Mas, talvez, palavras deletérias tenham sido ditas sobre você e para você durante muito tempo. Peço ao Senhor que você possa se lembrar da verdade de que é uma filha amada de Deus. A palavra desistir não faz parte do seu vocabulário. Você conhece o Senhor e sabe que ele a tem na palma de sua mão. Você sabe que esta vida não é um fim em si mesmo e que há um ponto final para tudo. Ele voltará por você – e será glorioso!

Você pode imaginar o peso da glória eterna se comparado ao estresse ou sofrimento que enfrenta hoje?

Jesus, obrigada porque não importa o que esteja acontecendo no meu exterior, tu renovas, atualizas e rejuvenesces continuamente tudo dentro de mim. Amém.

Deus não completou a obra

> Estou convencido de que aquele que começou boa obra em vocês, vai completá-la até o dia de Cristo Jesus.
>
> *Filipenses 1.6*

Quando Paulo, dentro de uma prisão romana, escreveu sua carta aos cristãos de Filipos, ele não tinha ideia de como seria o caminho que levaria suas palavras ao coração dos destinatários. Pois, mesmo após dois milênios, Deus está falando essas palavras para você, a fim de lhe assegurar que ele não vai deixá-la em alguma situação provocada pelo desânimo, muito menos acorrentada à desilusão.

Amiga, você pode se apegar à promessa de que Deus não é "feito" como você. Até que o Senhor lhe empreste o último suspiro e a chame para o lar eterno, ele estará continuamente trabalhando, esculpindo, formando e moldando você mais e mais à imagem de seu Filho.

Você pode se sentir, agora, como se nunca fosse sair ou superar a barreira do vício, do pecado ou da luta com que você se defronta há tanto tempo. Também pode se sentir como se sempre pudesse apenas olhar para a versão mais feia de você, e nunca como Jesus a vê. Porém, ele declarou que vai cumprir seus planos perfeitos em sua vida! Portanto, continue sonhando. Continue dando cada próximo pequeno passo em direção à obediência a ele. Deus não completou a obra.

Será que saber que Deus não terminou a obra em sua vida muda a forma como você se sente sobre a decepção, o desespero ou a angústia que você está carregando há tanto tempo?

Pai, nunca pare de trabalhar em minha vida.
Faz de mim uma obra-prima. Amém.

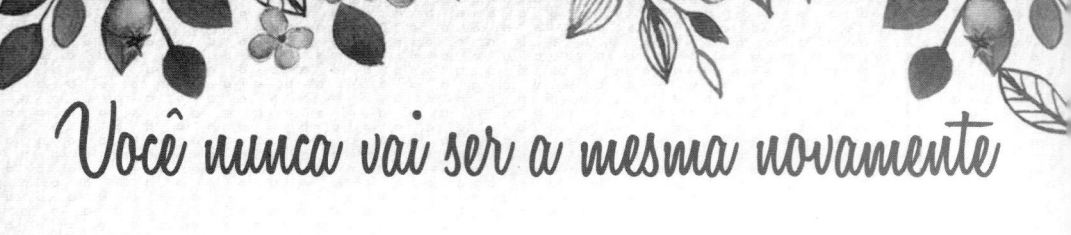

Você nunca vai ser a mesma novamente

Por que você está assim tão triste, ó minha alma?
Por que está assim tão perturbada dentro de mim?
Ponha a sua esperança em Deus! Pois ainda o louvarei;
ele é o meu Salvador e o meu Deus.

Salmo 42.5-6

O tempo mais escuro que já viveu, de alguma forma, mudou você, não é? Inegavelmente. É como se o seu coração tivesse sido rasgado ao meio, deixando o interior completamente exposto. O rasgo foi doloroso, mas deixou áreas abertas, que sempre haviam sido cobertas, como setores inteiros de compaixão que ficaram, por anos, adormecidos.

Um novo tipo de amor começou a sangrar dessa ferida. As pessoas podiam entrar em seu coração com muito mais facilidade. Houve um corte que rompeu algo em relação ao antigo acesso, criando um caminho mais acessível para todos. É como se o seu coração estivesse muito mais pesado e mais difícil de carregar por alguns dias, mas também a estivesse levando para um novo tipo de caminho, totalmente vivo – e, talvez, isso a tenha assustado ao perceber que tenha acontecido não tanto apenas por sua causa, mas porque havia mais de Jesus *em* você.

Só que o sofrimento é uma faca de dois gumes. Ele poderia facilmente laçar você com cinismo, convencendo-a a criar barreiras e atrapalhando a entrada de outros por meio da ferida em seu coração. Algumas pessoas se tornam mais cruéis, mesquinhas, difíceis, mal-humoradas e, até mesmo, insuportáveis quando passam pelo sofrimento. O sofrimento não transforma as pessoas, automaticamente, em anjos; porém, à vida que se rende feliz aos pés de Cristo, ele pode trazer mudanças extraordinárias e belas.

O seu sofrimento fez crescer a sua empatia pelos outros?

Deus, cura a ferida do meu coração e o tornes bonito, para que as pessoas possam ver e conhecer o Senhor por intermédio dele. Amém.

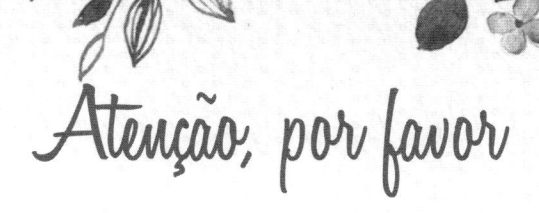

Atenção, por favor

> Mas aos que sofrem ele os livra em meio ao sofrimento;
> em sua aflição ele lhes fala.
>
> *Jó 36.15*

A dor vai chamar sua atenção. Quando a tragédia explodir em sua vida, ela vai expandir suas perspectivas e prioridades. Você vai ver as coisas que sempre a preocuparam exatamente como elas são: preocupações.

Assim como a mudança, o sofrimento pode ser um catalisador que desperta algo em você: um desejo mais profundo e a urgência de viver plenamente. Quem sabe, investindo seu tempo e seu potencial em coisas que realmente importam. E isso é uma coisa excelente, acredite.

Você terá dias difíceis, quando vai precisar reavaliar seus sonhos ou superar a tristeza. Mas sei que, como diz a psiquiatra suíça Elisabeth Kübler-Ross (1926-2004), "as pessoas mais bonitas que conhecemos são aquelas que têm conhecido a derrota, o sofrimento, a dificuldade e a perda e encontraram seu caminho a partir dos momentos de profunda agonia. Essas pessoas têm uma apreciação, uma sensibilidade e uma compreensão da vida que os preenche com compaixão, gentileza e uma preocupação amorosa profunda. Pessoas realmente bonitas não surgem apenas do nada".

Claro que o sofrimento não necessariamente acontece em sua vida apenas porque você não está escutando Deus! Mas você poderia pensar em alguma outra maneira melhor para ele poder obter a sua atenção?

Gracioso e amoroso Deus, obrigada por fazeres o que for preciso para me trazeres de volta para ti. Amém.

A próxima coisa certa

Mostra-me, SENHOR, os teus caminhos,
ensina-me as tuas veredas.

Salmo 25.4

Quando você não sabe por onde recomeçar, seja em sua carreira, suas finanças, uma amizade ou uma conexão familiar, a melhor e mais corajosa resolução que deve manter em tempos difíceis, é a decisão de continuar a fazer sempre a coisa certa.

Você pode começar hoje. Não leva muito tempo para ver como as próximas decisões certas ou mesmo pequenas atitudes adequadas que se acumulam ao longo dos dias, das semanas e dos anos, a libertarão do fardo, à medida que você guia sua mente para uma nova perspectiva, decisões maiores e planejamento de longo prazo.

Antes que você perceba, mais um dia terá se passado. E, em seguida, mais alguns dias, semanas e anos. Assim, você vai ver em perspectiva o que enfrenta agora e terá desenvolvido um hábito que faz florescer e valer a vida novamente. Isso reduz tudo o que passou a algo rico e forte e lhe permite saborear o momento de dificuldade que lhe foi dado. Porque aquele momento era tudo o que você realmente tinha naquele dia.

Você pode sentir como se não tivesse força para superar tudo isso no dia de hoje. Mas você pode apenas fazer a coisa certa, mesmo que isso seja simplesmente esquentar a comida ou escovar os dentes?

Jesus, por favor, anda perto de mim durante todo o dia de hoje e me mostra apenas a próxima coisa certa a fazer. Amém.

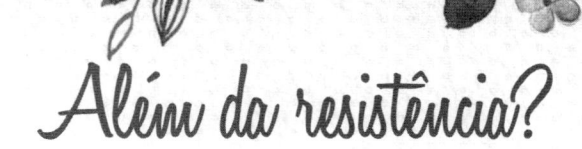

Além da resistência?

E entrou no deserto, caminhando um dia. Chegou a um pé de giesta, sentou-se debaixo dele e orou, pedindo a morte. "Já tive o bastante, SENHOR. Tira a minha vida; não sou melhor do que os meus antepassados."

1Reis 19.4

Elias pensava que já havia tido e vivido o suficiente. O texto bíblico o retrata desejando a morte. Porém, Deus tinha outras ideias. Você pode se identificar com o profeta? Há dias em que você acha que não pode ir em frente?

O imperador e filósofo romano Marco Aurélio escreveu um incrível pensamento cheio de sabedoria, muito tempo atrás: "Não se perturbe retratando sua vida como um todo; não monte em sua mente os muitos e variados problemas que lhe aconteceram no passado e que voltarão a acontecer no futuro, mas pergunte a si mesmo em relação a todas as dificuldades que possui hoje: 'O que há nisso tudo que é insuportável e muito além da minha resistência?' (...) Então, lembre-se de que não é o futuro ou o que passou que aflige você, mas é sempre o presente, e o poder dele será muito menor se você o isolar e direcionar sua mente para tal tarefa que ela pensa não poder enfrentar, quando tomada por si só."

Então, em dias difíceis, quando falhar sua forma padrão e perfeccionista de sobrevivência, tome coragem. Os pequenos passos corajosos que você vai tomar não são insuportáveis ou além da sua resistência.

Quando você se sentiu como se estivesse acabada, de que forma Deus lhe mostrou que para ele ainda não era a sua hora?

Deus, sê minha força presente. Dá-me clareza e calma. Amém.

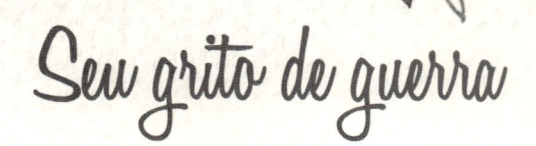

Seu grito de guerra

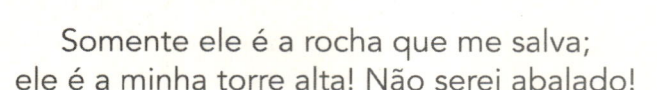

Somente ele é a rocha que me salva;
ele é a minha torre alta! Não serei abalado!

Salmo 62.6

Embora não seja possível ou, mesmo, justo igualar ou comparar tipos de dor, você não precisa olhar muito longe para ver as pessoas sentindo a agonia de algo que lhes atingiu de alguma forma e quando o sofrimento sequestrou qualquer boa intenção que elas tinham. Você pode – e, provavelmente, vai – ter lacunas em sua vida que eu não posso conceber para, de alguma forma, lutar com você contra seus próprios desgostos.

Talvez sua estrada tenha acabado e você esteja à beira de um precipício. Quem sabe você enfrenta uma longa subida e ninguém sabe quão sobrecarregada você se sente ou como acorda a cada dia, perguntando-se se vai conseguir chegar ao fim.

Eu oro para que, no meio de toda essa sua exaustão, tristeza ou catástrofe, Deus possa guardá-la e protegê-la, com a verdade e a coragem, quando surge repentinamente uma enervante dor. E oro para que você não seja jogada no pânico ou na paralisia, mas que, ao olhar para o sofrimento, o Senhor lhe dê a coragem destemida que você mesma não se acha capaz de ter. Que a sua melancolia se levante em você como um grito de guerra para a glória, e que esse som preencha o ar e mude o mundo!

Você está disposta a deixar que Deus lhe dê uma nova voz para a batalha e a gritar sobre a glória dele?

Senhor, parece impossível, mas se tu podes transformar as minhas lágrimas em triunfo, eu aceito isso. Amém.

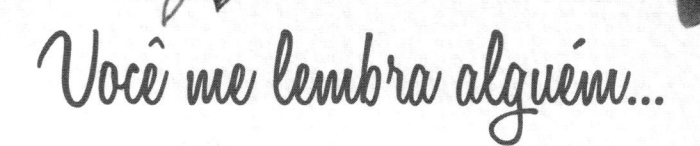

Você me lembra alguém...

Portanto, sejam imitadores de Deus,
como filhos amados, e vivam em amor, como também
Cristo nos amou e se entregou por nós como
oferta e sacrifício de aroma agradável a Deus.

Efésios 5.1-2

O perdão faz você olhar como Jesus.

Eu tenho uma amiga com tanta força interior que isso a faz parecer mais bonita a cada ano. Ela tem um senso de diversão que pode transformar um evento tedioso em uma grande festa. Seu sorriso pode restaurar a esperança das pessoas, e ela demonstra uma profunda intuição e uma vida cheia de sabedoria que vai muito além de seus anos de vida. Além de tudo, tem uma compaixão inabalável. Ela é daquelas pessoas que nos deixam na dúvida sobre se são mais bonitas por dentro ou por fora.

Alguns anos atrás, ela foi profundamente ferida. A mágoa foi forte o suficiente para lhe dar toda a razão em ficar amarga por um tempo. Só que, em vez disso, ela escolheu perdoar. E assim, em vez de ampliar o desgosto que carregava, ela preferiu viver uma vida bela, significativa e plena, livre da obsessão e da autodepreciação. As pessoas observam sua vida maravilhadas, porque ela confia em Deus e no seu melhor para ela, submetendo-se em tudo ao Senhor, para refletir a sua glória.

Você conhece alguém que é sempre pronto a perdoar, e por isso você lembra de Jesus ao contemplar essa pessoa? Como seria a aparência dessa pessoa para você hoje?

Jesus, quero que as pessoas vejam a maneira como conduzo meus relacionamentos e meus ressentimentos, e quero ajudá-las a pensar em ti. Amém.

Dignifique a dificuldade

27 DE FEVEREIRO

Meus irmãos, considerem motivo de grande alegria o fato de passarem por diversas provações, pois vocês sabem que a prova da sua fé produz perseverança.

Tiago 1.2-3

Ninguém espera se ferir. Ninguém faz planos para ser punido pelo sofrimento. E, no entanto, é impossível viver, do berço até o túmulo, sem ferir os outros – e, consequentemente, sem ser ferido.

Então, e quando isso acontece? Veja tudo como uma oportunidade de mostrar a sua total confiança em Deus. Claro, você pode questionar os planos e os propósitos divinos para a sua vida, quando permite que esse espinho entre em sua carne. Naturalmente, você vai se sentir irritada e chateada. Porém, como você é feita à imagem da Trindade, abençoada por Deus, serva de Jesus e controlada pelo Espírito, haverá um escape surpreendente de frescor e liberdade. Você vai dignificar a dificuldade. Tudo vai se tornar inexplicavelmente belo, e você vai inspirar a admiração de seus acidentais ou deliberados espectadores. Quando há alguém que você precisa perdoar, trate os seus próprios ferimentos em silêncio com graça e paciência. Ofereça um sacrifício quebrantado ao seu Pai em segredo, e ao fazê-lo, irradie quão abençoado é entregar tudo ao amoroso, sábio e poderoso Deus.

Você poderia ser corajosa o suficiente hoje para deixar a amargura e optar pela beleza? Você deixaria de lado seus comentários amargos e daria o melhor de si?

Deus, eu preferiria não enfrentar o que estou vivendo. Mas, por favor, permite-me perdoar e utiliza o meu perdão para espalhar beleza por onde eu passar. Amém.

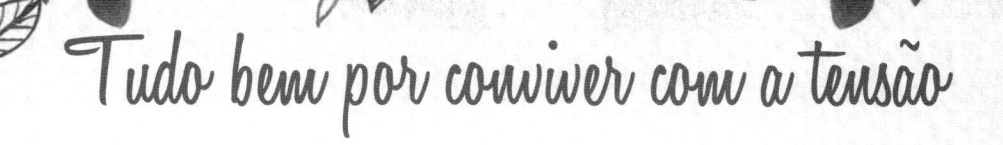

Tudo bem por conviver com a tensão

> Ó profundidade da riqueza da sabedoria e do conhecimento de Deus! Quão insondáveis são os seus juízos, e inescrutáveis os seus caminhos!
>
> *Romanos 11.33*

Sites de busca da internet demonstram muito sobre a nossa cultura, e eles vão convencê-la de que você pode saber tudo sobre tudo. Mas eles não sabem sobre Deus. Louve o Pai por você nunca poder saber tudo sobre o Deus da eternidade passada e futura, aquele que está em todos os lugares e em todo o tempo. Ora, não valeria a pena adorar a um deus encaixotado e pequeno o suficiente para caber em um site de busca e desprovido de um profundo mistério.

A verdade é que é bom não ter respostas para todas as coisas da vida – e, também, viver com a expectativa das perguntas e a tensão da verdade. Como, por exemplo, a verdade de que Jesus pode curar e que ele nem sempre cura, e também a verdade de que nele tudo subsiste (Colossenses 1.17), o que significa que ele sustenta toda essa tensão para nós. Você pode descansar nele porque essa tensão é sustentada pela firmeza e a certeza que temos em sua soberania, sua onisciência e seu amor.

A tensão cria beleza. Repare que não podemos pendurar luzes coloridas que embelezam nosso jardim sem tensão. A tensão é a forma como nós estendemos o esplendor a todos.

Você tende a ficar refletindo todas as suas dúvidas? Ou quer deixar Jesus carregar toda a sua tensão?

Senhor, meu cérebro fica em curto-circuito quando penso em tua imensidão. Obrigada, grande Deus! Amém.

Uma história gloriosa digna de leitura

"Sei que podes fazer todas as coisas; nenhum dos teus planos pode ser frustrado."

Jó 42.2

Deus poderia tirar todos os aborrecimentos e as dificuldades com os quais você está lidando nesta semana. Ele pode fazer qualquer coisa, e ninguém pode frustrar seus propósitos. Há paz profunda para ser aprendida nessa simples verdade.

E, às vezes, ele tira o aborrecimento e o sofrimento. Às vezes, não há cura milagrosa e intervenção divina; e, às vezes, há um maravilhoso alívio e libertação da angústia. Ou vice-versa.

Se você é como eu, já se perguntou por que Deus não responde às suas orações para aliviar o seu sofrimento ou resolver as complicações de uma vida frenética. Afinal, ele receberia tanta glória por um milagre, uma intervenção, uma operação de resgate em você... Não é mesmo?

É muito difícil ver saída quando você está no meio disso tudo, mas o fato de que Deus nem sempre responde às suas orações por uma carga mais leve significa que ele está ampliando e fortalecendo a sua fé. Agindo assim, ele está fazendo mais em sua vida do que qualquer milagre teria feito. Sim, o Senhor está escrevendo uma verdadeira obra-prima, uma história de glória *maior* do que você poderia sonhar.

Você confia que Deus pode fazer qualquer coisa, incluindo restaurar sua alma, embora ele não tenha (ainda) aliviado sua dor ou amenizado a sua dificuldade?

Deus, escreve uma obra-prima na minha vida. A glória será tua. Amém.

MARÇO

Derrube gigantes, limpe a sujeira

Ninguém vai ver ou saber
Sua luta na madrugada
Lute de qualquer maneira.

Aqui estão os gigantes

Vocês nem sabem o que acontecerá amanhã!

Tiago 4.14

Exploradores medievais incluíam desenhos de dragões nos mapas para indicar território perigoso ou desconhecido. Se houvesse dragões em um lugar, você não deveria ir lá – e assim, não teria como descobrir o esplendor de novas terras. Essas alegorias eram, na verdade, apenas uma imagem de medo: medo da mudança, medo do desconhecido, medo do novo. Foi o medo que manteve muitos exploradores distantes de determinados lugares e desafios.

No contexto bíblico, a luta entre Davi e Golias é uma metáfora parecida. Se o jovem pastor não se dispusesse a enfrentá-lo, mesmo contra todas as evidências, a história de Israel teria tido outro rumo. Esses tipos de gigantes desafiadores podem ser comparados ao ritmo dos limites de sua vida. Eles simbolizam as mudanças que você não teria planejado ou mesmo esperado. São os desafios para os quais você se sente mal equipada para enfrentar. Esses gigantes podem colocá-la sob tensão e perigo. Seu poder ameaçador fulmina sonhos e diminui influências. Você sabe do que precisa para abatê-los, mas está com muito medo das ameaças que eles vociferam. Eles afetam o seu tempo e o seu potencial, para que você pare de ser e de fazer tudo o que podia – e devia – fazer.

Você pode não saber como sua vida será amanhã. Você nunca vai prever todas as mudanças e todos os desafios que com certeza estão chegando. Mas Deus sabe. E ele é infinitamente maior do que o seu maior medo.

Você tem medo de quem ou o que pode estar à espreita na escuridão à sua frente?

Jesus, ajuda-me a lembrar que os gigantes podem ser derrotados se os enfrentarmos com as armas certas – as armas que tu nos dás. Amém.

Mais perigoso do que gigantes

"Bem-aventurados os puros de coração, pois verão a Deus."

Mateus 5.8

Nós podemos derrubar nossos gigantes. Podemos eliminar as pressões externas que nos impedem de usar nosso tempo e nosso potencial para mudar o mundo. Mas a verdade é que nem todos os nossos inimigos são os que nos enfrentam de fora. Há os que crescem dentro de nós.

É fácil culpar os gigantes para manter-nos afastadas da vida que Jesus promete, porque nós começamos a nos sentir como vítimas. E, para muitas de nós, é mais fácil se vitimizar do que partir para mudar o mundo. Então, nós continuamos culpando os gigantes.

Com toda certeza, gigantes nos espreitam. Porém, há algo mais perigoso do que ter de encará-los; algo mais destrutivo do que pessoas ou circunstâncias que nos abatem espontaneamente. É o que acontece no seu interior e no meu e que, em última análise, afeta o modo como usamos nossos anos, nossas habilidades e oportunidades para o Reino. E porque queremos viver a vida plena – a melhor vida, a vida que Deus nos promete –, precisamos ser honestas com nós mesmas e ter a coragem de lidar com a sujeira de nosso coração, porque há uma ligação entre a pureza moral e o conhecimento de Deus. É bastante forte o que Jesus disse acerca de os puros de coração serem abençoados, porque eles verão a Deus.

Existe pecado preso e persistente em seu coração, impedindo que você se torne uma pessoa mais excelente e plena de comunhão com Deus?

Deus, eu quero te ver. Purifica o meu coração! Amém.

Você tem baratas?

Cria em mim um coração puro, ó Deus,
e renova dentro de mim um espírito estável.

Salmo 51.10

Às vezes, quando preparo meus filhos para a hora de dormir, um deles me pergunta: "Mãe, você tem alguma barata?"

Lá em casa, adotamos a metáfora em que Jesus mostra uma criança cujo coração está cheio de baratas, banqueteando-se com a sujeira da maldade, da inveja, da raiva e de todos os outros tipos de sentimentos ruins. As crianças acham ruim manter as baratas dentro de si. Elas querem a ajuda de Jesus para se livrar delas – o que ele faz, com sua maravilhosa máquina de amor. Só assim o coração da criança vira doce e delicioso de novo.

Por isso, peço às crianças que, quando eu for lhes dar o beijo de boa noite ou durante momentos tranquilos – como a hora do café da manhã –, perguntem: "Alguma barata ou sucrilhos?". Ultimamente, elas estão me perguntando de volta. Nessas horas, aproveitamos para compartilharmos mágoas, frustrações, raiva ou medos, incidentes e acidentes e perguntas sobre Deus, a vida e o universo. Conversamos sobre isso tudo um pouco. E, então, oramos.

Pergunto aos meus filhos sobre o coração deles porque quero saber o que eles estão escondendo. Mais do que isso, quero que saibam o que estão escondendo. E você e eu, amiga, precisamos saber o que estamos escondendo também.

Você é honesta consigo mesma, com os outros e com Deus, que sabe tudo o que está realmente acontecendo em seu coração?

Pai, quero que a sujeira fique fora do meu coração.
Ajuda-me a ser honesta sobre o que estou escondendo.
Perdoa-me e limpa o meu coração. Amém.

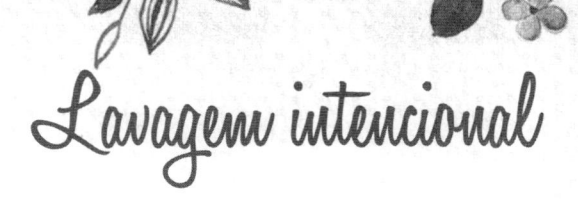

Lavagem intencional

Lava-me de toda a minha culpa e purifica-me do meu pecado.

Salmo 51.2

Se você não se sente bem quando precisa deixar sua zona de conforto, não faça o que estou a ponto de sugerir. Não faça isso se você tem segredos – aquelas coisas que ninguém conhece e que você meio que esqueceu... Algo que está enterrado tão profundamente em seu interior que você pretende manter dessa forma. Não faça isso se você gosta de cultivar velhas mágoas e as traz para fora de vez em quando, acariciando-as apenas o suficiente para mantê-las dentro de si.

Mas, se você está cansada de ter um coração pesado, se você está espiritualmente com falta de ar, porque na verdade você não está apenas desconfortável, você está doente; se há dias em que você se sente feia e pesada pela culpa; se você estiver disposta a aceitar que o denominador comum em todos os seus relacionamentos é você; se você quer viver livre, amar e ser amada, então talvez precise se comprometer com o libertador processo de limpar o seu coração. Peça a Deus que faça brilhar a sua luz nos trechos de sua vida que estão danificados, mesmo que pareça ser um pouco por sentimentos de culpa, raiva, ganância e inveja.

Você tem coragem de ser intencional sobre isso? Realmente você faria algumas listas de pessoas pelas quais você se sentiu injustiçada e pessoas que você precisa perdoar? Quer ser honesta sobre como a inveja ou o orgulho mancharam seu coração?

Jesus, toda essa sujeira está se acumulando e me fazendo doente. Por favor, dá-me a força para limpar isso. E obrigada por teu dom do perdão! Amém.

Eu lhe devo

> "Portanto, se você estiver apresentando sua oferta diante do altar e ali se lembrar de que seu irmão tem algo contra você, deixe sua oferta ali, diante do altar, e vá primeiro reconciliar-se com seu irmão; depois volte e apresente sua oferta."
>
> *Mateus 5.23-24*

Quando comecei o hábito de fazer uma faxina no coração, havia um monte de coisas para limpar. Eram anos de sujeira. Comecei fazendo uma lista das pessoas que eu tinha prejudicado. Pessoas em relação às quais pensei ter um pouco ou mesmo um caminhão de culpa. Pedi a Deus que trouxesse essas pessoas à minha mente, e ele fez isso. Uma a uma, foram aparecendo. Uma amiga do colégio, do tempo que eu era ainda adolescente. Um ex-namorado, um vizinho, um parente. Anotei os nomes. Então, entrei em contato com todos eles.

Foi aí que percebi quão mais fácil é confessar meus erros e pecados sobre outras pessoas em particular com Deus. Foi preciso coragem para aceitar a dor que eu tinha causado aos outros. Então, pedi perdão. Não dei desculpas ou falei das coisas que eles poderiam ter feito contra mim, simplesmente tomei a responsabilidade pela minha fatia nesse bolo relacional – e eu sabia que não seria responsável pela reação da outra pessoa.

Pode ser desconfortável para você fazer contato com alguém, depois de anos, para pedir perdão. Mas você vai se surpreender com a graça que vem por causa desse tipo de atitude. Reunindo a coragem de arriscar e admitindo ser vulnerável, você pode desencadear compreensão, reconexão, afirmação e liberdade.

Quem está na sua lista? Você tem coragem de entrar em contato e pedir perdão, ficando com tudo limpo?

Deus, quero fazer o que puder para acertar as coisas com as pessoas que machuquei. Faz-me corajosa para conseguir isso. Amém.

Você me deve

> Livrem-se de toda amargura, indignação e ira, gritaria e calúnia, bem como de toda maldade. Sejam bondosos e compassivos uns para com os outros, perdoando-se mutuamente, assim como Deus os perdoou em Cristo.
>
> *Efésios 4.31-32*

Se você fez uma lista do que deve a alguém, talvez agora seja hora de escrever uma lista do que alguém lhe deve. Nessa lista, devem constar os seguintes itens e nomes: De quem estou com raiva? Quem tomou algo de mim, mas que não tinha esse direito? Quem ignorou os meus pedidos ou me desprezou completamente? Quem me desrespeitou? Quem me traiu? Quem, propositadamente, me deixou de fora e me machucou? *Quem é que preciso perdoar?*

Anote os nomes ao lado de cada pergunta, se você se lembrar de cada um deles. Pode ser um colega de trabalho que a prejudicou ou o professor que humilhou sua filha na escola. Quem sabe aquele irmão da igreja que traiu sua confiança. Seja honesta consigo mesma sobre a lista de memórias que você tem registrada em sua cabeça e que a enche de raiva. Você não precisa ligar ou enviar e-mail para as pessoas envolvidas. Aquelas que machucaram você podem até nem mesmo saber – e, a essa altura, talvez até não precisem mais saber. Isso pode ser apenas algo a ser levado a Deus. Jogue sua raiva no chão diante da presença dele, com lágrimas. Se for preciso. Em seguida, lembre-se de que você já foi perdoada – e *ore*.

Até que você possa perdoar, respire e diga com leveza: "Elas não me devem nada."

Quem lhe deve? Você vai ser corajosa o suficiente para cancelar a dívida?

Senhor, há pessoas a quem preciso perdoar. Liberta-as em meu coração, para que eu possa ser livre. Amém.

Eu me devo

Os que querem ficar ricos caem em tentação, em armadilhas e em muitos desejos descontrolados e nocivos, que levam os homens a mergulharem na ruína e na destruição.

1 Timóteo 6.9

É fácil ver a ganância nos outros, mas difícil identificá-la em nós mesmas. A cultura também prega que devemos isso a nós mesmas, cedendo aos nossos desejos e ao que quisermos, sempre, de alguma forma.

É preciso coragem e uma clara intenção de pedir a Deus que nos mostre onde a ganância está entupindo nossas artérias, ou onde estamos mentindo para nós mesmas sobre o quanto somos merecedoras de algo. Quando temos mais despesas do que dinheiro dentro do orçamento mensal, duvidamos de que Deus nos proverá? E quando temos mais dinheiro do que despesas mensais, gastamos indiscriminadamente nossos recursos quando, na verdade, poderíamos doar generosamente?

Você pode verificar suas prioridades perguntando a si mesma se você *doa* antes de *economizar* ou antes de *aproveitar*. Mas é claro que nem sempre somos gananciosas apenas por dinheiro. Às vezes, estamos ávidas por comida, fama, atenção ou simpatia. Paulo escreveu a Timóteo que aqueles que são gananciosos caem em armadilhas. Assim, o desafio é descobrir se, ou onde, você está presa.

Deus está destacando uma área de sua vida onde você poderia ser mais generosa nesta semana? Ou, talvez, uma maneira de você ficar longe da tentação de gastar muito?

Deus, eu sou muito grata pelo que tu tens me dado para desfrutar. Mantém-me livre de pensar que mereço tudo isso. Mantém-me atenta para ser generosa e responsável com aquilo que tu tens me dado. Amém.

Graça derramada em minha vida

O SENHOR viu que a perversidade do homem tinha aumentado na terra e que toda a inclinação dos pensamentos do seu coração era sempre e somente para o mal.

Genesis 6.5

Esse texto detalha o dilúvio que Deus enviou para acabar com a maldade humana. Esses são versículos desconfortáveis. Não é o tipo de coisa que você gosta de ler no dia da consagração do seu filho, e muito menos em um casamento. As pessoas, geralmente, não gostam da ideia de que se encontram sujas e precisam de limpeza, ou quebradas e precisam ser consertadas.

No entanto, até que percebamos a nossa necessidade desesperada de sermos salvas, não buscaremos o Salvador. Há sujeira e detritos amontoados em nosso coração e nós somos impotentes para limpar tudo. Já nascemos quebradas e não podemos consertar a nós mesmas ou os nossos filhos, nem mesmo qualquer outra pessoa. E isso pode aumentar o nosso alívio e a nossa alegria ao sabermos que Deus não nos deixou derrotadas e prostradas. Ele fez um plano milagroso para nos restaurar e nos renovar, reacendendo nosso desejo de fazer o bem.

Então, para você, mulher crente que é, essa dura verdade deve ser emocionante. Isso porque, com certeza, você também era suja e quebrada, mas você *jamais* foi, é ou será sem esperança, porque Jesus tomou sua sujeira e a levou para a cruz, para que você fosse limpa e recriada pela graça transbordante do sangue de Cristo.

Você pode ser honesta consigo mesma sobre a natureza humana – a sua, em particular?

Deus, eu quero ficar sob o derramar da tua graça e ser completamente encharcada dela. Amém.

Sem prêmios

"E seu Pai, que vê o que é feito em segredo,
o recompensará."

Mateus 6.4

Uma das razões pelas quais não limpamos periodicamente nosso coração é, provavelmente, porque achamos não haver imediato e tangível benefício nisso. Um coração puro não transforma dramaticamente o exterior da sua vida. Você não vai ganhar um prêmio apenas por fazer isso. Não terá *likes* ou *retweets* por promover essa limpeza. Na verdade, ninguém vai saber que você trouxe a sua impureza diante do Santo Deus, que já a conhece completamente.

No entanto, as coisas mais importantes – aquelas de valor inestimável e eternas – são as que são feitas em segredo diante apenas e tão somente de Deus. Quando não há ninguém nos olhando é que somos mais honestas. Seu culto é mais verdadeiro na solidão, e o Deus que vê o que é feito em secreto a recompensará.

Cuidar de seu interior hoje, com a suave verdade que quebranta seu coração, não vai lhe dar prêmios, mas sei que haverá provas em sua vida de sua vulnerabilidade diante de seu Pai celestial. E você terá uma aurora inegável de luz e plenitude, trazendo paz e perspectiva, aumentando sua coragem e excelência. Um bem maior e uma beleza mais surpreendente.

Você vai estar diante de Deus em segredo hoje?

Pai, ajuda-me a sentir satisfação porque tu vês tudo o que faço em segredo. Sei que vais me recompensar para além de elogios terrenos. Dá-me um vislumbre da mudança duradoura. Sei que tu estás moldando o meu coração. Amém.

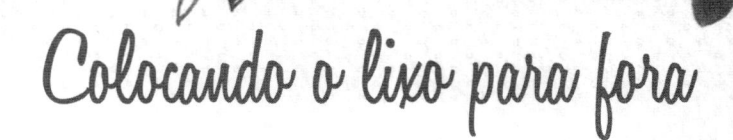

Colocando o lixo para fora

Acima de tudo, guarde o seu coração,
pois dele depende toda a sua vida.

Provérbios 4.23

Ninguém nos ensina a quebrar um dos mandamentos ou infringir a lei. Isso nos vem naturalmente, e somos realmente boas no que fazemos (Romanos 3.10). Porém, podemos nos tornar ainda mais sujas e tornar ainda mais difícil a limpeza de nosso ser, pela procura de sujeira extra para amontoar sobre os escombros que estamos acumulando.

Se você fala sério sobre assumir isso e se atrever a limpar seu coração e todo o lixo que ele possui, precisa ter certeza de que não está apenas acumulando mais sujeira. Dê uma pausa. Tente descobrir de onde você está recolhendo tanta sujeira extra. Da internet? De uma série que você está assistindo? De um amigo com quem você está saindo ultimamente?

Jesus disse que você vai falar do que o seu coração estiver cheio (Mateus 12.34). O que entra, sai. Se você quer que a verdade, a excelência e a beleza saiam de você, então é isso que você precisa estar colocando em seu interior.

Se você apertar um tubo de pasta de dente, ela sai, porque é isso que está dentro daquele recipiente. Quando a vida aperta você e isso a força a reagir ou decidir sobre algo crucial, o que sai de você?

Deus, guarda o meu coração e aumenta o meu desejo de preenchê-lo com o que é saudável. Amém.

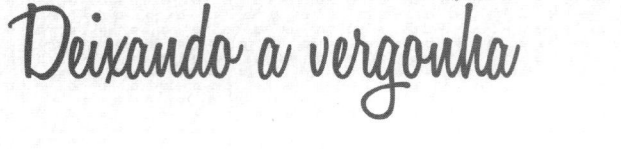

Deixando a vergonha

Quem esconde os seus pecados não prospera, mas quem os confessa e os abandona encontra misericórdia.

Provérbios 28.13

O arrependimento tende a ser confundido com vergonha. Acho que é porque o arrependimento é uma admissão de culpa, delito, pecado – e tudo isso nos faz sentir vergonha. E, no entanto, vergonha traz a sensação de que você é a única e que todo mundo está lhe apontando o dedo. Assim, de uma maneira estranha, não há vergonha no arrependimento. Todos pecaram e estão aquém dos padrões santos de Deus, conforme Romanos 3.23. Amiga, não é verdade que você está sozinha em sua insuportável humilhação. Na verdade, está tentando ficar sozinha, escondendo o seu pecado e presa a ele em segredo – é justamente isso que vai torná-la mais dependente e acostumada com ele.

No grande texto que expressa o arrependimento de Davi, após cometer adultério com Bate-Seba (Salmo 51), ele escreve: "Oh, me devolva a minha alegria de novo", e "restitui-me a alegria da tua salvação". E em outro salmo, ele escreve: "Como é feliz aquele a quem o Senhor não atribui culpa e em quem não há hipocrisia!" (Salmo 32.2). O resultado de arrependimento não é vergonha. É alegria!

Existe pecado não confessado em sua vida que está roubando sua alegria? Você vai perder essa vergonha, trazendo-a para a luz, e permitir que Deus possa restaurar o seu contentamento?

Deus de graça, eu me alegro em tua misericórdia. Tu és a minha alegria, a minha paz, a minha liberdade. Amém.

É por isso que nós lutamos

Portanto, se o Filho os libertar, vocês de fato serão livres.

João 8.36

Liberdade é o esforço da vida. Nós lutamos por ela desde o nascimento até a morte. Bebês gritam e ficam vermelhos para estarem livres, quando se sentem presos por algo ou por alguém. Crianças fazem de tudo para se livrar da escola. Adultos mentem e manipulam para ficarem livres de responsabilidades e das consequências de suas más escolhas. A punição final é tirar a liberdade de movimento e de escolha de alguém. Queremos passeios livres, tempo livre, coisas livres.

Quando se trata de liberdade, nós somos rápidos em reivindicá-la. Eu quero que o garoto dentro do meu adulto seja livre para correr, subir e gritar feliz, aprendendo, pensando e adorando sem vergonha. Quero ser livre para ser tudo o que fui criado para ser. Estou supondo que é o que você quer também.

Mas a verdade é que, mesmo se você tivesse a melhor, a mais livre e a mais justa educação e fosse posta em liberdade para explorar oportunidades impensáveis e vivesse na mais livre, mais justa e mais benevolente de todas as democracias, ainda assim você nunca seria plenamente livre e nunca iria maximizar o seu tempo e viver plenamente o seu potencial surpreendente, se o seu coração está travado pela raiva, pela amargura, pelo ressentimento ou pela mágoa.

Isso porque você nunca vai ser livre se não perdoar.

Você realmente quer ser livre, não apenas física ou intelectualmente, mas emocional, espiritual e socialmente?

Jesus, me ajuda a lutar pela liberdade perdoando, da mesma maneira que tu me perdoaste livremente. Amém.

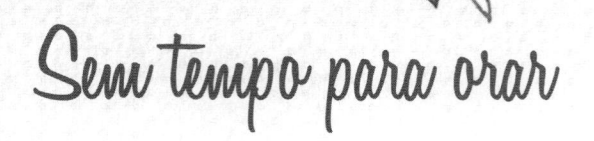

Sem tempo para orar

O SENHOR disse a Josué: "Levante-se!
Por que você está aí prostrado?"

Josué 7.10

Josué rasga suas roupas e fica de bruços no pó diante de Deus em oração, porque Israel fora derrotado na batalha. Surpreendentemente, Deus diz: "Levante-se! Pare de orar!"

A derrota de Israel é o resultado de um homem, Acã, violar a ordem de Deus para que Jericó, após a vitória milagrosa do povo de Deus, não fosse saqueada. Então, quando Josué ora fervorosamente ao Senhor para restaurar a vitória de Israel – Deus, simplesmente, lhe diz que parasse de orar, levantasse e resolvesse o problema. Simples assim.

Deus tinha dado instruções claras para o seu povo sobre o que era certo e o que era errado naquela situação. Portanto, não havia mais necessidade de orar sobre isso. Eles só precisavam fazer a próxima coisa da maneira certa e obedecer.

O mesmo é verdade para nós. Você não precisa orar sobre algo que Deus já deixou claro em sua Palavra. Você não precisa orar sobre ser fiel ao seu marido, não prejudicar seu chefe ou ser gentil para com o seu filho adolescente. As Escrituras Sagradas estão cheias de dicas comportamentais para todas as situações da vida – e, com certeza, você não precisa orar sobre a necessidade de limpar o seu coração. Você só precisa agir conforme os mandamentos de Deus. Seja corajosa e apenas faça o que deve ser feito!

Você está protelando o que deve fazer por meio da oração, quando na realidade sabe exatamente o que precisa ser feito?

Jesus, não quero pedir as mesmas coisas a ti o tempo todo. Tu já me deste ordens claras e todo o conhecimento de que preciso. Amém.

A oração não desfaz o que você faz

Então Davi levantou-se do chão, lavou-se, perfumou-se e trocou de roupa. Depois entrou no santuário do SENHOR e adorou. E, voltando ao palácio, pediu que lhe preparassem uma refeição e comeu.

2Samuel 12.20

O primeiro filho de Davi e Bate-Seba morreu como consequência do adultério deles. Davi jejuou e orou enquanto a criança estava doente, mas assim que o bebê morreu, o rei reagiu com uma calma notável e surpreendente aceitação. Ele disse aos seus servos: "Enquanto a criança ainda estava viva, jejuei e chorei. Eu pensava: 'Quem sabe? Talvez o SENHOR tenha misericórdia de mim e deixe a criança viver'. Mas agora que ela morreu, por que deveria jejuar? Poderia eu trazê-la de volta à vida? Eu irei até ela, mas ela não voltará para mim" (2Samuel 12.22-23).

Davi não tentou orar à sua maneira por uma situação gerada de seu mau comportamento. Ele sabia que tudo era por culpa sua e entendeu que não se zomba de Deus. Então, ele se arrependeu (Salmo 51) e mudou de atitude, sabendo-se alvo do favor imerecido do Senhor.

A oração não é uma varinha que pode fazer mágica, afastando aquelas escolhas insensatas que fizemos um dia. Naturalmente, temos de falar com Deus sobre tudo o que nos acontece, até mesmo pelas consequências ruins de nossas escolhas e de nossos pecados, pedindo seu perdão e sua misericordiosa intervenção. Contudo, também precisamos ser corajosas o suficiente para respondermos por nossas ações.

Você pode viver de uma forma linda e excelente hoje por enfrentar a verdade e assumir sua responsabilidade?

Deus, me ajuda a aceitar as consequências das coisas. Sei que tu me perdoaste pelo que fiz, por isso tenho paz. Amém.

Como o seu coração mudado pode mudar o mundo

De fato, vocês ouviram falar dele, e nele foram ensinados de acordo com a verdade que está em Jesus. Quanto à antiga maneira de viver, vocês foram ensinados a despir-se do velho homem, que se corrompe por desejos enganosos, a serem renovados no modo de pensar e a revestir-se do novo homem, criado para ser semelhante a Deus em justiça e em santidade provenientes da verdade.

Efésios 4.21-24

É verdade que as pessoas transformadas podem transformar uma nação e que nações transformadas podem mudar o mundo. Só que a única coisa que transforma as pessoas é um coração transformado – e o único que pode transformar o coração é Jesus. Economia, educação, assistência médica, segurança: tudo isso é bom e necessário. Mas, mesmo na maioria dos lugares e entre as pessoas mais ricas do mundo, essas coisas podem efetuar alterações em profundidade; talvez até mesmo influenciar a cultura. Mas nada disso tem poder sobre o coração das pessoas.

É entre corações modificados, quebrantados e voltados para Jesus que acontecem as grandes mudanças de comportamento, profunda e intrinsecamente. E isso muda a forma como as pessoas vivem, amam e trabalham para construir famílias, finanças e infraestrutura.

Amiga, você *conhece* Jesus. Você pode contar sobre as belas histórias de mudança pela graça porque está vivendo isso em sua própria vida. Ele iniciou uma mudança de coração em você, e isso faz parte da transformação do mundo que ele está sempre fazendo.

O que você acha que aconteceria se os cristãos em seu país orassem como nunca antes para que acontecessem mudanças de atitudes?

Deus, não sinto que estou fazendo muita diferença neste planeta. Contudo, confio em ti para me transformar a fim de que eu possa, assim, mudar o mundo. Amém.

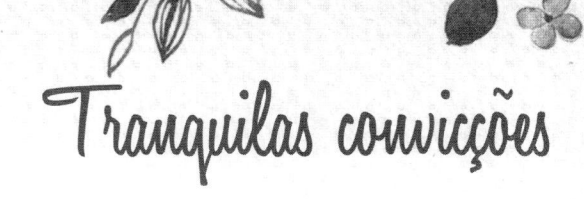

Tranquilas convicções

Quando me deito, lembro-me de ti;
penso em ti durante as vigílias da noite.

Salmo 63.6

Se você está determinada a limpar o seu coração e ser honesta sobre as coisas que carrega com você e que ninguém mais vê, mas que inegavelmente influenciam suas atitudes e suas ações, então você precisa de algum tempo para fazer isso.

Eu acho que Deus fala mais comigo quando a casa está tranquila e estou limpando o chão ou dobrando uma toalha de mesa. Muitas vezes, é nesses momentos que um pensamento surge de forma lenta e clara: "Você falou muito severamente com alguém", ou "Você não deve se juntar a esse grupinho que gosta de fofoca". É quando esses tipos de pensamentos e convicções preocupantes surgem. Então, preste atenção. O que Deus está dizendo? O que ele está mostrando-lhe sobre o seu coração? Não abafe o que você sabe que o Espírito Santo está sussurrando.

Como você pode gerenciar sua agenda para se certificar de que, em algum momento silencioso do dia ou da semana, é o momento certo para sentir a força do amor de Deus?

Jesus, às vezes eu corro e faço muito barulho. Não quero ouvir o que tu tens a dizer, porque sei que não vai ser fácil. Perdoa-me. Ajuda-me a ser corajosa o suficiente para me acalmar e ouvir a tua voz. Amém.

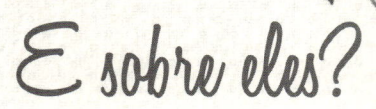

E sobre eles?

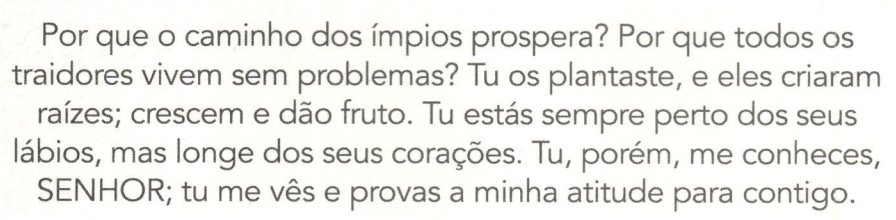

Por que o caminho dos ímpios prospera? Por que todos os traidores vivem sem problemas? Tu os plantaste, e eles criaram raízes; crescem e dão fruto. Tu estás sempre perto dos seus lábios, mas longe dos seus corações. Tu, porém, me conheces, SENHOR; tu me vês e provas a minha atitude para contigo.

Jeremias 12.1-3

É difícil se sentir motivada para lidar com o seu pecado quando você olha ao redor e vê que outras pessoas, embora chafurdadas na iniquidade, prosperam e parecem realizadas. Na verdade, elas riem tão alto que você dificilmente pode ouvir sua própria oração.

Cuide do seu coração. Deus o vê. E ele vê cada coração, em todos os lugares, o tempo todo. Você nunca vai saber o que o coração de outra pessoa realmente é – e, provavelmente, você não iria querer saber. Graças a Deus que não é o seu lugar ou o seu problema ter que entender o peso do pecado ou do sofrimento que outra pessoa carrega.

Você também não é responsável pelo pecado dos outros nem pela sua aparente satisfação, seja ela real ou não. O Senhor vai responsabilizá-la apenas pelo seu próprio coração e pela maneira como você lidou com isso. E ele vai fazer o mesmo com todos os outros, e de uma forma justa e perfeita (2Tessalonicenses 1.6).

Você poderia fazer de hoje um dia espetacular, vivendo com um coração verdadeiro, corajoso, excelente e belo, em vez de se preocupar com a mentira, a covardia, a mediocridade ou a malícia cultivada e praticada pelos outros?

Deus, obrigada porque somente eu e tu sabemos o que vai no íntimo do meu coração. Deixo em tuas mãos o que os outros fazem da vida deles e quero me concentrar no meu relacionamento contigo. Amém.

Armadilhas escondidas

> Ora, a serpente era o mais astuto de todos os animais selvagens que o SENHOR Deus tinha feito. E ela perguntou à mulher: "Foi isto mesmo que Deus disse: 'Não comam de nenhum fruto das árvores do jardim'?"
>
> *Gênesis 3.1*

Se você aceitar que o pecado resulta em algo tão dramático como a morte, então certamente você vai reconhecê-lo? Você vai ver a morte se aproximando? Isso é uma coisa terrível. O pecado é insidioso, mesmo que pareça bonito. Ele promete que está tudo indo bem, desde que você não esteja prejudicando ninguém e esteja sendo feliz. De alguma forma, esse sentimento faz você se esquecer daquilo que Deus fez por você. Ele começa com um pensamento, do jeito que aconteceu com Eva, quando a cobra sugeriu que o Criador não tinha contado a história toda sobre aquela árvore. Hoje, passado tanto tempo, esse pensamento persiste. Primeiro, surgem pequenas tentações e as possibilidades de erros que parecem menores. Depois, a coisa cresce e a iniquidade é cometida. Daí, vêm as inevitáveis consequências do pecado.

Paulo advertiu os crentes de Corinto acerca do disfarce de Satanás como anjo de luz (2Coríntios 11.14). Portanto, não se surpreenda quando o pecado se mostrar como uma coisa deliciosa. O diabo sempre fez assim para seduzir os homens e fazê-los duvidar do resultado inexorável do pecado: a morte. Se você demonstrar que está vulnerável, pode ter certeza de que ele tem mais a oferecer de onde veio.

Seja corajosa. Fique na verdade. E agradeça a Deus pela visão e pelo discernimento que ele lhe dá enquanto você permanecer perto dele.

Você pode pensar em uma ocasião em que estava enganada e quando não viu a armadilha?

Deus, não me deixes ser enganada a ponto de alimentar um apetite que só vai crescer e se tornar mais e mais perigoso. Socorro! Amém.

O pecado não tem domínio sobre você

Pois o pecado não os dominará, porque vocês
não estão debaixo da lei, mas debaixo da graça.

Romanos 6.14

Não é moda, hoje em dia, falar sobre o pecado e em tudo mais decorrente dele. Porém, isso é importante para sabermos que, se não estivéssemos em extrema necessidade de redenção, Deus não teria enviado um Salvador. Nesse caso, para que o Messias teria vindo a este mundo? Nossa fé seria um amontoado de ficções e nossas igrejas seriam meras agremiações de lazer.

Amiga, você precisa agarrar-se a Jesus, porque precisa dele mais do que o ar que respira. Ele tem graça em uma mão e liberdade na outra. A graça diz que ele não lhe deve nada, mas, apesar disso, ele a chama de amada e lhe oferece perdão e vida eterna, apesar de tudo. E a liberdade, por sua vez, diz que o pecado não tem mais domínio sobre sua vida. Sim, você está livre dos grilhões da iniquidade.

É preciso que você pare de viver como se estivesse lutando sozinha contra o mal. Em vez disso, deixe Cristo viver sua vida por meio de você. Por certo, as consequências do pecado podem ser suspensas de sua vida em todas as direções, mas a graça corta o fio que prende você à sua natureza iníqua, deixando-a plenamente livre.

"O pecado não é meu senhor." Você poderia tentar dizer isso algumas vezes hoje, para que alguns velhos hábitos morram definitivamente?

Jesus, só tu és meu Mestre e tens domínio sobre minha existência. Tu, e apenas tu, és meu mestre. Tu quebraste o poder das trevas que estavam sobre mim, então me ajuda a parar de dizer "Sim, senhor!" para o pecado. Amém.

O fio de prumo da graça

Então Jesus pôs-se em pé e perguntou-lhe: "Mulher, onde estão eles? Ninguém a condenou?" "Ninguém, Senhor", disse ela. Declarou Jesus: "Eu também não a condeno. Agora vá e abandone sua vida de pecado."

João 8.10-11

Vivemos em um mundo de reações pendulares, que balançam fora de sintonia. Mesmo entre os crentes, o pêndulo oscila entre o legalismo que a tudo considera pecado e a aceitação tácita dos valores do mundo. Mas nem esse pêndulo tem o poder de mudar a graça.

A graça é muito mais do que a tolerância benigna. Ela não nos deixa condenadas, presas a um determinado regime. Graça não é um pêndulo; é um centro de prumo suspenso que pesa segundo a medida precisa da verdade.

A graça foi manifesta por Jesus diante dos fariseus, quando estes o incitaram a autorizar o apedrejamento da mulher flagrada em adultério: "Se algum de vocês estiver sem pecado, seja o primeiro a atirar pedra nela" (João 8.7). Os acusadores, apanhados em sua própria consciência, não tiveram alternativa senão largar as pedras, envergonhados. Jesus a amava e concedeu-lhe pureza e esperança, mas apesar de sua graça e misericórdia, não foi leniente com o erro. Como queria que ela fosse livre, ele determinou: "Vá, e não peques mais." O poder da graça resgata o coração pecador, transforma a vida do arrependido e muda o mundo.

Como você pode inclinar-se para a graça e ficar longe do legalismo (ganhar o favor de Deus) ou do liberalismo (desculpando o pecado)?

Deus, estou no temor de tua graça.
Ela me envolve e se recusa a me deixar como eu sou. Amém.

Escrutínio para a vitória

Sonda-me, ó Deus, e conhece o meu coração; prova-me, e conhece as minhas inquietações. Vê se em minha conduta algo te ofende, e dirige-me pelo caminho eterno.

Salmo 139.23-24

Se você tem alguns minutos disponíveis hoje, leia o Salmo 139. Trata-se de um texto de pura poesia e que encerra uma realidade surpreendente: a garantia profunda da maneira como Deus nos conhece intimamente e da forma como, maravilhosamente, ele nos fez. Permita que o salmista traga ao seu coração o fato de que você foi criada de maneira única e que, por isso, Deus vai usá-la de maneiras distintas e notáveis, de acordo com seus dons e suas oportunidades, para arar o terreno do Reino e para mudar o mundo.

Mas não é por acaso da literatura que esse salmo, que transborda de temor e maravilhas, seja finalizado com os versículos acima: essa bela oração para um exame pessoal minucioso. Porque, para ser alguém que ajude a melhorar o mundo, você precisa reconhecer como Deus a conhece e como ele a tem moldado – e não apenas seus talentos, mas todas as suas peculiaridades físicas, emocionais e intelectuais, assim como seus inevitáveis defeitos. Então, prostre-se diante dele. Entregue as suas deficiências espirituais ao escrutínio do Espírito Santo, que vai convencê-la, perdoá-la e restaurá-la para que sua vida nunca mais seja a mesma – e assim, também, o mundo à sua volta.

Você está disposta a submeter-se à suave e irresistível ação do Espírito Santo?

Deus, tu já me tinhas em mente antes de acertares o relógio da história. Não consigo entender o teu grande amor e a grandeza de teus planos para mim. Por isso, entrego a ti o meu coração, para que tu o purifiques de todo acúmulo de mal que nele se esconde. Amém.

Quanto mais você envelhece, mais jovem fica

Mas, quando, da parte de Deus, nosso Salvador, se manifestaram a bondade e o amor pelos homens, não por causa de atos de justiça por nós praticados, mas devido à sua misericórdia, ele nos salvou pelo lavar regenerador e renovador do Espírito Santo, que ele derramou sobre nós generosamente, por meio de Jesus Cristo, nosso Salvador.

Tito 3.4-6

O bônus que vem como subproduto da limpeza do seu coração é que ela faz você mais jovem. É uma espécie de "botox" da alma. Um coração vivo para Deus é renovado, rejuvenescido e reabastecido. Partes de sua alma que tinham sido objeto de atrofia, estarão encharcadas em novidade de vida.

É uma das maneiras maravilhosas como a verdade de Deus vira de cabeça para baixo as tendências traçadas pelos estatísticos. Claro, ano a ano vemos os cabelos mais embranquecidos no espelho. Mas, se Jesus é o centro de nossa vida e se nele vivemos, nos movemos e existimos (Atos 17.28), igualmente, ano após ano, a nossa visão espiritual vai aguçar e nossa energia da alma será restaurada. Vamos lembrar as pessoas cada vez menos de nosso envelhecimento natural e, gradativamente, cada vez lembraremos mais a elas sobre Jesus.

Como você está envelhecendo no seu interior?

Deus, ajuda-me a cuidar do corpo que tu me deste. Porém, me ajuda a não ser muito presa em manter tudo bonito apenas no exterior. Faze-me tão bela no interior que as pessoas, ao conviverem comigo, acabem vendo um pouco da tua glória. Amém.

O leilão pela alma

Eu sei que o meu Redentor vive
e que no fim se levantará sobre a terra.

Jó 19.25

A palavra "redenção" não é de origem cristã: ela tem a ver com a escravidão. O termo se referia a um comerciante de escravos que poderia comprar de volta um deles ou *redimi-lo*, dando-lhe a liberdade. No nosso caso, outrora éramos escravos do pecado e nunca tivemos meios para nos libertar. Por isso, Jesus deu o *lance* mais alto. Ele pagou por nós com o seu sangue, comprando-nos de volta com o objetivo de nos libertar.

Eu sou completamente a favor da liberdade para que, com ela, eu continue indo de volta para o que Jesus disse: "A verdade nos libertará" (João 8.32). E a liberdade que nasce da verdade rompe as cordas do medo, que cortam mais profundo do que nossos pulsos e em nossa alma. Vivemos em liberdade por meio do paradoxo de sermos ligados a Cristo por toda a eternidade, no amor perfeito que lança fora o medo, conforme 1João 4.18.

Você é livre porque custou muito caro! Este é o evangelho.

Você pode anotar em seu telefone ou em uma agenda as maneiras pelas quais você está livre? Existem áreas inteiras de sua vida que Deus comprou de volta, e redimiu, para o seu bem e para a glória dele?

Deus, obrigada por me redimires! Quero descansar em teu imensurável e imerecido favor, para que eu não fique presa pelo pecado ou pela religião. Obrigada por teu sacrifício por mim, o qual me liga para sempre a ti. Amém.

Gravidade

Ele, pela alegria que lhe fora proposta,
suportou a cruz, desprezando a vergonha,
e assentou-se à direita do trono de Deus.

Hebreus 12.2

30 DE MARÇO

É um paradoxo o fato de que nós, humanos, tão pequenos e frágeis, já tenhamos nos aventurado no espaço. Mais ainda que, habitando um planeta tão pequeno, sejamos capazes de perscrutar os recônditos do universo a fim de encontrar mundos inacreditavelmente maiores do que o nosso. A lei da gravidade, que submete tudo que existe sobre a terra, é vencida pela força da engenhosidade humana.

Até mesmo o Senhor Jesus submeteu-se a essa lei, quando esteve conosco fisicamente. Por causa da alegria que vislumbrava à sua frente, Cristo se submeteu aos laços da gravidade terrestre e carregou o fardo de nossos pecados, de modo que a condenação não ficasse pesada para qualquer um de nós.

E outro paradoxo: a gravidade dos pesos transversais em nossa vida, na verdade, nos puxa para baixo. Porém, a gravidade da cruz é minha leveza de ser e de vida. A gravidade do sacrifício significa que podemos "retirar todo peso que nos diminui, especialmente o pecado que tão de perto nos envolve" (Hebreus 12.1). Verdade pesada; graça leve. Não ousamos amarrar-nos com qualquer um.

Enquanto anda na grama verde ou no concreto, você se lembra de que está segura e livre?

Jesus, tu conquistaste a minha sepultura! Eu nunca poderia te agradecer o suficiente por isso. Amém.

O hábito de limpar o coração

31 DE MARÇO

Sonda-me, SENHOR, e prova-me,
examina o meu coração e a minha mente.

Salmo 26.2

Eu gosto muito de organizar as coisas. Coloco os brinquedos de volta nas caixas da sala de jogos, arrumo a cozinha toda após cada lavagem de louça e fecho todas as guias de documentos e aplicativos no computador. E assim, a paz se instala e os pensamentos se aclaram. A produtividade sobe. Faço o que precisa ser feito quando recolho o lixo da vida que fica na minha mente.

É o mesmo com o meu coração. E o seu, claro.

Amiga, quando se trata de seu pecado, não faça dele seu prisioneiro. Ao contrário – elimine-o, como fazemos com o lixo de nossas casas. Realize uma faxina implacável. Seja honesta e se arrependa, porque assim todas as partes manchadas, aparentemente inúteis sob a sujeira, de repente brilham valiosas. E porque, limpando seu coração, você libera energia e se estende no tempo. Você vai usar seus melhores dons e fazer o seu melhor com amor, deixando como legado o melhor de si.

Você não vai se arrepender de iniciar um hábito de manter um coração limpo. Uma vez que você utiliza esses equipamentos especiais para *desengorduramento*, será mais fácil limpar as migalhas do dia a dia. O detalhe é que apenas uma sessão de limpeza, ainda que tudo na hora pareça bem limpo, não é suficiente. Você pode limpar o material que resta do seu passado, mas isso não a tornará imune à sujeira que reúne todos os dias dentro de si. A poeira vai surgir novamente, e sujeira atrai sujeira. Você tem que desenvolver um hábito diário para que o seu coração seja limpo, semelhante ao de escovar os dentes – e você vai se sentir suja durante todo o dia, se você não tiver feito isso.

Você se atreve?

Ó Deus, limpa diariamente o meu coração. Amém.

ABRIL

Caráter, chamado e sucesso simples

"Não é o crítico quem conta; não é o homem que aponta como o homem forte tropeça, ou onde o executor poderia ter feito melhor. O crédito pertence ao homem que está realmente no campo de batalha, cuja face é manchada pela poeira, suor e sangue; quem se esforça valentemente; quem erra, e que tenta repetidamente até conseguir, porque não há nenhum esforço sem erro e falhas; mas quem realmente se esforçar para fazer as obras; quem sabe dos grandes entusiasmos, as grandes devoções; que se gasta em uma causa digna; que, no melhor dos casos, sabe no final o triunfo resultante da alta realização e que, na pior das hipóteses, se falhar, pelo menos fracassará quando ousar grandiosamente, de modo que seu lugar nunca estará com aquelas almas frias e tímidas que nem conhecem a vitória nem a derrota."

— *Theodore Roosevelt*

Não perca a sua vocação

Faze-me ouvir do teu amor leal pela manhã,
pois em ti confio. Mostra-me o caminho que devo seguir,
pois a ti elevo a minha alma.

Salmo 143.8

Nesse salmo, fica claro que Davi está totalmente seguro quando se trata de sabedoria e sentido para a vida. Ele não tem um plano B; antes, ora confiantemente, convencido de que Deus vai ouvir e responder a sua súplica. Ele está satisfeito e certo de que o Senhor virá a ele com a benignidade e a paciente orientação que está pedindo – e ele crê e ora assim, a *cada manhã*.

É fascinante que Davi, o grande rei e pastor cujo heroísmo ainda está esculpido profundamente no coração e na história de seu povo, não pergunte: "Ó Deus, que é a minha vocação? Mostre-me a grande obra da minha vida!" Ele simplesmente ora: "Mostra-me por onde andar." Ele entendeu o ponto crucial: aquele que ensina que, caso você perca a chamada diária em sua vida, com certeza vai perder o grande apelo e chamado ao trabalho central da sua vida.

Você precisa ficar perto o suficiente de Deus, *todas as manhãs*, para que possa ouvir a sua voz, chamando-a, assim como a todos aqueles que, diariamente, atendem ao chamado divino para o exercício do mais belo trabalho da vida: servir ao Reino de Deus.

Você está se esforçando para ver a grande coisa que Deus vai fazer na sua vida, olhando diretamente para o próximo passo, que está sempre bem à sua frente?

Deus, não me deixes perder a minha vocação.
Mostra-me por onde andar hoje. Amém.

Contexto + caráter = chamado

Ao final do tempo estabelecido pelo rei para que os jovens fossem trazidos à sua presença, o chefe dos oficiais os apresentou a Nabucodonosor. O rei conversou com eles, e não encontrou ninguém comparável a Daniel, Hananias, Misael e Azarias; de modo que eles passaram a servir o rei.

Daniel 1.18-19

Daniel e seus amigos chegaram à corte real da Babilônia sob circunstâncias exclusivas. Eles tinham um contexto intrigante e específico. Mais do que isso, eles tinham caráter. Foi a combinação de quando e onde Deus os tinha colocado no tempo e no espaço, e o que a obra do Senhor tinha feito no coração deles para formar suas personalidades, que moldou suas vocações.

São o seu contexto e o seu caráter que irão influenciar e confirmar o seu chamado, porque você é um ser completo e esses elementos são parte da história que Deus tem escrito acerca de sua vida. Isso é muito emocionante: saber que você está idealmente posicionado para que o Senhor a use. É, também, um alívio: você pode parar de tentar descobrir a vontade de Deus para sua vida porque, enquanto está vivendo cheia do Espírito, isso significa que você pode traçar um padrão crescente de mudanças em sua mente e em seu coração. É esse processo que vai torná-la mais parecida com Jesus – e, contanto que você esteja procurando viver em gratidão, adoração, oração e obediência a Deus, certamente está exatamente onde deveria estar e sendo o que deveria ser.

Qual é a sua história? Qual é a sua força?

Deus, por favor, me dá sabedoria para viver em meu contexto e em meu caráter e para que eu possa ficar ocupada sempre vivendo a minha vocação. Amém

Seja forte

Ele disse: "Não tenha medo, você, que é muito amado. Que a paz seja com você! Seja forte! Seja forte!" Ditas essas palavras, senti-me fortalecido e disse: "Fala, meu SENHOR, visto que me deste forças."

Daniel 10.19

Daniel teve um chamado especial em sua vida. Como resultado, foi envolvido em uma batalha espiritual feroz. Ele nem sequer sabia quão realmente difícil ela era, mesmo assim se comprometeu a orar e a viver em humildade (Daniel 10.12). Por causa disso, Daniel ficou forte.

Da mesma forma, há um chamado em sua vida. O Deus vivo traçou seu destino. Ele se deleita em usar você para cumprir seus propósitos no Reino. Sim, o Pai celestial se compraz em encorajar você a cumprir plenamente todo o seu potencial, para a sua glória. Porém, você precisa ser firme. Paulo disse muito bem aos cristãos de Corinto que ouviram a chamada e lutaram para vivê-la: "De todos os lados somos pressionados, mas não desanimados; ficamos perplexos, mas não desesperados; somos perseguidos, mas não abandonados; abatidos, mas não destruídos" (2Coríntios 4.8-9).

Não se surpreenda, portanto, por causa de eventuais oposições. Em vez disso, fique firme e em paz. Seja corajosa e valente! Atenda à chamada, seja ela qual for, e saiba que você é muito preciosa para o Senhor.

O que mais assusta você sobre obedecer ao chamado de Deus?

Senhor, quero me manter forte. Quero que minha vida seja uma bela resposta à tua chamada. Amém.

Seja bondosa

Sejam bondosos e compassivos uns para
com os outros, perdoando-se mutuamente,
assim como Deus os perdoou em Cristo.

Efésios 4.32

Otosclerose é o endurecimento dos ossos do ouvido interno, que pode desencadear uma deficiência auditiva. Não há cura, mas a doença pode ser tratada com um aparelho auditivo. Caso contrário, teremos cada vez mais dificuldade em escutar, até ficarmos surdas em definitivo. Assim também acontece, metaforicamente, com a capacidade de nosso coração ouvir a voz de Deus. Menos ressonância recebe um coração endurecido para as coisas de Deus. Os sons de graça, esperança e alegria vão se tornando cada vez menos perceptíveis. Por fim, a voz mansa e suave de Deus, chamando-nos, torna-se cada vez mais abafada, até ser silenciada.

A grande notícia que nos traz alívio é que há misericórdia e cura para os espiritualmente surdos! O endurecimento do coração pode ser revertido e restaurado. Paulo compartilhou o remédio com os efésios: bondade e perdão, sempre lembrando da bondade e do perdão que Deus lhe mostrou. Porque é mantendo um coração manso para com os outros e em direção a Deus que você vai receber todas as reverberações, notas ou nuances de seu chamado. Por mais que precise de um espírito firme para ser tudo o que Deus a fez para ser, você vai necessitar, também, de um coração manso.

Existem eventos singulares ou fases inteiras de sua vida que fizeram endurecer seu coração? Se você deixar passar essas memórias controladoras, o que ouvirá?

Deus, por favor, torna mais manso e suave meu coração, para que eu possa ouvir o coração dos outros e também ouvir a ti. Amém.

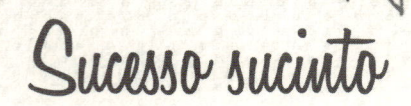

Sucesso sucinto

Ele mostrou a você, ó homem, o que é bom e o
que o SENHOR exige: pratique a justiça, ame a fidelidade
e ande humildemente com o seu Deus.

Miqueias 6.8

Uma ideia maluca sobre o sucesso é pensar que ele não é difícil. Você não precisa trabalhar como um condenado para obtê-lo. Também não é necessariamente a subida vitoriosa triunfante que o mundo promete. Sucesso pode ser perceptível, mas também pode ser oculto. Nunca é complicado; mas sempre simples.

Acontece que, no dicionário de Deus, sucesso é definido pela obediência – e obediência não é uma obrigação árdua, ritual. Ela é a resposta em amor, aliviada e relaxada, de um coração restaurado pela graça. Deus nos diz que ele pagou o preço pelo seu pecado, e não há nada a fazer para ganhar seu amor; então, não há nada mais óbvio para você do que lhe dar o seu melhor sim. A obediência é uma reação de pura alegria, que nasce da liberdade em relação à lei.

Definitivamente, obediência não é apenas um degrau na escada para o sucesso. Ela, simplesmente, é o sucesso! Fazer a vontade de Deus, seguindo seu caminho, em seu poder e para glória do seu nome, é tudo o que somos sempre chamadas a fazer.

Você pode confiar em Deus, hoje, para obter os resultados mensuráveis que está procurando, apenas dando o próximo passo em obediência?

Deus, me ajuda a estar satisfeita com o doce e sucinto sucesso de simplesmente te obedecer, mesmo quando não faz sentido ou quando não se sente isso como progresso. Amém.

Lindamente imperceptível

Tudo o que fizerem, façam de todo o coração, como para o Senhor, e não para os homens.

Colossenses 3.23

Permanecer no anonimato, ser ignorada, esquecida ou incompreendida pode ser um presente, quando se trata de cumprir a missão de Deus para a sua vida. Você pode achar que a obscuridade seja algo contraprodutivo e que ainda há uma liberdade transcendente em ser colocada para baixo. Mas isso lhe permite começar a fazer o que você foi chamada a fazer de forma intensa e objetiva, porque não está esperando que outra pessoa vá à sua frente abrindo caminho. Você não está à espera de ser autorizada ou empoderada pelo consentimento da multidão. É libertador perceber que o seu mandato vem diretamente do Deus vivo e você exercita seus dons corajosamente, pela autoridade que ele lhe dá.

É claro que uma vida é muito mais rica se você começa a partilhar a sua capacidade e viver a sua vocação dentro da comunidade. Porém, e se a comunidade está negligenciando todo o potencial que Deus lhe deu e as áreas de influência nas quais ele a posicionou? Não deixe que nada a force a parar de fazer o que você faz, e muito bem.

Você poderia, no dia de hoje e diante dos seus desafios, estar confiante e contente de que está obedecendo às diretrizes do Rei?

Jesus, quero fazer tudo o que faço somente para ti. Ajuda-me a não me incomodar por quem percebe ou não tudo isso. Esconde-me no trabalho silencioso, concentrada para fazer somente aquilo que o Senhor me chamou para executar. Amém.

Obra oculta

A glória de Deus é ocultar certas coisas...

Provérbios 25.2

Parece, pelas Escrituras, que Deus se gloria no oculto e na revelação. Ele pode ocultar pessoas ou revelá-las como e quando considerar certo, nesta vida ou na próxima. José estava escondido na prisão antes de ser o chefe de governo do Antigo Egito. Moisés encontrava-se sozinho em um deserto antes de libertar o seu povo. Davi, por sua vez, vivia escondido em cavernas para, em seguida, ser coroado como rei. E quanto a Elias, encolhido junto a um riacho até ser levantado, para agir com extrema ousadia perante uma multidão?

E Jesus, o Mestre, autor da vida, o Deus feito homem, estava escondido em um canto da história onde não havia auditórios. Não havia publicidade em torno dele, nem suas mensagens eram transmitidas em rede mundial de televisão. Ele estava escondido em meio a pequenas multidões nas encostas dos montes e nas casas, em ruas estreitas. Era o maior nome dentre todos, mas viveu em extrema modéstia até o dia em que foi revelado. Levantou-se para morrer para, em seguida, levantar-se para viver.

Que maravilha saber a verdade de que, se sua vida está hoje lá embaixo, a grande e oculta obra que você faz é parte de algo eterno, o Reino de Deus!

Você está satisfeita em permanecer oculta até que Deus diga o contrário?

Deus, mesmo no oculto e na espera, ajuda-me a lutar sempre pela verdade e a viver corajosa e de maneira excelente, para criar beleza onde e quando tiver oportunidade. Amém.

Selada

Quando vocês ouviram e creram na palavra da verdade, o evangelho que os salvou, vocês foram selados com o Espírito Santo da promessa.

Efésios 1.13

Para mudar o mundo, você precisa maximizar o seu tempo e potencial. Por isso, o inimigo vai agir o quanto puder para fazer você sentir que seus esforços são inúteis. Ele sabe que, se você se sente incompreendida, está passível de desistir, ceder ou abandonar a verdade que está fazendo, dizendo ou acreditando porque a incompreensão dos outros a faz se sentir inadequada. O inimigo sabe que, se você tiver sido rotulada como alguém inferior e deixada de lado, então será difícil para você acreditar que tem algo de valor para oferecer ao Reino.

Uma pessoa sábia me lembrou que apenas o fabricante, o proprietário ou o comprador de alguma coisa pode colocar um rótulo nesse produto. Por semelhante modo, só Deus fez você e somente ele comprou sua vida com o próprio sangue – então, você pertence somente ao Senhor. Portanto, se Deus a rotulou você como alguém *adotada pelo Rei e vestida com vestes reais*, como você ousa questionar isso?

Quando você entender o rótulo deslumbrante da verdade colocado sobre sua vida, não importa tanto como você é percebida ou apreciada pelos outros. A certeza de que o Deus Todo-poderoso vê toda a intenção de seu coração, é que lhe trará certeza e paz, tranquila confiança e coragem constante com prazer e leveza de ser.

Que rótulos o mundo tem colado em você?

Pai, obrigada por teres tatuado teu amor em toda a minha vida. Amém.

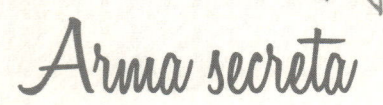

Arma secreta

Filhinhos, vocês são de Deus e os venceram, porque aquele que está em vocês é maior do que aquele que está no mundo.

1João 4.4

É importante seguir o caminho reto de seu chamado por retidão que, hoje, está torto em seu coração. Você precisa perdoar. E isso ajuda a lembrar que o poder de perdoar está em você, porque o poder do Deus vivo está sobre sua vida.

Da próxima vez que você estiver envolvida em uma conversa, na vida real ou apenas em sua cabeça, sobre a pessoa com quem você está lutando para perdoar, lembre-se de que João disse que "você já obteve vitória sobre ela". Deixe de lado a conversa improdutiva que você está tendo consigo mesma, neste exato momento, ser abafada pelo agir de Deus em seu coração, enquanto o poder de Deus muda seu rancor. Vá fundo. Solte. Liberte. Deixe a pessoa ir.

Quando queremos nos agarrar a algo que não transforma nossa dor, vamos transmiti-lo para outros. Ter a coragem de perdoar pode mudar seu mundo – e dezenas, talvez centenas, de outros mundos pessoais libertados pelo perdão irão mudar o mundo. O perdão é a nossa mais poderosa arma secreta para viver uma vida plena e livre.

A vitória já é sua. Você vai perdoar?

Deus, ajuda-me a lembrar que é inútil tentar perdoar pela minha própria força. Torna-me completa e me capacita a perdoar. Amém.

Colhendo irresponsavelmente

Portanto, da mesma forma como o pecado entrou no mundo por um homem, e pelo pecado a morte, assim também a morte veio a todos os homens, porque todos pecaram.

Romanos 5.12

Se você olhar para os fatos, pode dizer a si mesma que não é realmente justo que nós e toda a criação tenhamos afundado no pecado por causa de Adão. E você, de certa forma, está certa. Não é justo que colhamos o que os outros semearam. Mas, como grande parte da realidade do que acontece neste mundo, tal fato não é justo, mas é verdade. A beleza e a crueldade da comunidade é que estamos, de alguma forma, conectadas. Sua decência me afeta positivamente, assim como a minha a afeta. De igual modo, sua irresponsabilidade me afeta negativamente, e a minha também a afeta.

Não é justo que, possivelmente, a sua jornada para cumprir sua vocação tenha sido afetada e alterada pelas más escolhas de seus pais, de seus amigos ou das autoridades governamentais. Sei que eles serão responsabilizados por suas decisões e de como elas afetaram sua vida e a vida de outros. E, enquanto isso, você se torna intolerante acerca da irresponsabilidade por si mesma, bem como daqueles ao seu redor. Exorte aqueles que estão em suas áreas de influência – começando por você – para espalhar luz, não trevas.

Você foi prejudicada e perdeu de vista para onde está indo porque colheu o que outros semearam de forma irresponsável?

Deus, tu conheces os fatos e vês cada pensamento e intenção, julgando sempre com justiça. Ajuda-me a aceitar que tu vês a injustiça que chegou a mim, e que eu creia que irás defender o meu caso. Ajuda-me a seguir em frente e assumir a responsabilidade pelas coisas que posso. Amém.

Tome posse

Pois cada um deverá levar a própria carga.

Gálatas 6.5

11 DE ABRIL

Você, provavelmente, já experimentou a frustração de limpar a bagunça feita por alguém que cedeu a alguma proposta de nossa cultura, que é a de sempre levar vantagem, independentemente das consequências. (Talvez, como eu, foi você mesma quem fez a bagunça.) Porque quase todos os canais de mídia ou pessoas de influência irão dizer que é bom fazer o que for preciso, sem se importar com certo ou errado, para se certificar de que você está sempre satisfeita e consegue o que quer.

Ainda assim, você não tem que ser superinteligente para perceber que irresponsabilidade não é algo neutro. Alguém vai sempre acabar cuidando de seu descuido. Não é uma opção dizer "Eu não estou machucando ninguém". Assim como não é uma opção dizer "Não é problema meu". Se você não assumir a responsabilidade por suas decisões, sejam elas suas ações, suas atitudes, seus relacionamentos, seu dinheiro ou sua moralidade, então todas essas decisões eventualmente irão se tornar a responsabilidade de outra pessoa. Há uma maneira mais corajosa e mais bonita de se viver do que essa.

É difícil reconhecer imprudência em nossa própria vida, mas pode ser que você deixe algo assim acontecer, ignorando as possíveis penalidades?

Deus, ajuda-me a assumir tudo o que devo assumir. Ajuda-me a enfrentar minhas responsabilidades numa sociedade que me pressiona a abdicar de minha vocação para fazer o que é certo. Amém.

O seu lado mais feliz

Deus os abençoou e lhes disse: "Sejam férteis e multipliquem-se! Encham e subjuguem a terra! Dominem sobre os peixes do mar, sobre as aves do céu e sobre todos os animais que se movem pela terra."

Gênesis 1.28

Estamos inclinados a gemer sob as responsabilidades. Na melhor das hipóteses, elas são árduas e desagradáveis; na pior das hipóteses, são más. No entanto, Deus presenteou a humanidade com a responsabilidade antes de nossa queda pelo pecado. Não é uma maldição. O Criador colocou sobre as pessoas a sagrada responsabilidade de cuidar do mundo que ele criou, para honrá-lo. Criados à imagem de Deus, cuja soberania assume total responsabilidade por todos os átomos no universo, somos feitos para também assumirmos responsabilidades. Fomos criados para isso e temos condições de fazer nossa parte. É por isso que você, provavelmente, não sabe de pessoas irresponsáveis que também sejam verdadeiramente felizes.

E se você for honesta? Você sabe que quando está assumindo o controle do que foi designado para você – seja lidar de forma excelente com sua casa, seu emprego ou seus filhos –, é mais feliz e grata.

Qual das maiores ou menores responsabilidades que fazem parte da sua vida diária lhe dão mais satisfação? Há algumas responsabilidades que lhe causam estresse? Você pode confiar em Deus para ajudá-la a realizar isso da maneira certa?

Deus Criador, obrigada por me mostrares que assumir a responsabilidade por minha vida é algo bom para mim e glorifica o teu nome nisso. Mostra-me onde e como posso ir adiante e fazer o que é necessário, sabendo que tu vais me equipar para as tarefas que me confias. Amém.

Maior no futuro

> Não se deixem enganar: de Deus não se zomba.
> Pois o que o homem semear, isso também colherá.
>
> *Gálatas 6.7*

Você colhe o que planta. Isso não é fatalismo ou carma, é apenas o resultado de um princípio prático que Deus projetou para trazer ordem e previsibilidade ao universo e à vida cotidiana. Assim, se uma criança puxar o rabo do gato, acabará arranhada, assim como um homem que flerta com a bebida acabará embriagado. Cada um vai colher o que semeou.

A coisa intrigante sobre semear e colher é que, uma vez que temos semeado, há sempre algum tipo de atraso (que pode ser de alguns instantes ou de várias décadas). Nós colhemos, mais tarde, aquilo que semeamos – e sempre vem em resultado exponencial. Assim, o sangramento no rosto de uma criança é muito mais doloroso do que alguns puxões de cabelo. É uma recompensa pior. Colhemos algo *maior*.

Felizmente, o mesmo é verdade quando semeamos bondade. Você pode ter que esperar um longo tempo, ou mesmo uma vida inteira, para a colheita ser efetivada. Porém, se você semeia confiança e obediência, então vai colher mais do que jamais poderia ter sonhado.

Você tem este princípio em destaque na sua vida? Você já colheu um rico legado porque teve pais ou avós que semearam em sua vida, anos atrás, por meio da oração fiel?

Deus, me perdoa por tudo aquilo que já semeei imprudentemente. Isso custou caro para mim e para os outros. Ajuda-me a ser responsável pelo que plantar, para que eu possa ter a certeza de uma ampla colheita agora, e no futuro maior ainda. Amém.

Dissolva o estresse em um copão de humildade

A recompensa da humildade e do temor do SENHOR são a riqueza, a honra e a vida.

Provérbios 22.4

Quando estamos mais estressadas, certamente não estamos vivendo a vida rica ou honrada que Salomão descreve (no sentido de paz e bem-estar emocional). O estresse permanente também irá garantir que nós, provavelmente, não iremos viver uma vida longa.

O detalhe é que aquele tipo de estresse que acomete pessoas que fazem muita coisa para o tempo de que dispõem, pode revelar o nosso orgulho. Estressamo-nos quando as coisas não funcionam, e também porque pensamos que merecemos tudo de bom para seguir o nosso caminho. Ou, então, preocupamo-nos porque não temos o que achamos que é preciso. O estresse nos irrita, ainda, quando nos sentimos obrigadas a deixar cair algumas das "bolas" que estamos tentando manter equilibradas no ar, porque gostaríamos muito de ser conhecidas como alguém que pode manter o malabarismo bem feito.

É em situações estressantes assim que me lembro de que o orgulho pode ser, justamente, eu estar pensando muito em mim mesma. A questão é que eu não deveria estar pensando em mim o tempo todo. Eu preciso humilhar o meu comum e finito ser, lembrando que não sou o centro do universo e que, com certeza, posso fazer qualquer coisa. Mas, ao mesmo tempo, não posso fazer tudo – o que é, realmente, um enorme alívio.

Qual é a raiz de seus maiores pontos de pressão?

Deus, peço que tu me humilhes o necessário. Ajuda-me a confiar em ti. Tentar ser uma heroína e me matar ao longo da caminhada não vai me permitir conseguir o que busco, muito menos glorificar o teu nome. Amém.

É quem você conhece

> "Eu sou a videira; vocês são os ramos. Se alguém permanecer em mim e eu nele, esse dará muito fruto; pois sem mim vocês não podem fazer coisa alguma."
>
> *João 15.5*

Tolkien, em um ensaio teológico, escreveu que o que faz com que os Evangelhos sejam algo tão maravilhosos é que eles contêm os elementos de fantasia, mito e lenda e, ainda assim, são verdadeiros. Eles são o melhor tipo de sonho, porque são enraizados na realidade – mas com um espanto e esplendor do tipo "bom demais para ser verdade".

Apenas por *conhecer* Jesus, cuja vida foi envolta em uma autêntica saga e cuja morte a libertou, você está vivendo o sonho. Você está vivendo na garantia de que Deus a imaginou desde a eternidade, formando você no útero de sua mãe, tecendo-a de forma complexa e cuidando de sua vida até aqui. Você pode confiar nele, que não irá desperdiçar um momento ou um erro. Você pode confiar nele para realizar o bom trabalho que ele mesmo começou em sua vida e para manter suas esperanças frágeis. Você pode confiar nele para usar seus melhores sonhos para os seus melhores propósitos, para a sua glória.

Você está convencida de que tem a melhor maneira de viver seus sonhos?

Jesus, quero permanecer em ti e te conhecer cada vez mais. Obrigada por esta pequena fatia da história que é a vida que tenho para viver, e ajuda-me a vivê-la bem. Amém.

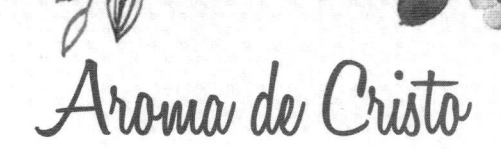

Aroma de Cristo

Mas graças a Deus, que sempre nos conduz vitoriosamente em Cristo e por nosso intermédio exala em todo lugar a fragrância do seu conhecimento; porque para Deus somos o aroma de Cristo entre os que estão sendo salvos e os que estão perecendo.

2Coríntios 2.14-15

Deus criou, em nosso cérebro, uma estrutura que reage a cheiros. Nenhum outro sentido desencadeia a mesma intensidade emocional. Apenas um suave aroma em um shopping, uma praia ou em um evento na escola pode levá-la de volta ao passado, trazendo quase que uma sensação física de um Natal na infância, um beijo na juventude ou um delicioso feriado em família. Sim, os aromas possuem irresistível poder de desencadear sentimentos. Nós não escolhemos lembrar com saudade, prazer ou dor quando sentimos algum aroma inesquecível. Simplesmente o sentimos.

Talvez por isso Paulo diz que devemos ser um aroma neste mundo, porque isso tornaria impossível alguém nos ignorar. Como o mundo mudaria se tivéssemos de andar por um determinado lugar e a nossa fragrância, de alguma forma, pudesse levar as pessoas diretamente ao pé da cruz (talvez com prazer, talvez em dores)! Elas teriam de admitir que Jesus é real.

Com o que você acha que sua vida se assemelharia, se ela também exalasse um aroma como o de Cristo?

Jesus, ajuda-me a te seguir e a cumprir minha chamada do mesmo jeito que eu me deleito com o aroma de pão fresquinho, um delicioso bolo de fubá ou a inebriante maresia. Quero andar perto de ti de tal forma que o teu aroma fique próximo de mim, a ponto de levar os outros a sentirem-no. Amém.

Confiança ou arrogância?

Portanto, humilhem-se debaixo da poderosa mão de Deus, para que ele os exalte no tempo devido.

1Pedro 5.6

Eu torço muito pelos meus meninos e os incentivo. Se eles me trazem um simples rabisco, celebro como se fosse uma obra-prima. Eu os motivo a cada vez que exploram algo novo na vida. Entendo que aumentar a confiança de crianças e jovens é crucial para o Reino.

Mas eu não estaria fazendo nenhum favor a eles se não salientasse que confiança tem certo limite. Quando desajustada, ela pode se desviar, transformando-se em arrogância. Quero que eles possam entender a potência destrutiva do orgulho, porque tal sentimento nunca vai permitir-lhes ser tudo que Deus planejou que eles sejam – jamais viverão suas vocações para o próprio bem deles e para a glória do Pai, se eles gastam seu tempo presos a si mesmos. Antes, vão queimar seu potencial tentando chamar atenção demais e exaltando seus próprios nomes. Quero que saibam que não foram criados para fazer brilhar sua própria luz, mas para espelhar a luz de Deus. O mesmo é verdade para mim e para você.

Você já acreditou na mentira que apregoa que o que importa é você tentar encontrar uma maneira de fazer brilhar a própria luz? Como você pode, hoje, encontrar uma maneira de refletir a luz de Deus?

Deus, estou determinada a viver uma vida em excelência para ti, com a confiança em tua força. Dá-me, porém, a sabedoria necessária para discernir entre confiança e arrogância. Peço que me alertes e reveles quando acontecer o primeiro deslizamento antes de chegar o segundo. Quero me manter humilde enquanto atendo ao teu chamado. Amém.

Você é chamada para despertar e sentir

Portanto, não durmamos como os demais,
mas estejamos atentos e sejamos sóbrios.

1Tessalonicenses 5.6

Sou rápida em apontar dedos para as outras pessoas que são lentas na tomada de decisão e fazem tudo devagar em momentos de crise. Rãs que não saltam de uma água quente estão sonolentas pela complacência. É muito mais difícil para mim ver onde ou quando eu sou a rã que deve pular para fora de uma fervura, quando estou resignada com o que me cerca.

O inimigo usa a cultura e o conformismo para nos deixar indolentes durante a noite. A cultura torna difícil o nosso discernimento sobre as coisas deste mundo – ela nos torna tolerantes quanto ao engano e à depravação que há nele. A cultura aclimata tudo o que adoece, tanto shoppings como nos parlamentos, nas ruas empoeiradas e nos sites pornográficos. E tudo o que nos adoece o faz lentamente, sem que percebamos. A temperatura da água vai se elevando, de grau em grau, até que estamos totalmente cozidas.

Sentir náusea e repulsa por essa onda de complacência que se tem disseminado até mesmo entre nós, o povo da esperança, nos faria muito bem. Você, mulher, que é filha da luz e do dia e que não pertence à noite, acredita nisso? Você, que alinhou o seu destino com o Rei, percebe os perigos desse processo de acomodação? Onde quer que você esteja nesse momento, agite-se, para que possa *sentir* novamente algum incômodo. Desperte para o que Deus está fazendo e chamando você para fazer também.

Existe uma área de sua vida em que o calor, embora lentamente e de maneira pouco perceptível, tem aumentado?

Jesus, mantém-me longe desse tipo de complacência, para que eu possa atender a tua chamada à ação ou à reação. Amém.

Você é chamada para se levantar e ver

Mas aqueles que esperam no SENHOR renovam as suas forças. Voam alto como águias; correm e não ficam exaustos, andam e não se cansam.

Isaías 40.31

Precisamos dessa verdade bíblica todos os dias. Ela é um precioso lembrete de que Deus renova as forças de seus amados. Sim, ele nos faz subir nas asas das águias!

Aliás, as águias têm características interessantes. Uma delas é a excelente visão. Especialistas dizem que, se os humanos tivessem uma visão tão acurada como a dessas aves, seríamos capazes de ver uma formiga no chão, mesmo a uma altura equivalente à de dez andares. As águias examinam o solo do alto, atacam a presa e sobem novamente. Elas também são capazes de voar longas distâncias e a elevadas alturas, mas sabem o perigo das espirais descendentes de vento. Uma vez apanhadas nessa armadilha natural, elas podem até ter suas asas quebradas, despencando para uma queda fatal.

A visão real é ousada. Ela vê possibilidades além dos problemas. Assim é a visão do Senhor a nosso respeito. Deus está aguardando o seu tempo (2Pedro 3.9). Ele ainda ocupa esta biosfera que gira lentamente através das estrelas. Ele não terminou todo o seu trabalho, nem deixou a bagunça que está por aí, já que nos tem por aqui ainda. Ele nos mantém aqui porque ainda não completou seu plano de redenção.

Você vai esperar em Deus por uma nova força e uma nova visão?

Deus, ajuda-me a confiar em ti, a fim de que eu possa ser revigorada para subir. Dá-me clareza e visão, enquanto me esforço para atender ao teu chamado. Amém.

Você é chamada para fazer valer a pena

"Pois onde estiver o seu tesouro,
aí também estará o seu coração."

Mateus 6.21

Para atender ao chamado de Deus na sua vida, decida, primeiro, o que é mais importante para você. Decida o que você realmente *valoriza*. Seus valores é que irão determinar suas prioridades; estas vão determinar a sua capacidade, e sua capacidade é a força da qual você vai viver na presença do Senhor e cumprir seus dias com variadas formas de semear esperança.

Continue a ouvir a voz de Deus e o quanto ele está chamando você para fazer a sua vida valer a pena. Você vai reconhecer a sua voz – a voz que sempre a chama para investir nas pessoas, nas necessidades alheias, em vez de focar-se apenas em prazer, bens materiais e prestígio. Ele chama você não apenas para colocar para fora o que está amargo dentro de seu ser, mas para beber e derramar novamente as riquezas da fé, da família, da amizade e de um futuro eterno.

Essas são as coisas que realmente importam nesta vida e na próxima. O Senhor chama a cada um de nós para deixar o brilho de sua glória em cada vida que amamos e em tudo o que tocamos ou tentamos fazer humildemente, em qualquer lugar do mundo em que estivermos.

O que você valoriza mais em sua vida? Isso realmente é o que parece aos outros?

Pai, eu quero correr o risco de viver uma vida que contará agora e na eternidade. Amém.

Mantenha a visão da glória

> Assim, quer vocês comam, quer bebam, quer façam
> qualquer outra coisa, façam tudo para a glória de Deus.
>
> 1Coríntios 10.31

Aqui está um pensamento para limpar a escuridão entre a chamada de Deus para a sua vida e as suas preocupações diárias: até percebermos que as prioridades de Deus são a sua glória e a propagação do seu Reino, vamos ser miseráveis e confusas.

Se nós vemos, prioritariamente, apenas sofrimentos e vitórias, atrasos e oportunidades e todas as complexidades loucas e simplicidades diante da vida, perdemos o foco e deixamos de perceber e ter alegria, gratidão e clareza no caminho a seguir. Todas as nossas atividades, as coisas nas quais estamos investindo nosso tempo, energia e recursos, serão incompletas, a menos que estejamos usando essas atividades apenas para buscar as coisas grandes. E se sua vocação ou o que Deus está fazendo em sua vida não fica claro, certifique-se de que seus pequenos investimentos diários de tempo, energia e recursos são empregados para a glória dele.

Você poderia buscar as prioridades de Deus no dia de hoje pela coragem e generosidade, gastando o seu tempo para a sua glória?

Deus, peço que me ajudes a não perder de vista o plano maior. Mantém-me na visão de que esta vida é, principalmente, para fazer tua presença conhecida. Ajuda-me hoje e todos os dias a fazer o que o amor exige de mim, para que outros compreendam essa verdade e que teu nome seja glorificado. Amém.

Convocada para uma nobre missão

"Se vocês me amam, obedecerão aos meus mandamentos."

João 14.15

22 DE ABRIL

Pode vir um tempo quando você vai ser chamada para longe da linha de frente de combate e convocada para alguma outra missão, menos motivadora. Algo como você ter que descascar batatas no refeitório, enquanto outros decidem os rumos do ministério.

E isso, de alguma forma, a incomoda. Você se sente desanimada e pensa que o que está fazendo não parece importante. No entanto, a verdade é que as guerras são perdidas e ganhas nos quartéis de comando. O que acontece nos bastidores é questão de vida ou morte, pois ali são tomadas decisões cruciais para o que vai ocorrer na frente de batalha. Também é verdade que cada estação prepara o caminho para a próxima – por isso mesmo, em vez de se desmotivar, pense que o Senhor pode estar treinando você para alguma coisa nova e que as estratégias de Deus são melhores do que as suas. Afinal, você sabe que ele a conhece muito bem. Ele não teria colocado tanto potencial em você se não pretendesse usá-la na batalha, para fazer a sua glória conhecida. Ele planejou o dia de hoje antes mesmo que houvesse um universo. O Altíssimo vê, antecipadamente, as horas e as coisas que designou para serem feitas. E ele pode usar, por causa do Reino, as suas ofertas de minutos e dias para até ganhar uma guerra.

Você realmente acredita que, apesar de suas atividades terem se tornado menos importante aos olhos humanos, você ainda está contribuindo para a obra de Deus – e que o resultado disso será magnífico e eterno?

Deus, ajuda-me a me humilhar, seguir em frente e apreciar aquilo que tu me chamaste para ser e fazer neste tempo da minha vida. Amém.

Você pode não ter o que é preciso, mas ele tem

O meu Deus suprirá todas as necessidades de vocês, de acordo com as suas gloriosas riquezas em Cristo Jesus.

Filipenses 4.19

Quando você é inclinada a cumprir sua vocação, o mundo vai lançar dúvidas acerca do que você está tentando alcançar. É nessas horas que você precisa confiar que Deus tudo vê e conhece. Ele trabalha para o seu melhor e para a honra do nome dele. Retenha a verdade em seu coração, em vez de dar ouvidos às mentiras do inimigo.

Talvez você tenha dito a si mesma que sua vida simples não conta e que o que você é ou faz não vai ter grande significado. Ou, então, pensa que não está se doando o suficiente ou que não tem o que é preciso para deixar o legado do trabalho de uma vida.

Você pensa que tudo sobre a sua vida deve ser grande. Pensa que merece mais e não deve se satisfazer com menos.

A verdade é outra. Sua grandeza não chega nem perto da do Senhor. E você é muito menor do que imagina, embora *muito mais preciosa do que se vê*. A verdade é que não importa a função ou tarefa; seja grande ou pequeno aquilo que você faz, não deve nunca pensar que se aproxima do que ele é. Dê a Deus o seu tudo, mas saiba que isso equivale a muito pouco. Contudo, ele vai multiplicar o trabalho de suas mãos, fortalecendo-as e equipando-as para, por seu intermédio, ser glorificado.

Será que você viveria hoje de modo diferente, se acreditasse que é infinitamente preciosa para Deus e que ele pode capacitá-la a cumprir plenamente seu chamado e sua vocação?

Deus, tu és o suficiente para mim. E, em ti, eu sou o suficiente também. Obrigada. Amém.

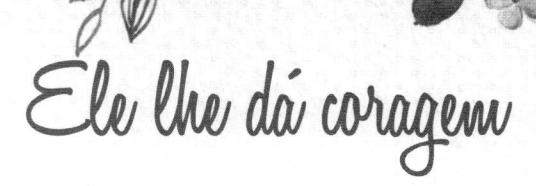

Ele lhe dá coragem

"E eu digo que você é Pedro, e sobre esta pedra edificarei a minha igreja, e as portas do Hades não poderão vencê-la."

Mateus 16.18

Eu me pergunto se Jesus assustou Pedro quando lhe disse: "Eu vou construir minha igreja por meio de você." Ora, Pedro era uma pedra bruta e inacabada que se tornou o fundamento da Igreja que espalharia a verdade mundo afora. Jesus estava chamando o potencial de seu discípulo, selando-o com uma promessa.

Jesus sabia o que tinha colocado no interior de Pedro, assim como ele sabe o que é colocado em você. Pode ser que você ache que não tem mais nada para dar exceto aquilo que, provavelmente, já consegue fazer. E Deus a encoraja, inundando sua alma para você descansar em sua promessa de proteger, estabelecer, promover e fornecer tudo o que você precisa. Às vezes, a maneira como ele a convoca pode parecer amedrontadora. No entanto, enquanto as pressões aumentam, você é obrigada a se tornar mais e mais a mulher que ele a fez para ser.

Você se sente desafiada por Deus para cumprir uma vocação que lhe parece grande e assustadora?

Jesus, por vezes, aquilo que sinto ser tua vontade para minha vida, me intimida. Ajuda-me a confiar que tu estás sempre trabalhando comigo, me guiando e me amando. Amém.

Ele atrasa você

Passados quarenta anos, apareceu a Moisés um anjo nas labaredas de uma sarça em chamas no deserto, perto do monte Sinai.

Atos 7.30

Eu gosto da maneira como a missionária e escritora Elisabeth Elliot falou sobre o significado de estar doente. Ela disse que não foi deixada de lado por causa da doença, mas isso a levou para a quietude. Porque, de alguma forma, quando nossos planos nos trazem decepção ou atraso, Deus faz coisas profundas, mesmo quando essas coisas não se estabelecem e nos frustram na confusão frenética da vida normal. Quando Jesus nos aparece no momento da espera, nada mais será da mesma forma.

Moisés estava seriamente atrasado. Passara quarenta anos em um palácio egípcio, separado do seu povo. Outros quarenta anos foram vividos no deserto, cuidando das ovelhas de seu sogro. Por fim, foram quarenta anos vagando à beira da promessa. Essa é uma vida de atraso. No entanto, Moisés era o amigo de Deus que pisou em terra santa, conduziu o povo quando as águas se abriram e viu a glória do Senhor até seu rosto resplandecer. Seria um erro pensar que todos os dias de aparente atraso na vida de Moisés foram um tempo perdido – e seria um erro pensar isso do que, aparentemente, é um atraso em sua vida.

Enquanto busca cumprir sua vocação, algumas vezes não lhe parece como se Deus a estivesse fazendo desperdiçar o seu tempo e o dele?

Deus, obrigada por este atraso. Sei que tu deves ter uma excelente razão para protelar meus sonhos. Ajuda-me a me lembrar de que o meu Deus nunca é lento, ocioso ou esquecido, mas sempre age na hora certa. Amém.

Conhece-te a ti mesma

SENHOR, tu me sondas e me conheces.

Salmo 139.1

Há muitas tendências para classificação de personalidades. Somos educadas para rotular as pessoas. Você, provavelmente, já foi classificada como primogênita, caçula, melancólica, colérica… E, também, já fez esse tipo de avaliação em relação aos outros.

Mas, tudo bem. Enquadrar pessoas em determinados padrões nos ajuda, de alguma forma, a compreender os comportamentos e a prevermos reações. Esse tipo de classificação nos ajuda a tolerar, ou mesmo a aceitar, diferenças que encontramos nos outros em relação a nós. Também nos ajudam a fazer a paz com nós mesmas. Você pode começar a aceitar quem é e como está vendo seus pontos fortes como indicadores para suas capacidades e vocação. É uma coisa bonita, e um grande alívio, para aceitar a si mesma e para ser feliz apenas da forma como Deus fez você para ser.

Contudo, enquadrar pessoas nesse tipo de categoria também pode ser perigoso. Você pode achar que isso, de alguma forma, irá predeterminar o seu comportamento se você acreditar que deve pensar, sentir ou desfrutar de algo porque é a maneira como sua personalidade reage diante daquilo. Não fique muito presa a qual é "típico", porque, na verdade, a única coisa que é típica em você é você mesma. Existem lacunas em seu ser que somente você mesma pode preencher. Deus conhece você melhor do que ninguém, e é por conhecê-lo que você se vê como ele faz e como você deve fazer.

Como você acha que Deus poderia descrever a sua personalidade?

Deus, é incrível pensar que não existem duas pessoas no planeta exatamente iguais. Amém.

O que você fez com o que não era seu?

"Depois de muito tempo o senhor daqueles servos voltou e acertou contas com eles."

Mateus 25.19

A vida não é justa. A parábola dos talentos ilustra esse ponto muito bem. Não é justo que os três servos da história tenham diferentes níveis de habilidade e tenham sido dados diferentes valores como pagamento a eles (Mateus 25.15). Quer dizer, eles não escolheram seus dons ou a falta deles, certo? No entanto, é claro que Deus não ajustou neles o desnível pessoal e de capacidade que cada um tinha. Ao contrário, ele nos mostrou a melhor forma de aproveitar as oportunidades que nos foram dadas.

Chegar a um acordo com o que você tem, seja em termos financeiros, físicos ou intelectuais, é mais fácil quando, para começar, você se lembra de que esses talentos e recursos não eram seus. Eles pertencem ao Mestre, o qual irá responsabilizá-la pelo que fez com suas perspectivas. Você deve dar de volta a ele tudo o que ele tem dado a você. É muito libertador saber que o Senhor, realmente, não se importa com o quanto foi dado a você; ele só se importa se você perguntar a si mesma, ou perguntar a Deus, qual a melhor forma de usá-la para sua glória.

Qual é a verdade sobre as oportunidades que você anseia? De que forma você pode, corajosamente, aproveitá-las para criar excelência e beleza?

Deus, eu vou te servir com tudo o que tu me deste. Amém.

Desculpas, comparações ou complacência

"Por fim, veio o que tinha recebido um talento e disse: 'Eu sabia que o senhor é um homem severo, que colhe onde não plantou e junta onde não semeou. Por isso, tive medo, saí e escondi o seu talento no chão. Veja, aqui está o que pertence ao Senhor.'"

Mateus 25.24-25

Essa parábola é acerca de pessoas que receberam diferentes verbas para administrar. Certa vez, ouvi um pregador dizer que pessoas que recebem apenas um talento dão sempre desculpas do tipo "Eu não posso pensar em fazer alguma coisa maior, porque tenho um negócio pequeno". Já aqueles que têm dois talentos se comparam aos outros ("É injusto que eu não tenha recebido o que foi dado àquela outra pessoa", ou "Pelo menos eu estou fazendo mais da minha vida do que aquele que tem apenas um talento"). Já os que têm cinco reconhecem que a eles foi concedido algo mais: "Eu posso me dar o luxo de perder um pouco ou mesmo de relaxar porque tenho muita coisa."

Todas essas respostas são perigosas, porque cada uma indica determinado grau de renúncia à responsabilidade. Viver uma vida de excelência e beleza requer a coragem de aproveitar totalmente o que Deus lhe confiou. Você não precisa saber se está na categoria de um, dois ou cinco talentos. Tudo o que você precisa fazer é o seu melhor com aquilo que estiver em suas mãos.

Você nunca dá desculpas e faz comparações com outros ou se vê tornando-se complacente?

Deus, dá-me a sabedoria para saber como levar a sério e a viver de forma bela e frutífera com aquilo que tu me confiaste. Amém.

Vivendo para algo maior do que você

"O Senhor respondeu: 'Muito bem, servo bom e fiel! Você foi fiel no pouco, eu o porei sobre o muito. Venha e participe da alegria do seu senhor!'"

Mateus 25.21

Os servos que receberam dois e cinco talentos entenderam o que significa mordomia. Eles também entenderam que uma vida de significado e propósito vai muito além apenas deles mesmos. Com efeito, eles foram além do que, sequer, parecia possível. Eles trabalharam para uma expansão da influência que acabaria por se refletir sobre o Senhor, e não somente sobre eles.

Há uma razão para não lermos livros ou assistirmos a filmes sobre personagens que vivem por si mesmos. Somos atraídos por heróis e pessoas que mudam o mundo, que sabem que são muito pequenos diante de tudo o que eles têm para viver e fazer e, mesmo assim, vão à luta. Eles atendem a uma chamada para algo maior e mais alto.

Você poderia viver assim também. Você poderia viver por algo maior e melhor do que aquilo que é e faz agora – algo que nada tem a ver com conta bancária, posição, capacidade ou aparentes possibilidades. Aceite o fato de que qualquer extra que a você foi dado é uma responsabilidade outorgada por Deus que precisa ser gerenciada para o bem dos outros e para a glória dele.

Que distrações desviam seus olhos para baixo, olhando o que é pequeno, e a atrapalham de olhar para cima, para o grande Deus a quem você serve?

Deus, não quero viver para pequenas coisas, pequenos status, pequenos prazeres. Quero viver para algo enorme, digno da tua grandeza. Usa-me, pois, nesse propósito. Amém.

Seja humilde e não tenha medo

Humilhem-se diante do Senhor, e ele os exaltará.

Tiago 4.10

Buscar cumprir e viver sua vocação pode ser assustador. Afinal, e se você falhar?

Aqui está uma pergunta melhor: E se você humilhou a si mesma? Porque, realmente, é o nosso orgulho que nos faz ter medo. Humildade significa perguntar a si mesma: "Qual é o pior que pode me acontecer?" – e, corajosamente, continuar, apesar da resposta. Humildade significa que você pode manter-se dizendo que a obediência a Deus é a meta, e não agradar a pessoas ou proteger suas perspectivas sociais.

A obediência é o resultado final e o verdadeiro sucesso. Se Deus disse "Siga este sonho", você deve segui-lo. Você deve tornar isso sua forma de adoração verdadeira (João 4.23). Você confia em Deus para lhe dar sabedoria. Você pede a ele que direcione seu coração para honrar somente a ele, e entrega suas falhas a ele, apegando-se na perfeição do Senhor. Logo, você deixa cada decisão seguinte ser um forte e claro "Sim" à verdade, à excelência e à beleza.

Então, e quando seu sonho se torna real? Pode haver fortes aplausos ou pode haver, também, um silêncio constrangedor. Mas, com certeza, haverá satisfação, porque Deus não define você pelo triunfo aparente ou fracasso do que faz, muito menos pelo que as pessoas pensam de seu sonho. Ele tem prazer na simplicidade de sua obediência. Nada mais, nada menos.

O que a deixa preocupada sobre aonde Deus está levando sua vida?

Deus, humilha-me na tua presença, para que eu possa, destemidamente, atender ao teu chamado para minha vida. Amém.

MAIO

Sucesso, contas bancárias e paz profunda

"Se você é orgulhoso, não pode conhecer a Deus. Um homem orgulhoso está sempre olhando para coisas e pessoas de cima para baixo; e, é claro, quando você está olhando para baixo, não pode ver algo que está acima de você."

– C. S. Lewis

Os três grandes

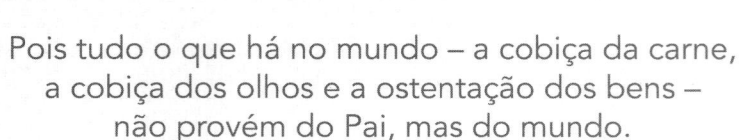

Pois tudo o que há no mundo – a cobiça da carne,
a cobiça dos olhos e a ostentação dos bens –
não provém do Pai, mas do mundo.

1João 2.16

O mundo pode sempre nos incentivar sobre como manter algo e não compartilhar. Ele sabe como fisgar seu ego e inflamar a sua indulgência. O mundo murmura em seu ouvido, falando docemente, para fazer você acreditar que precisa sentir mais, ter mais, ser mais. João sabia exatamente como funcionava este mundo e como ele poderia nos atrair com três grandes tentações: prazer, posses e prestígio.

O detalhe é que, em si, *essas três coisas são boas*. São coisas boas que podem ser concedidas por um Deus bom, porque seus planos são maravilhosos e misteriosos. Ele se deleita em nós, para a sua glória, quando nos concede alegria como uma viagem em família, a promoção no emprego ou o reconhecimento social por algo que fazemos bem. Porém, o prazer, as posses e o prestígio podem ser como uma avalanche, tornando-se uma catástrofe ao longo da vida. E sobreviver a um deslizamento como esse exige a coragem de fazer de Deus o nosso principal prazer, a confiar a ele as nossas posses e a desfrutar, em sua presença, de nosso maior prestígio, que é a nossa posição de coerdeiros do Reino.

O que você almeja para sua vida?

*Deus Todo-poderoso, eu não quero as promessas vazias do mundo.
Quero a plenitude da vida em ti.* Amém.

Prazer

> Eu disse a mim mesmo: Venha. Experimente
> a alegria. Descubra as coisas boas da vida!
> Mas isso também se revelou inútil.
>
> *Eclesiastes 2.1*

Sou uma pessoa que aprecia mais ter experiências do que coisas. Se eu tivesse que escolher entre uma imensa oportunidade de fazer compras, tendo dinheiro para pagar tudo o que quisesse, ou fazer uma viagem ao exterior, a segunda seria a escolha imediata. Portanto, é fácil para mim sentir prazer nas atividades que levam tempo, emoção, energia intelectual e, às vezes, dinheiro. Eu fantasio sobre postar nas redes sociais sensacionais eventos. Quero tomar cappuccinos sublimes, conversar com pessoas fascinantes e descobrir coisas que jamais conheci.

Talvez você possa ser assim também como eu. Demasiadas vezes queremos certas experiências e procuramos nos convencer de que precisamos delas. Porém, a verdade é que, se quisermos mudar o mundo, vivendo o potencial que Deus nos deu no tempo fixado por ele para nossa vida, então devemos ter a coragem de nos perguntar, honestamente, antes de cada atividade: "Isso é culto a Deus?" Sim, isso pode ser culto e deve ser culto, porque Deus criou todas as intensidades de prazer e tudo que fazemos ou sentimos vem do Senhor – e que, por isso, devemos glorificá-lo em tudo.

> O que, realmente, tem sido sua satisfação? No silêncio de seu próprio coração, em meio à emoção, à alegria ou a alguma maravilha deliciosa, você poderia viver em adoração?

Deus, quando eu estiver desfrutando de uma experiência incrível, ajuda-me a, imediatamente, me lembrar de ti. Amém.

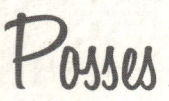

Posses

> Lancei-me a grandes projetos: construí casas e plantei vinhas para mim. Ajuntei para mim prata e ouro, tesouros de reis e de províncias. Servi-me de cantores e cantoras, e também de um harém, as delícias dos homens. Contudo, quando avaliei tudo o que as minhas mãos haviam feito e o trabalho que eu tanto me esforçara para realizar, percebi que tudo foi inútil, foi correr atrás do vento; não há qualquer proveito no que se faz debaixo do sol.
>
> *Eclesiastes 2.4, 8, 11*

Se você tem crianças ou se lembra de que um dia já foi uma, sabe a alegria que os pequenos sentem às vésperas de seu aniversário ou na manhã que antecede a noite de Natal. Presentes, casa cheia, comida farta, alegria... Tudo parece mágico e envolvente. No entanto, passada a festa, o que fica são apenas lembranças e presentes que, mais dia menos dia, serão esquecidos em um canto.

Mesmo tendo crescido, você sabe que as coisas, por melhores que sejam e pareçam, não irão, de fato, satisfazer a sua alma. A reforma da casa, na qual você tanto investiu e se empenhou, logo perde seu encanto inicial. A viagem tão sonhada hoje se resume a um álbum de fotos ou imagens no HD do computador. Essas coisas não garantem que você vai ou não ter um dia ruim, tampouco vão melhorar seu casamento ou lhe trazer paz altas horas da noite, quando você se revira na cama enquanto seu filho adolescente ainda não voltou para casa. Claro que coisas que nos dão prazer são ótimas e nos fazem momentaneamente felizes e até mesmo profundamente gratas. Porém, fique certa de que elas jamais vão preencher os vazios de sua alma, que anseia pela verdade sólida de um Salvador eterno.

Você já se pegou dizendo ou pensando coisas como: "Ah, se eu tivesse isso!"?

Ó Deus, eu não quero que a minha esperança em ti possa ser ofuscada pelos bens, pelas experiências ou pelos prazeres que tenho tido. Por favor, mantém-me confiando apenas em ti, e nunca naquilo que possuo ou penso que posso fazer. Amém.

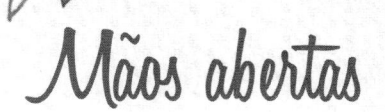

Mãos abertas

Pois todos os animais da floresta são meus,
como são as cabeças de gado aos milhares nas colinas.

Salmo 50.10

Minha reação quando coisas são danificadas, quebradas ou roubadas revela que nem sempre dou muito valor a bens materiais. Afinal, eles são apenas coisas, não importa o quanto tenham custado. Coisas que são dadas para o nosso bem, nosso uso e nosso prazer – mas, ainda assim, apenas coisas. Naturalmente, devemos dar valor e cuidar daquilo que temos. Quando meu filho mergulhou os sapatos dele na banheira, minha reação não foi tão estridente como quando ele "afogou" meu celular na piscina…

Claro, devemos apreciar os bens que ganhamos, compramos ou possuímos. Mas devemos também nos lembrar de que, se é bom trabalhar para ter as coisas, melhor ainda é fazê-lo para ter e *dar*. Nós devemos viver como mordomos do que o Senhor nos tem confiado, e não como avarentos que vivem em função das suas posses. Generosas, mas não imprudentes. É preciso coragem para não se agarrar às posses, mas sim para abrir as mãos que seguram as coisas, como que em uma tentativa frenética de se obter a felicidade.

Tente imaginar, de forma equilibrada e com cuidado, todas as coisas que você possui, sabendo que poderiam ser tiradas de você a qualquer momento. Imagine-se disponibilizando suas coisas para o Deus que é dono do ouro e da prata, porque ele vai lembrá-la o tempo todo de que as suas coisas não lhe pertencem, de fato – e que tudo deve ser possuído e utilizado para a glória dele.

Você tem uma postura espiritual quando se trata de coisas terrenas ou fica brava quando alguém mexe com as suas coisas?

Jesus, ajuda-me a assumir a responsabilidade pelo que está confiado a mim, administrando tudo de uma forma livre. *Amém.*

Prestígio

"Tudo o que fazem é para serem vistos pelos homens."

Mateus 23.5

Talvez você já tenha experimentado ou sentido uma real perda de prestígio, seja abandonando uma carreira para ficar em casa com as crianças ou deixando seus filhos para voltar ao mercado de trabalho. Ou talvez você tenha sido demitida daquele emprego que tanto a satisfazia ou viu sua empresa falir. Em todas essas situações, é muito provável que você tenha se sentido rebaixada, desvalorizada.

Você saiu da zona de conforto segura e suave de pertencer a uma comunidade, carreira ou a um grupo de amigos e, de repente, tudo se foi. Quem sabe muito de sua identidade tenha ficado ligada àquilo que você fazia. Mas, e agora? De uma hora para outra, você está com a autoestima corroída e sem saber por onde – e nem como – recomeçar. Como reconquistar o que foi perdido?

Mas, pensando bem, no fundo, você sabe que o propósito de sua vida é agradar a Deus, e não somente a si mesma ou às outras pessoas. Por isso, deixe de lado as questões grandes demais para sua mente e seu coração e aprofunde-se nas verdades eternas, lembrando-se de que a coisa mais verdadeira sobre seu ser é que você é a amada de Cristo. Esse é o seu real prestígio! E, por ser amada pelo Senhor, a submissão verdadeira se estabelece em seu coração, que apenas pergunta: "O que tenho de fazer, Senhor, para lhe agradar?"

O que você acha que Deus iria escrever em seu currículo?

Jesus, ajuda-me a encontrar o meu valor em ti, não no meu conjunto de habilidades ou na percepção que os outros tenham de mim. Amém.

O bom pode não ser bom o suficiente

Todos os caminhos do homem lhe parecem justos,
mas o SENHOR pesa o coração.

Provérbios 21.2

A maneira certa de enfrentar e vencer as pressões sociais da vida, sem se perder buscando coisas, experiências e status, é perseguir nossa vocação, que é única. Mesmo que busquemos as coisas boas, como querer ser saudável, equilibrada e querida pelas pessoas, esse sentimento não é suficiente – afinal, se nossas motivações não estão fundamentadas no desejo de buscar, em primeiro lugar, agradar a Deus e segui-lo diariamente, então tudo o que buscarmos, não importa quão nobre seja, se torna idolatria.

Pode haver coisas muito boas em sua vida também. Coisas que você quer proteger e desfrutar, como seu marido, seus filhos, suas realizações e seu ministério. No entanto, é verdade, também, que você vai perder enormes oportunidades que possam surgir para viver uma vida mais corajosa e brilhante se estiver focada apenas em ter prazer, posses e prestígio, em qualquer que seja a forma na qual essas propostas se apresentem em sua vida.

O que você está buscando agora? Seus motivos são centrados em Deus ou em você?

Pai, mostra-me, com clareza, o que está em meu coração. Ajuda-me a distinguir entre coisas que são boas e coisas que são tuas. Não quero perder meu tempo com coisas que, depois, irão simplesmente desaparecer. Amém.

Como saber o que você está adorando

Filho do homem, estes homens ergueram ídolos em seus corações e puseram tropeços ímpios diante de si.

Ezequiel 14.3

Talvez você não seja afetada por bens, títulos ou acontecimentos interessantes. Talvez não ache que está priorizando a busca por prazer, posses ou prestígio. Ok. Mesmo assim, pode valer a pena examinar as verdadeiras motivações que regem a sua vida. Pergunte-se: Será que a minha identidade ou o meu senso de valor mudaria se houvesse uma mudança, para melhor ou pior, na minha condição social, no meu poder aquisitivo ou no que os outros pensam sobre mim?

Talvez a melhor pergunta seja esta: Do que eu mais falo? Onde e como gasto mais tempo e dinheiro? O que motiva minha maneira de me vestir, minha dieta, minha forma de trabalhar, meu calendário e minha maneira de ver o mundo e tratar os outros?

Todas essas coisas fazem parte do material necessário para a vida. Mas, todo esse material necessário pode, insidiosamente, acabar se tornando objeto de nossa adoração. Com Deus no trono, no entanto, tudo que temos e somos apenas toma o seu lugar certo e necessário: submetido ao Senhor.

O que você faz de sua vida diz quais são as suas reais prioridades? Se você pedisse a uma amiga próxima que fizesse uma lista do que ela acha mais importante para você, o que essa pessoa escreveria?

Deus, perdoa-me por viver uma vida repleta de pequenos ídolos que não significam nada. Eu me curvo unicamente diante de ti. Amém.

Sem fôlego

Busquem, pois, em primeiro lugar o Reino de Deus e a sua justiça, e todas essas coisas serão acrescentadas a vocês.

Mateus 6.33

8 DE MAIO

Você vai saber se está apenas buscando prazer, posses ou prestígio pelo sentimento inquietante e implacável de pânico que, vez por outra, assola seu coração; algo como uma falta de ar na alma. Você vai buscar isso intensamente porque quer capturar de qualquer jeito alguma coisa – uma posição ou a admiração de alguém. Inicialmente, isso pode fazer você se sentir bem e realizada, mas, em seguida, vai deixá-la dependente daquilo. E, por fim, tudo aquilo vai fazer você se sentir cansada, desesperada e estressada, quase enlouquecida. É como se, de uma hora para outra, você não fosse mais a amazona usando o chicote; antes, a montaria que é chicoteada.

Então, por favor, pare com isso! Pare de buscar o título, o cônjuge, a viagem de férias, o ministério, o elogio, o convite vip ou a roupa daquela butique requintada. A pressão de tentar agradar às pessoas ou abocanhar a cenoura amarrada à sua frente a faz despender tempo e energia atrás da satisfação de ambições. Logo, estará exausta, sentindo-se inadequada e frustrada.

Claro, não é errado ficar animada enquanto faz um PhD, caminha pelas românticas ruas da Itália ou treina para melhorar seu tempo na maratona. Saboreie, sim, as coisas boas que Deus lhe tem dado. Porém, esteja ciente de que, como todas as coisas boas, essas realizações podem escravizá-la. Por isso, convém verificar suas intenções antes de aceitar tudo que é colocado no seu prato.

Você está emocionalmente fora do ar? Por quê?

Jesus, eu quero recuperar o fôlego. Estou cansada de correr atrás de coisas ou de status. Quero buscar a ti em primeiro lugar. Amém.

Falar com Deus

Na minha aflição clamei ao SENHOR; gritei por socorro ao meu Deus. Do seu templo ele ouviu a minha voz; meu grito chegou à sua presença, aos seus ouvidos.

Salmo 18.6

Quando as pressões sociais, emocionais ou financeiras estiverem sufocando-a, fale com Deus sobre isso. Quando sentir a reprovação e o julgamento alheio sobre si, deixe entrar em seu coração o sussurro da fé.

Uma amiga minha descreveu, certa vez, que as pressões da vida agem sobre nós como os oceanos agem sobre o que é mergulhado em profundidade: exercendo uma força extraordinária e crescente, que vai aumentando até se tornar irresistível. Só Deus pode manter a sua pressão interna para que, quando as pressões externas aumentarem, você possa permanecer firme, sem se deixar esmagar.

Peça ao Senhor que a ajude a reconhecer o momento de pressão e para que ela serve. Peça-lhe que revele os motivos que a levam a buscar o que você está buscando. Ele conhece o seu coração de qualquer forma, mas diga a ele como tudo isso é difícil por causa de quão obcecadamente você quer determinada coisa. Diga a ele que você quer mudar de rumo. Em seguida, tente deixar tudo nas mãos dele e descanse.

Você tem evitado a Deus porque se sente muito esgotada para falar qualquer coisa com ele? Você está tão sobrecarregada que se sente sozinha, como se Deus não pudesse entender o que você está enfrentando?

Deus, isso tudo está me fazendo clamar por sua ajuda. Socorro! Tu conheces o meu coração e quão desesperadamente quero isso que tanto busco. Porém, quero desejar, apenas, a tua vontade. Amém.

Choque cultural

Pois a palavra de Deus é viva e eficaz, e mais afiada que qualquer espada de dois gumes; ela penetra ao ponto de dividir alma e espírito, juntas e medulas, e julga os pensamentos e as intenções do coração.

Hebreus 4.12

A cultura pop é apreciada porque é de vanguarda. Queremos ficar atualizadas e nos manter a par das últimas tendências da moda, das novas tecnologias, da educação, da socialização e das ideias avançadas. E, como crentes, isso também é bom. Ainda que nós não sejamos chamadas a abraçar ou participar de todos os aspectos da cultura, somos chamadas a fazer parte do mundo que está inserido nela. Se não formos capazes de reconhecer as tendências e obsessões da nossa cultura, podemos perder oportunidades de traduzir e apresentar a verdade para quem está no meio dela.

Pode, contudo, ser desgastante e intimidante tentar fazer parte de tudo isso. Portanto, há força e consolo no que o escritor de Hebreus diz sobre a permanente e imutável cultura cristã: temos a Palavra de Deus. E ela é vanguardista que nunca é superada. As Escrituras transcendem o tempo e o lugar, a cultura e a comunidade. Sua relevância substitui o que as plataformas de mídia têm como definitivo *agora e sempre*.

É preciso levar em conta que cultura produz apenas efeitos superficiais. A Palavra de Deus muda corações e vidas para toda a eternidade. Portanto, não tenha medo de como a cultura muda o tempo todo e tenta fazê-la acreditar que nenhum valor é definitivo e que tudo pode ser relativizado. Você tem a Palavra viva do Deus vivo!

Será que a velocidade da mudança cultural assusta você?

Senhor, obrigada pela constância e consistência da tua Palavra e de como ela pesa significativamente em cada questão da cultura, trazendo verdade e vida. Amém.

Mentalidade de missão

Não estou dizendo isso porque esteja necessitado, pois aprendi a adaptar-me a toda e qualquer circunstância.

Filipenses 4.11

É interessante e intrigante que os missionários que vão trabalhar em lugares distantes não esperem conforto. Eles raramente pedem ou supõem que irão ter algum luxo ou comodidades no campo. Muitas vezes, abrem mão das conveniências da vida moderna e se vão, com família e tudo, para algum recanto remoto do planeta. Eles não esperam essas coisas, e por isso são contentes sem elas. O foco desses obreiros está, essencialmente, no seu principal objetivo: o motivo pelo qual estão ali.

Mas aqui está uma coisa sobre a qual você deve refletir: afinal, você também é uma missionária. Deus a chamou para ser ativa no serviço do Reino, em tempo integral, esteja você vivendo em uma cidade rica da Europa ou nas favelas do Brasil. O grande desafio que enfrentamos no mundo ocidental, no entanto, é que esperamos luxos, comodidades e conveniências. Queremos que as coisas sejam fáceis e totalmente práticas e nossa felicidade parece depender disso. De modo geral, as coisas práticas que nos fazem viver de uma maneira mais confortável nos fazem mais complacentes (ou frustradas), mas não necessariamente contentes.

Como seus níveis de contentamento mudariam se você focasse mais o seu objetivo de vida, em vez de se concentrar nas coisas que tornam a vida aparentemente mais fácil?

Deus, ajuda-me a não me envolver no aqui e agora, mas em me contentar com o que tu tens me dado. Rogo-te que nunca me dês tanto conforto que eu seja tentada a não depender de ti. Amém.

Rico

E digo ainda: "É mais fácil passar um camelo pelo fundo de uma agulha do que um rico entrar no Reino de Deus."

Mateus 19.24

Jesus não rejeita as pessoas ricas. Nessa passagem, ele certamente não estava dizendo que os mais abastados não poderiam ir para o céu. Tanto que, quando os discípulos o interrogaram, preocupados, ele explicou apenas que a salvação está fora do alcance de qualquer ser humano, rico ou pobre – trata-se de uma ação divina exclusiva: "Para o homem é impossível, mas para Deus todas as coisas são possíveis" (Mateus 19.26).

Aqui, há uma definição padrão para a riqueza, e onde quer que você esteja na escala do sucesso econômico, é possível servir a Deus. Contudo, você precisa saber quão segura, ou insegura, se sentiria se seus bens ou investimentos fossem, repentinamente, tirados de você.

Talvez, o ponto que Jesus estava colocando aqui é que confiar somente nele é mais difícil do que podemos perceber, porque o dinheiro pode ser o objeto de nossa confiança. Se ou quando o nosso dinheiro é tirado de nós, Jesus realmente passa a ser a nossa única opção e a nossa verdadeira riqueza.

O que poderia ameaçar o seu sentido diário de segurança? Você acredita que Deus provê todas as suas necessidades?

Jesus, dá-me a sabedoria para gerir ou multiplicar os recursos que tu tens me dado. E me ajuda a nunca olhar para a paz e a segurança que o dinheiro parece poder oferecer. Amém.

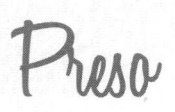

Preso

E conhecerão a verdade, e a verdade os libertará.

João 8.32

Você não tem que estar, literalmente, em uma cadeia para se sentir presa. Você pode sentir-se presa a uma cultura, a uma estrutura familiar, a uma amizade, a um emprego ou até a um prazo para determinada tarefa. Você pode, ainda, sentir-se financeiramente presa ou oprimida pelas expectativas, reais ou presumidas, daqueles que lhe são próximos.

Jesus disse a verdade: a de que o sacrifício dele em seu lugar significa que você pode começar a andar livremente! Conhecer essa verdade vai libertá-la das velhas mentiras que se apegam à sua vida e lhe dizem que você é dependente, presa ou restrita por suas circunstâncias. Sentir-se presa é apenas um sentimento; e um sentimento que se apoderou de seu ser porque você esqueceu que está salva por um Deus soberano, que a liberta e que é muito maior do que os limites atualmente impostos à sua vida. Ele pode mudar, mover e direcionar você para qualquer nova direção que ele escolher. Acontece que ele pode não fazer isso de acordo com a sua expectativa ou no tempo que você espera. Mesmo assim, pode confiar nele para fazer algo bonito em sua vida. Você é livre!

O que está pressionando você para baixo, emocional ou espiritualmente? Você pode afrouxar os laços por si mesma, dizendo apenas a verdade?

Obrigada, meu Deus, pelo poder libertador de tua Palavra. Ajuda-me a crescer na verdade segura, onde a mentira não pode chegar a mim ou me segurar. Amém.

Festa ou liberdade?

"Não acumulem para vocês tesouros na terra, onde a traça e a ferrugem destroem e onde os ladrões arrombam e furtam. Mas acumulem para vocês tesouros nos céus, onde a traça e a ferrugem não destroem e onde os ladrões não arrombam nem furtam. Pois onde estiver o seu tesouro, aí também estará o seu coração."

Mateus 6.19-21

O mundo martela sua mente, 24 horas por dia, com as mentiras sobre o que vai satisfazer plenamente você. Consumo, prazeres, sensação de liberdade – a cultura contemporânea apregoa, com todas as suas armas e seus esforços, que você está livre e que o que realmente importa é ser feliz, do jeito que for possível e a qualquer custo.

Jesus lhe diz algo diferente. Ele diz que a liberdade é a paz, a confiança, a segura e tranquila autoridade de saber quem você é em Cristo. Por causa da morte do Salvador na cruz, Deus lhe oferece plena liberdade!

Não deixe que o desejo por prazer, posses ou prestígio se apodere de você. Não se deixe pressionar por aquilo que não traz vida plena. O mundo de Jesus é livre, e você está liberta para fazer qualquer coisa. Viva livremente!

Você já foi escravizada por alguma coisa que começou como uma suposta expressão de sua liberdade?

Deus, obrigada pelos meus recursos aqui na terra que, na verdade, são teus. Ajuda-me a investi-los de forma excelente, com foco na eternidade. Amém.

Estilo de vida ou legado?

Clamo ao Deus Altíssimo, a Deus,
que para comigo cumpre o seu propósito.

Salmo 57.2

Quando a mídia e a sociedade tentam chamar nossa atenção sobre o sucesso de alguém, isso nos ajuda, de alguma forma, a lembrar que o que realmente importa no final não é o estilo de vida, e sim o legado. Como crentes que vivem para a glória de Deus e querem completar sua missão na terra, sabendo que esta existência terrena não é o fim, somos, em última análise, confrontadas com essas duas opções sobre o estilo de vida ou o legado, quando se trata do que vamos fazer com o resto de nossa vida.

Estilo de vida é, em geral, algo que se refere ao conforto nesta terra. Ele tem a ver com o fato de você tomar decisões que dizem respeito à raiva, ao medo ou ao hedonismo – escolhas que não são necessariamente erradas, mas que também não necessariamente refletem os desejos do coração de Deus para a sua vida. Tudo o que elas realmente refletem são as suas prioridades e as coisas que você chama de conforto.

Legado é algo que tem a ver com consequências eternas. Você tem que tomar decisões por obediência ao chamado de Deus para a sua vida; escolhas que elevem o seu relacionamento com o Senhor e com os outros, para além do que é fácil, seguro ou confortável. Escolhas que, em primeiro plano, priorizam o trabalho no Reino. Você pode semear sementes para uma colheita duradoura, que pode ir além do tempo em que você viverá aqui.

Você está construindo a sua vida de forma a demonstrar um estilo de vida ou a deixar um legado?

Deus, envia luz para que eu perceba o que motiva as minhas decisões e meu modo de vida. Quero construir um legado que o glorifique, e não um estilo de vida que me promova. Amém.

Ajustando a sua vontade ao seu caminho

O caminho do insensato parece-lhe justo,
mas o sábio ouve os conselhos.

Provérbios 12.15

Não há dúvida de que algumas das tendências e tradições lançadas sobre nossa vida pela sociedade, podem sufocar o nosso bom senso. Mas, elas também podem ser cúmplices na trama, abafando nossa própria percepção e nosso discernimento.

A verdade é que você pode vender para si mesma alguma ideia. Você pode, até mesmo, fazer isso usando a Bíblia a favor ou contra um mesmo conceito. Você pode torcer e puxar, persuadir e convencer, até que as Escrituras signifiquem exatamente o que você quer que elas signifiquem e dizer a si mesma o quão certo é fazer aquilo que você quer fazer – e pode fazer isso em relação a comportamento, dinheiro, ministério, relações, à carreira ou qualquer outro assunto.

É por isso que é crucial para um discípulo andar intimamente com Deus na oração e na Palavra, e tão perto que a luz do Senhor brilhe sobre a forma como você está vivendo, mostrando a verdade da sua situação e do seu coração. Também é crucial procurar o conselho de pessoas sábias, e não apenas a conspiração de seus "amigos de confiança", os quais irão lhe dizer exatamente o que você quer ouvir. Seja corajosa o suficiente para estabelecer sua agenda de vida e buscar a Deus, honestamente.

Você está realmente convencida de que determinado projeto ou atitude é a vontade definitiva de Deus?

Pai, eu não quero envergonhar o teu nome por ser uma tola. Dá-me ouvidos para ouvir verdade e sabedoria. Amém.

É o que tem que ser

"Deixo a paz a vocês; a minha paz dou a vocês.
Não a dou como o mundo a dá. Não se perturbe
o seu coração, nem tenham medo."

João 14.27

O mantra "É o que tem que ser" pode ter se transformado em um cliché, mas faz muito sentido quando você está sob pressão social. É uma daquelas filosofias paradoxais que parece, na melhor das hipóteses, trazer tranquilidade ao seu coração. Por outro lado, diante da fatalidade, esse pensamento se manifesta até como algo otimista, transformando obstáculo em trampolim. Ele traz aceitação, que gera restauração, ou mesmo esperança. Isso não muda o seu problema – mas pode mudar a perspectiva como você o enxerga.

Você pode aplicar isso em sua vida para quase qualquer circunstância, mesmo que não seja a ideal. Sua melhor amiga parece ter a capacidade de engravidar cada vez que o marido olha para ela, enquanto você tenta sem sucesso, há anos, ter o sonhado primeiro filho: "É o que tem que ser." Sua irmã aparenta ter um salário maior do que o presidente de uma multinacional. Você sabe, com certeza, que não é verdade: "É o que tem que ser."

Creio que você tenha captado a ideia. As escalas da vida neste lado da eternidade nunca vão ser equilibradas. Deus nunca nos prometeu que faria algo ao nosso gosto; o que ele nos prometeu foi a sua paz.

Você está lutando com uma das injustiças da vida? Como pode esquecer isso, já que não pode descansar e confiar que Deus a vê e que ele pode lhe dar a paz?

Jesus, obrigada por seu incompreensível dom da serenidade.
Que alívio profundo e tranquila perspectiva o Senhor me traz! Amém.

Dê, salve, viva

"Há maior felicidade em dar do que em receber."

Atos 20.35

Praticamente todas as mídias eletrônicas ou digitais vão chegar até você dizendo como e em que gastar o seu dinheiro. É uma epidemia: o sistema quer que você consuma o tempo todo, sejam futilidades desnecessárias, roupas e sapatos que ficarão a maior parte do tempo dentro do armário ou viagens que se acabam em uma semana, mas comprometem seu cartão de crédito por um ano inteiro.

Contudo, há uma maneira mais sábia de se viver. Jesus ensinou que é muito melhor dar do que receber. Ele também prometeu uma vida abundante e abençoada aos seus filhos. E, se ele disse que nós somos mais abençoados quando damos do que quando recebemos, talvez esteja aí a chave para uma dinâmica sobrenatural que acontece quando doamos. Um resultado paradoxal que transborda ocorre quando nos colocamos em segundo plano, doamos generosamente, economizamos de forma responsável e depois gastamos sabiamente e com alegria. A bênção acontece!

Não devemos seguir um evangelho focado apenas em riqueza e poder, ou um evangelho distorcido, que segue os ditames da conveniência pessoal – devemos, isso sim, seguir o evangelho da verdade, que traz a verdadeira paz.

Você conhece alguém que necessita de sua ajuda prática e financeira? E você seria capaz de reestruturar seus gastos para ajudá-lo?

Deus, tu és meu provedor e tens me dado tanto! Abre os meus olhos para as necessidades dos que estão ao meu redor e me dá sabedoria para gerir bem o meu dinheiro, para que eu possa socorrer os teus filhos mais necessitados. Amém.

Pressionados a ficar ou a ir

"Busquem a prosperidade da cidade para a qual eu os deportei e orem ao SENHOR em favor dela, porque a prosperidade de vocês depende da prosperidade dela."

Jeremias 29.7

Em uma cultura global de mudanças contínuas, onde nada é definitivo e sempre há novas pressões incitando-nos a correr atrás das coisas, a Palavra de Deus para o seu povo é a mesma de quando o Senhor se dirigia a Israel, quando exilado na Babilônia: uma palavra de paz. Ele tinha planos para resgatá-los e, enquanto isso não acontecia, confortou o coração deles com as palavras do profeta: "Porque sou eu que conheço os planos que tenho para vocês", diz o SENHOR, "planos de fazê-los prosperar e não de lhes causar dano, planos de dar-lhes esperança e um futuro" (Jeremias 29.11).

Mas o desafio, realmente, é confiar a Deus a sua vida hoje, até que a verdadeira paz, que excede todo entendimento, reine em seu coração. Portanto, viva da melhor maneira possível. Plante jardins, arrume a sua casa, prepare uma comida gostosa. Apaixone-se, tenha filhos, ore por sua cidade. Faça tudo para a glória do nome do Senhor. O povo de Deus na Babilônia estava vivendo o melhor tipo de liberdade, mesmo vivendo no cativeiro em terra estranha.

Há pressões culturais ou políticas que roubam sua alegria e seu contentamento? Você pode se posicionar de maneira aberta à direção de Deus onde quer que ele a coloque?

Pai celestial, ajuda-me a fazer o melhor que posso, enquanto tu conduzes a minha existência. Amém.

Por que eles, e não eu?

> Espero no SENHOR com todo o meu ser,
> e na sua palavra ponho a minha esperança.
>
> Salmo 130.5

Para encontrar paz e perspectiva, você pode precisar ser corajosa o suficiente para admitir que Deus parece amar algumas pessoas mais do que a você. De alguma maneira, ele as abençoou e as conduziu para o sucesso, mas parece ter deixado você um pouco de lado nesse processo. E você, admita ou não, está com inveja e sente-se como Jó, gemendo sobre como os maus prosperam e dizendo: "Acaso, é dos homens que me queixo? Por que não deveria eu estar impaciente?" (Jó 21.4). Talvez você não esteja satisfeita com a sua vida – e por isso está insatisfeita com Deus.

Você está com inveja do sucesso financeiro de outras pessoas, das famílias estruturadas e felizes que elas demonstram ter, e questiona: "E quanto a mim, Deus? Por que o Senhor não está fazendo isso acontecer comigo?" Ora, sempre haverá pessoas superando você em alguma coisa – no salário, na harmonia conjugal, nas realizações pessoais... Mas, pode ser especialmente difícil presenciar o sucesso dos outros enquanto você está fazendo tudo que sabe ser certo e, mesmo assim, não vê grandes resultados. Por outro lado, convencer-se, pela fé, de que Deus está apenas segurando seu sucesso para lhe ensinar coisas muito importantes não necessariamente é suficiente para apaziguar seu coração.

Hoje é o dia primeiro do restante da sua vida. Comece dizendo a si mesma a verdade: a de que *você pode contar com Deus*.

Você está com raiva de Deus pela maneira como ele tem abençoado outra pessoa?

Deus, perdoa-me por estar descontente com o que tu estás fazendo na vida dos outros. Eu só quero os teus planos que forem perfeitos para mim. Amém.

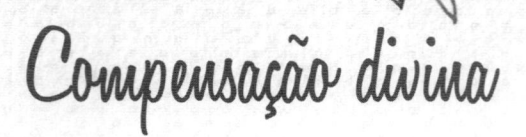

Compensação divina

"Vou compensá-los pelos anos de colheitas que os gafanhotos destruíram: o gafanhoto peregrino, o gafanhoto devastador, o gafanhoto devorador e o gafanhoto cortador, o meu grande exército que enviei contra vocês."

Joel 2.25

Gafanhotos, provavelmente, não são o seu maior problema... Mas eu gosto muito da forma como o chamado de Deus ao arrependimento e à sua promessa de restauração, dada por intermédio do profeta Joel, nos mostra tanto do caráter dele ao usar como ilustração a destruição que aquele inseto pode provocar nas colheitas do antigo Israel.

Na escala épica da história, é – e sempre foi – o plano de Deus que se reconcilia com a humanidade e restaura as relações entre ele e as pessoas, e de pessoas com pessoas. É por isso que Jesus disse a seus discípulos: "Com isso todos saberão que vocês são meus discípulos, se vocês se amarem uns aos outros" (João 13.35).

Tome coragem da verdade que, não importa se tenha sido arrancada de sua vida de uma forma injusta ou impiedosa, em Cristo você é uma nova criação e Deus vai restaurá-la total e completamente.

Essa restauração será definitivamente eterna. No entanto, a maravilha é que tantas vezes Deus reabastece, repõe e reconstrói a nossa vida neste lado da eternidade também, em excelentes e belas formas, que pode até não ter sido esperada ou imaginada.

Olhando para trás, você já pode ver como Deus tem restituído, restaurado ou restabelecido coisas em sua vida – mesmo aquelas que você pensou que haviam sido destruídas para sempre?

Deus, tu sabes o que foi retirado da minha vida e o efeito que isso teve sobre mim. Ajuda-me a confiar em ti para a restauração. Amém.

Ofensiva de amor

22 DE MAIO

Amados, nunca procurem vingar-se, mas deixem com Deus a ira, pois está escrito: "Minha é a vingança; eu retribuirei", diz o Senhor. Ao contrário: "Se o seu inimigo tiver fome, dê-lhe de comer; se tiver sede, dê-lhe de beber. Fazendo isso, você amontoará brasas vivas sobre a cabeça dele. Não se deixem vencer pelo mal, mas vençam o mal com o bem."

Romanos 12.19-21

Você, provavelmente, não se imagina (muitas vezes, pelo menos) tendo uma vingança violenta sobre uma pessoa que, um dia, a tenha ferido. Mas, talvez você imagine um momento em que a verdade virá à tona e você será justificada e exaltada.

O ponto aqui é que é um grande alívio para nós saber que não temos que nos preocupar procurando maneiras de nos defendermos, muito menos de provar nossa inocência ou exercer qualquer tipo de vingança. Deus prometeu que ele vai fazer isso em sua infinita sabedoria, poder e misericórdia. Tudo o que temos a fazer é amar generosamente aqueles que nos tenham ferido ou nos ofendido. Podemos estancar a dor alucinante que sentimos lançando uma ofensiva de amor, cegando a escuridão com a luz e queimando a mágoa com compaixão.

Você pode alterar o plano de batalha de um determinado relacionamento por intermédio da mobilização de palavras amáveis e boas ações?

Deus, eu te agradeço porque posso deixar a vingança em tuas mãos. Teus caminhos são muito mais altos e excelentes do que os meus. Amém.

Apenas o suficiente para hoje

De fato, a piedade com contentamento é grande fonte de lucro, pois nada trouxemos para este mundo e dele nada podemos levar.

1 Timóteo 6.6-7

Certa vez, passei um fim de semana com uma senhora idosa em Harare, capital do Zimbábue, uma nação pobre do continente africano. A fazenda de sua família havia sido tomada anos antes, e uma crise econômica acabou por destruir o que lhe restou. Para piorar as coisas, seu marido ficou gravemente doente alguns dias antes da minha chegada. Ainda assim, ela insistiu para eu ficar, como se eu estivesse lhe fazendo um enorme favor com minha simples presença. Ela, simplesmente, mantinha-se otimista e ansiosa para servir, procurando achar o melhor em cada pessoa e situação.

Pelas circunstâncias em que vivia, aquela pobre mulher tinha todo o direito de se sentir frustrada e rancorosa. Ainda assim, não se cansava de falar sobre a bondade e a provisão de Deus, sempre que tinha oportunidade.

Eu fui tocada por nossas conversas. Confesso que fui desafiada e encorajada por aquela mulher que vivia em condições tão diferentes das minhas, expressando uma fé viva e uma enorme gratidão a Deus por sua vida. Sim, ela fazia parte de um povo que fora atingido em cheio pela miséria e por uma série de injustiças. No entanto, em vez de ser amarga, ela decidiu confiar em Deus, permitindo que a luz de Cristo brilhasse por meio dela em meio a um mundo deformado.

O que foi tirado de você? Apesar disso, você pode sentir paz, sabendo que Deus conhece tudo o que você tem passado e que deve contentar-se em ter apenas o suficiente para hoje?

Deus, ajuda-me a deixar a amargura de lado e a caminhar em direção ao contentamento com aquilo que tu tens me dado. Amém.

Feliz no aqui e agora

> Por isso, tendo o que comer e com que vestir-nos,
> estejamos com isso satisfeitos.
>
> 1 Timóteo 6.8

Uma grande mentira que nos contam é a de que somos inferiores porque os outros têm uma vida melhor do que a nossa. Devemos conhecer algo maior, devemos nos sentir melhor – ao invés disso, contudo, sentimo-nos descontentes quase todos os dias.

Então, amiga, quase todos os dias você precisa lembrar-se de que Deus já fez muito por sua vida. Ele a colocou neste mundo com um propósito e a tem preparado para a jornada da vida porque a ama de uma forma incondicional. As histórias que você está vivendo são suas e apenas você as pode contar – e não são essas histórias de uma outra vida que parece melhor, mais rica, mais completa, mais bem-sucedida, mais influente ou mais divertida.

As comparações levam-nos a olhar mais o que Deus está fazendo pelos outros do que por nós. Isso nos faz esquecer que o Reino é uma cooperação, e não uma competição. A comparação rouba seus sonhos; ela perturba a sua confiança, rouba sua energia, destrói sua alegria e arruína seus relacionamentos. É a receita certa para mais pressão e tensão. Você acaba se fechando, se gabando, evitando, agitando, fingindo, tomando decisões financeiras estúpidas e ficando com o coração insatisfeito. Comparação só gera descontentamento e inveja.

Você comeu o suficiente nas últimas 24 horas, dormiu em uma cama limpa e teve roupas com que se vestir? Então, aceite o presente do contentamento de Deus. Viva com serenidade, satisfação e perfeita paz.

O que é isso que você quer tanto? Será que vai lhe trazer bastante contentamento ou é possível que você já tenha aquilo pelo qual tanto luta?

Deus, obrigada porque tenho alimento e vestimenta.
É o suficiente. Estou contente, aqui e agora. Amém.

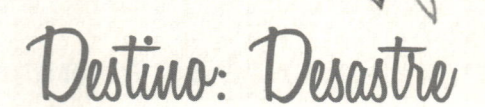

Destino: Desastre

Pois onde há inveja e ambição egoísta,
aí há confusão e toda espécie de males.

Tiago 3.16

Alguns anos atrás, uma amiga minha comprou a empresa na qual vinha trabalhando. Rapidamente, ela tomou as rédeas do negócio, fez investimentos, presidiu reuniões e adquiriu bastante destaque na sua área de atuação. Enquanto isso, eu estava levando meus meninos para as aulas de natação e, enquanto esperava sua volta, planejava o tipo de tempero que colocaria no frango da janta.

Eu estava com inveja dela, na verdade. E sabia que tinha um coração que precisava de um frescor em relação a esse sentimento. Então, arregacei as mangas e me aprofundei nas Escrituras. Descobri, então, que a Bíblia está repleta de tragédias e vidas que foram devastadas porque as pessoas começaram a fazer comparações. Saul comparou sua popularidade com a de Davi, e em pouco tempo estava tentando matá-lo (1Samuel 18). Os filhos de Jacó, que se sentiam menos amados pelo pai, se compararam a José. O resultado foi que colocaram o irmão mais novo em um buraco e, em seguida, venderam-no como escravo (Gênesis 37).

Às vezes, a luta da comparação acontece em ambos os sentidos. Raquel, estéril, se comparava a Lia, que tinha filhos. Esta, por sua vez, não tinha a formosura de Raquel, e se ressentia disso (Gênesis 29-30).

Esses relatos me ajudaram a enxergar a verdade de que, quando nos comparamos uns aos outros, ficamos amargos ou arrogantes. Em um ou outro caso, o prejuízo é certo. A verdadeira beleza é ter um corajoso compromisso para ficar fora da zona perigosa da inveja.

Você está evitando o desastre da inveja ou se dirigindo diretamente para ele?

Jesus, não me deixes esquecer que a comparação é um campo minado e que meu coração pode ser dinamitado por isso. Amém.

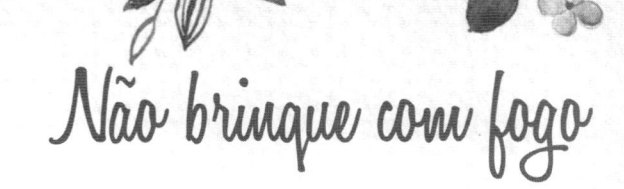

Não brinque com fogo

O rancor é cruel e a fúria é destruidora,
mas quem consegue suportar a inveja?

Provérbios 27.4

Estamos sempre ligados para evitar o perigo físico. Nós ensinamos nossos filhos a se manterem seguros e protegemos nossas coisas. Mas, nem sempre conseguimos ver como são perigosos os elementos invisíveis da inveja e quão destrutivo é se ressentir de pessoas – às vezes, grupos inteiros de pessoas – e como as chamas da hostilidade eventualmente se espalham a partir de nosso coração para nossas expressões faciais, conversas e comunidades.

E é tão difícil não ficar com inveja quando alguém obtém o que você quer, especialmente quando o que você quer é uma coisa boa – como um trabalho bem remunerado, um lindo bebê nos braços, uma casa na qual dá orgulho receber as pessoas... Como você abandona esses desejos, como holocaustos agradáveis de sacrifício e de confiança, de modo que a inveja não tome conta de você a ponto de deixar sua vida em cinzas?

O segredo é: comece a orar. Diga a Deus como seus pensamentos estão confusos e suas atitudes, equivocadas. Diga ao Senhor quão frustrada você está porque não vive a vida que, um dia, idealizou. É muito melhor e mais seguro entregar as suas brasas ardentes diretamente a ele, antes que caiam na terra seca de seu coração, incendiando-a e espalhando chamas destruidoras em sua vida.

Você vai ser honesta com Deus sobre a inveja que sente em relação a outras pessoas?

Deus, sei que a inveja é um sentimento muito perigoso para que eu tente lidar com ele sozinha. Peço o teu socorro, também, nisso. Amém.

Celebração é melhor que comparação

Alegrem-se com os que se alegram; chorem com os que choram.

Romanos 12.15

A única maneira de vencer essa cultura individualista que nos leva aos jogos de comparações, é encontrar maneiras de celebrar aquelas pessoas que invejamos. Lembrar quão incríveis elas são e elogiar suas vitórias e sucessos particulares. Celebre o melhor de Deus para elas, para a glória do seu nome. Dê graças a Deus pelo que ele está fazendo na vida delas. Ofereça sua alegria, e não o seu despeito. Alegre-se com um genuíno e generoso abraço, uma ligação ou, ao menos, uma mensagem de texto. Diga algo agradável e caloroso sobre essa pessoa, quando ela não estiver vendo.

E lembre-se: *Deus não ama ninguém mais do que ama você.* Lembre-se, ainda, que ele prometeu o seu melhor para você também e que você não iria querer outra coisa senão isso. O que ele fez permitiu ou proporcionou na vida de outra pessoa era o melhor para ela, mas não o seria, necessariamente, para você.

Será que você sempre se sente como que celebrando o tempo todo? Definitivamente, não; mas, faz isso de qualquer forma. Você pode decidir comemorar. Lute para fazer isso, mas sem falsidade. E confie que sentimentos corretos a seguirão, enquanto seu coração se satisfaz no Senhor.

Como você pode oferecer alegria legítima para alguém hoje?

Deus, livra-me de agir com desprezo ou sarcasmo em relação a alguém. Ajuda-me a celebrar sua bondade para com os que me rodeiam. Amém.

Fique na sua pista

Cada um examine os próprios atos, e então poderá orgulhar-se de si mesmo, sem se comparar com ninguém.

Gálatas 6.4

Quando você orou e celebrou, ouviu o que Paulo disse aos gálatas e permaneceu em sua pista. Às vezes, em minha vida, quando o orgulho subiu de forma egoísta e cruel, tentei juntar a coragem de colocar limites, recusando-me a olhar para a direita ou para a esquerda. Então, lembrei-me de que esta é a minha pista – e que duas pistas não são as mesmas. Deus tem planos diferentes no Reino para pessoas diferentes. Ele moldou cada uma de nós para seus propósitos.

Isso é motivo de ainda mais celebração e alívio. Deixei que a verdade me limpasse: você não tem que ser ninguém além de você. É por isso que Deus fez você ser quem é. Há lacunas no seu exato formato que só você pode preencher. Então, empenhe-se por preenchê-las.

Você também deve saber que há coisas escondidas na vida das pessoas a quem você está se comparando – e você, não necessariamente, gostaria dessas coisas. Como a sua e a minha, a vida delas não é perfeita. Vamos lembrar: devemos ser amorosas, porque cada pessoa que encontramos combate uma difícil batalha.

Será que você está pronta para decidir hoje olhar para a frente, para a estrada que Deus tem para você percorrer, em vez de ficar, até tropeçar, tentando ver o que está acontecendo na jornada de outra pessoa?

Deus, ajuda-me a fazer as coisas para que me chamaste, de forma única, para fazer. Amém.

Siga-me

Pedro voltou-se e viu que o discípulo a quem Jesus amava os seguia. (Este era o que estivera ao lado de Jesus durante a ceia e perguntara: "Senhor, quem te irá trair?"). Quando Pedro o viu, perguntou: "Senhor, e quanto a ele?" Respondeu Jesus: "Se eu quiser que ele permaneça vivo até que eu volte, o que lhe importa? Quanto a você, siga-me."

João 21.20-22

Quando a inveja ou a comparação em relação ao que os outros têm ou são tentar se apoderar de você, pregue a verdade para si mesma: seguir Jesus é tudo o que você precisa fazer. Pedro, incomodado com a atitude do colega João, pergunta ao Cristo ressuscitado: "E quanto a ele, Senhor?" As palavras de Jesus o colocam, assim como a mim e a você, suavemente no devido lugar: "Se eu quiser que ele permaneça vivo até que eu volte, o que lhe importa? Siga-me você."

Concentre-se apenas nisso: seguir a Jesus. Isso vai ajudá-la a se manter no caminho certo. Para seguir alguém, você tem que continuar a olhar para frente. Se você olhar para um lado ou outro, alguma coisa pode atrair o seu olhar e você vai perder de vista a quem está seguindo. No final, você nem saberá para onde está indo. Portanto, não se preocupe com as pessoas que seguem seus caminhos, ou mesmo com as que estão à sua frente. Siga somente a Jesus. O resto será como deve ser, e tudo ficará bem com sua alma.

Há dias, ou situações particulares, em que você se preocupa com o que Deus tem planejado para outra pessoa, em vez de apenas seguir o plano divino para a sua vida?

Jesus, quero permanecer firme para te seguir. Amém.

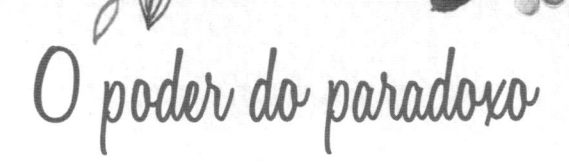

O poder do paradoxo

Irmãos, pensem no que vocês eram quando foram chamados. Poucos eram sábios segundo os padrões humanos; poucos eram poderosos; poucos eram de nobre nascimento. Mas Deus escolheu o que para o mundo é loucura para envergonhar os sábios e escolheu o que para o mundo é fraqueza para envergonhar o que é forte.

1Coríntios 1.26-28

O mundo se vangloria e, orgulhoso, espalha toda a sujeira sobre vidas grandes ou pequenas. Ele nos diz que precisamos de uma "grande vida": um grande nome, uma grande conta bancária, um grande ministério. Porém, Deus gosta de agir sobre paradoxos. Ele usa o fraco para demonstrar força e põe por terra aquilo que pretende levantar.

Também somos rápidos para olhar para os outros e acharmos que deveríamos fazer o que eles estão fazendo, à maneira deles, a fim de obter os resultados que alcançaram. E, com certeza, é bom seguir bons exemplos – no entanto, você só pode ser você mesma, e ninguém mais. Se Deus quisesse que todos nós fôssemos idênticos, ele poderia ter nos feito assim. É provável que o Senhor queira fazer algo totalmente novo em sua vida, apesar e por meio de suas particularidades, fraquezas e aparentes desvantagens.

Amiga, o mundo mudaria se fôssemos corajosas o suficiente para usar nosso tempo e potencial a fim de, simplesmente, vivermos para a glória de Deus.

Como o Senhor mostra sua magnitude por meio de circunstâncias que fazem você se sentir pequena?

Grande Deus, eu me curvo a ti. Amém.

Atenção

Levanto os meus olhos para os montes e pergunto: De onde me vem o socorro? O meu socorro vem do SENHOR, que fez os céus e a terra. Ele não permitirá que você tropece; o seu protetor se manterá alerta.

Salmo 121.1-3

Esteja você andando de metrô, participando de um acampamento da igreja ou preparando lanches para as suas crianças, vai receber pressões da cultura. Então, correrá o perigo de ceder a elas. Porém, se você for sincera em sua busca pela verdade e conseguir reunir coragem suficiente para viver de acordo com ela, encontrará as perspectivas corretas para viver em Cristo.

C. S. Lewis disse que, se você visa o céu, vai ter terra também; mas, se você visa a terra, não vai ter nada. Não basta tentar se segurar em si mesma, para não ser varrida pelas circunstâncias que o mundo coloca diante de você. Antes, coloque os pés firmemente sobre a rocha que nunca será abalada. A partir daí, levante os olhos e se lembre que sua ajuda vem daquele que fez os oceanos e as estrelas. Ele cuida de você sem pestanejar, e o faz com grande amor.

Você conhece alguém que precisa ouvir essa verdade? Que tal você incentivá-lo a isso hoje?

Deus, eu olho para ti pedindo ajuda. Mantém meus olhos na eternidade, para que eu não seja tentada a me lançar em coisas que não vão durar. Amém.

JUNHO

Passe despercebida e cante em voz alta

"A maioria das coisas de que precisamos para nos sentirmos mais plenamente vivos nunca vem quando estamos ocupados. Elas crescem em repouso."

– Mark Buchanan

Quem está ocupado não muda o mundo

Será inútil levantar cedo e dormir tarde, trabalhando arduamente por alimento. O SENHOR concede o sono àqueles a quem ele ama.

Salmo 127.2

Talvez você, assim como eu, já acorde cansada, às vezes. Você desperta quando ainda está escuro e tenta dormir novamente, mas não consegue porque a cabeça já está a mil. Quando finalmente se levanta, logo começa a realizar tarefas – preparar o café, chamar as crianças, planejar o dia de trabalho ou agendar compromissos como a ida ao médico ou à reunião que não pode mais ser adiada. E aí, talvez, você se dê conta, como já aconteceu muitas vezes comigo, de que o dia começou lá atrás sem que você tivesse tido o tempo necessário para descansar da véspera – e as tarefas de hoje ainda nem acabaram...

As vozes que lhe dizem "Ande depressa!" vão ficar ainda mais altas se você apenas se mantiver ocupada o tempo todo.

Caso você queira realmente mudar o mundo vivendo em plenitude – e se quiser, de fato, desfrutar daquilo que o Senhor tem colocado diante de você –, terá de manter o equilíbrio entre as atividades e o repouso. O trabalho nos foi dado por Deus, mas o descanso também. Tanto que ambos foram instituídos pelo Criador antes da queda como algo *bom* (Gênesis 1-2). Vividos da forma correta, não há nenhuma culpa em qualquer um dos dois.

Você está sacrificando seu descanso para um tipo de ocupação que produz muito barulho, mas que não faz nenhuma diferença?

Deus, obrigada pelo presente que é o repouso. Eu preciso muito dele, e rogo-te que me permitas descansar no tempo devido. Amém.

Descanse calmamente e seja forte

Havia muita gente indo e vindo, a ponto de eles não terem tempo para comer. Jesus lhes disse: "Venham comigo para um lugar deserto e descansem um pouco."

Marcos 6.31

É preciso coragem para descansar em um mundo que nos diz, o tempo todo, que temos de produzir mais e realizar mais. A sociedade contemporânea considera o descanso como algo ruim, confundindo-o com inércia, preguiça ou procrastinação. Claro, você não quer perder tempo útil em coisas que não levam a nada – mas, daí a correr de maneira irrefletida atrás do vento, há uma grande distância. Você quer aproveitar cada momento utilizando o tempo de que dispõe, mas nem sempre sabe como administrar isso.

Quando for afligida por esse dilema, lembre-se de que Jesus – ele mesmo, o Filho perfeito de Deus – descansou. Ele cumpria uma das primeiras determinações que o Criador fez aos seus filhos, já que o próprio Deus também usufruiu do descanso: "No sétimo dia Deus já havia concluído a obra que realizara, e nesse dia descansou" (Gênesis 2.2). Ora, a linguagem é metafórica, pois Deus, como Todo-poderoso, *não precisa* de descanso. O que ele fez foi uma pausa para declarar algo que é sagrado e muito importante. Ele nos manda descansar – e, se vamos ser instrumentos eficazes de mudanças em suas mãos, seremos abençoados por obedecer.

O que você pretende fazer para começar a equilibrar, corretamente, o trabalho e o descanso?

Deus, faz-me corajosa o suficiente para descansar em preparação para o trabalho, a fim de que o meu repouso seja algo consciente, estabelecido em mim para eu executar bem a próxima obra que o Senhor mandar, em vez de ter um colapso. Amém.

Retorno

Diz o Soberano, o SENHOR, o Santo de Israel:
"No arrependimento e no descanso está a salvação
de vocês, na quietude e na confiança está o seu vigor,
mas vocês não quiseram."

Isaías 30.15

Eu sou culpada por ver o descanso como um mero desperdício. Por vezes, sou levada a pensar que as horas de sono poderiam ter sido utilizadas de forma supostamente construtiva. No entanto, devo preferir ver o descanso como vital, caso esteja realmente disposta a empregar de maneira sábia e responsável um dos maiores recursos que o Senhor me deu para a sua glória: o tempo.

Preciso aprender a descansar bem para que não haja nada que sussurre, quer se trate de sono, de riso ou um leve movimento no descanso do domingo, durante uma soneca, dizendo: "Sua preguiçosa!" Descansando com qualidade, vou ter a energia necessária para prover a minha vida e atuar com diligência a serviço do Reino.

O problema é que é difícil, nos dias de hoje, a gente descansar como deveria. É preciso disciplina para dizer não às distrações que nos roubam tempo e nos deixam com a mente exausta de banalidades, como a internet e, sobretudo, as redes sociais. É preciso coragem para argumentar que estamos apenas brincando com alguém ao dizer que é tempo de ir devagar, quando, na verdade, é perda de tempo. É preciso honestidade brutal para ver as coisas se aglomerando em nossa vida, como Facebook ou outras mídias sociais. É preciso determinação para simplificar planilhas, enxugar cronogramas e reduzir as tarefas de casa ao realmente necessário, para que possamos desfrutar da beleza do descanso, da meditação e da contemplação.

Você tem coragem de voltar-se exclusivamente para Deus e descansar um pouco na presença dele?

Deus, me ajuda a aceitar o descanso como crucial para minha tranquilidade, confiança e força. Amém.

Não se apresse

> Respondeu o SENHOR: "Eu mesmo o acompanharei e lhe darei descanso."
>
> *Êxodo 33.14*

Tenho certeza de que, quando meus filhos crescerem, carregarão na lembrança as cenas de sua infância em que eu os *apressava* para ir à escola, escovar os dentes ou dormir. Na verdade, é isso que toda mãe zelosa faz – porém, muitas vezes, o que consideramos cuidados necessários nada mais é do que um vazio da noção da presença de Deus conosco. Eu hoje os pressiono porque esqueço que o Senhor nos dará descanso. Afinal, ao fim de minha vida, não vai significar muita coisa meus filhos lembrarem de mim como aquela que os punha para fazer um monte de coisas, todos os dias...

O inimigo de nossa alma quer nos roubar o tempo, principalmente aquele que dedicamos ao descanso. Ele quer que pensemos que estamos ficando para trás. Precisamos deixar fora a mentira de que correria é igual a sucesso e que estamos sempre atrasados. Assim, quando nos perguntam o que fazemos, não devemos deixar que isso nos seja como uma pressão para acelerar ainda mais o nosso passo e a nossa alegada produtividade. Antes, devemos descansar na verdade de que, diariamente, há tempo suficiente para fazer a vontade de Deus.

Como você pode descansar satisfatoriamente para que tenha força e foco – incluindo energia emocional e física – para fazer algumas coisas com propósito e intenção, em vez de várias tarefas deixadas pela metade e de forma desanimada?

Deus, me ajuda a me acalmar. Quero descansar em tua presença. Amém.

Tire o dia de folga

"Trabalhe seis dias, mas descanse no sétimo;
tanto na época de arar como na da colheita."

Êxodo 34.21

Sabbath é uma palavra antiga que expressa uma velha ideia. Jeremias, o profeta, suplicou às pessoas de seu tempo: "Assim diz o SENHOR: 'Ponham-se nas encruzilhadas e olhem; perguntem pelos caminhos antigos, perguntem pelo bom caminho. Sigam-no e acharão descanso. Mas vocês disseram: 'Não seguiremos!'" (Jeremias 6.16).

Talvez você queira saber se é a única pessoa que se sente sobrecarregada, porque o estado febril da vida pode tê-la levado a uma encruzilhada. Se é o que lhe acontece, aprenda com o profeta e retome algumas ideias antigas. Uma delas é simples: *tire um dia de folga*.

A ideia de um *Sabbath* não era velha para uma nação de escravos, como era o caso de Israel. Na memória de todos, estavam bem vívidos os séculos sob escravidão no Egito – um tempo de trabalho duro e exploração cruel, que levou milhares de hebreus à morte por exaustão. Descansar, portanto, era um comando radical, como o foi para aqueles israelitas que não podiam acreditar que haveria comida no sétimo dia. Biblicamente, portanto, o descanso é um importante ato de fé. Em repouso, temos que confiar no que Deus vai nos prover.

Você confia em Deus o suficiente como provedor da sua vida, para tirar um dia para relaxar, se acalmar e se recuperar?

Obrigada, Deus, pelo teu amor, que prevê e provê todas as minhas necessidades. Entendo que meu repouso é um ato de fé e de culto a ti. Amém.

Pare de tentar tanto

A minha alma descansa somente em Deus;
dele vem a minha salvação.

Salmo 62.1

O *Sabbath* e o conceito de descanso, em geral, podem parecer mero legalismo ou uma espécie de tentativa de autojustificação. Porém, é um lembrete de que, periodicamente, devemos interromper nossas atividades para buscar o que realmente importa. A ideia do sétimo dia é essencial para criaturas finitas, que precisam, constantemente, de alimento e sono, assim como necessitam de comunhão umas com as outras, abraços e momentos de refrigério.

O *Sabbath* é um bom hábito, uma coisa bela que honra a Deus. O detalhe é que ele não tem de ser, necessariamente, observado entre a sexta-feira e o sábado. Afinal, trens e ônibus têm de correr ininterruptamente, hospitais precisam estar abertos de domingo a domingo e cada vez mais pessoas, nos grandes centros urbanos, têm rotinas de trabalho em fins de semana. Porém, é perfeitamente possível – e necessário – separar um tempo sagrado, no qual o trabalho, a verificação da caixa de entrada dos e-mails e a arrumação da casa podem ficar de lado.

Talvez, neste domingo, você possa abrir espaço para convidar pessoas para virem descansar com você, apesar do fato de que você não fez a sua cama antes de sair para a igreja e a casa não está, de fato, arrumada. Ou, então, sair com as amigas para caminhar à beira da praia ou em um parque arborizado. Faça o que fizer, contudo, não se deixe dominar por cobranças ou culpas – simplesmente desfrute do momento e dedique-o ao Senhor.

Você poderia pensar na ideia de que precisa descansar para ser a melhor versão de si mesma e que o repouso espelha a surpreendente verdade de que Deus fez todo o trabalho de sua salvação?

Deus, obrigada porque não tenho que trabalhar para a minha salvação. Eu posso descansar no que tu já fizeste por mim. Amém.

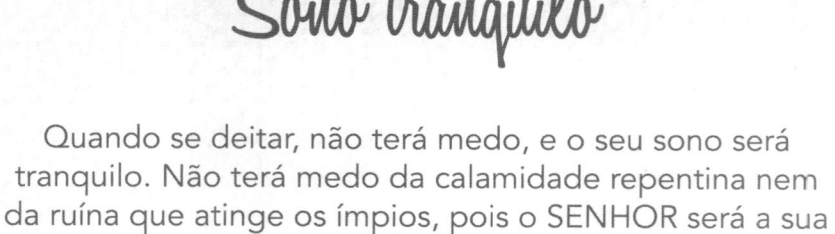

Sono tranquilo

Quando se deitar, não terá medo, e o seu sono será tranquilo. Não terá medo da calamidade repentina nem da ruína que atinge os ímpios, pois o SENHOR será a sua segurança e o impedirá de cair em armadilha.

Provérbios 3.24-26

O que fazer para ter um sono tranquilo hoje à noite? Dê a Deus todas as suas horas do dia. Entregue a ele, pela fé, suas contas a pagar e seus compromissos profissionais. Dê-lhe a sua energia e as suas ideias, e consagre a ele suas amizades e relacionamentos, deixando que ele administre não só sua agenda, como aquilo que você tem considerado como prioridade. Assim, você vai ter tempo suficiente para descansar.

O dia vai pegar velocidade e tomará seu ritmo acelerado; mas, à tardinha, vai diminuir suavemente. Quando a noite cair, dentes serão escovados e camas, arrumadas. E se você está se aconchegando perto de histórias de ninar ou tem suas mãos ao redor de canecas para tomar goles de alguma bebida doce, pode sentir-se completa com o refúgio maravilhoso da noite, quando as ruas estão dormindo.

E eu oro para que, enquanto você descansar, Deus possa sussurrar sabedoria em seus ouvidos e que os sonhos possam nascer na tranquilidade. Eu oro para que, como as estrelas se movem pelo céu em direção a um novo dia, assim haja novas misericórdias do Senhor renovando-se sobre você.

O que você pode fazer hoje para garantir que irá dormir facilmente nesta noite?

Deus, obrigada pelo refúgio do descanso.
Ajuda-me para que eu possa dormir bem. Amém.

Rebelde sem descanso

8 DE JUNHO

Visto que nos foi deixada a promessa de entrarmos no descanso de Deus, que nenhum de vocês pense que falhou. Pois as boas-novas foram pregadas também a nós, tanto quanto a eles; mas a mensagem que eles ouviram de nada lhes valeu, pois não foi acompanhada de fé por aqueles que a ouviram. Pois nós, os que cremos, é que entramos naquele descanso, conforme Deus disse: "Assim jurei na minha ira: Jamais entrarão no meu descanso"; embora as suas obras estivessem concluídas desde a criação do mundo.

Hebreus 4.1-3

Há um aviso e uma promessa anexados a esta ideia de entrar no descanso de Deus. Ambos são elementos muito importantes no texto dos capítulos 3 e 4 de Hebreus: há descanso e bênção para aqueles que acreditam e não se rebelam.

Isso sugere que não vamos experimentar que nossa alma descanse profundamente, a menos que nós estejamos em paz com Deus. O descanso começa com a crença de que o Senhor é quem ele diz que é: confiável, bom, poderoso, sábio e amoroso, e que ele pode nos salvar, mesmo quando estamos empenhados em nossa própria destruição. Se nos esquecemos dessas crenças fundamentais – seja por rebelião ou fraqueza na fé –, perdemos a incompreensível graça de viver em segurança nas mãos de nosso Pai Celestial.

Quer respirar fundo e dormir um sono tranquilo? Resolva suas crenças.

Você está mantendo algo em sua vida – seja uma dúvida, seja um velho hábito, vício ou relacionamento – que a está impedindo de, realmente, descansar?

Deus, eu creio em ti e em tuas promessas. Não quero me rebelar contra ti, e sim entrar no teu descanso. Amém.

Estresse pode ser uma escolha

Todavia, as notícias a respeito dele se espalhavam ainda mais, de forma que multidões vinham para ouvi-lo e para serem curadas de suas doenças. Mas Jesus retirava-se para lugares solitários e orava.

Lucas 5.15-16

Jesus conhecia tudo sobre o estresse e sabia como lidar com ele. Tanto que se retirava para orar constantemente. Isso nos desafia a nos perguntarmos a nós mesmas: "Como eu lido com o estresse? O quanto estou orando e descansando, se é que faço isso?"

A vida moderna é um caminhar frenético de atividades, obrigações e distrações. É fácil recorrer a justificativas, como a de que não temos tempo para nada, para enganar os outros e a nós mesmas. Também é fácil desenvolver um "complexo de messias", assumindo que as pessoas precisam de nós e que, por isso, não temos tempo para nós – muito menos para Deus.

A verdade é que nada temos de messias quando estamos esgotadas e atarefadas demais. Nós, simplesmente, *decidimos* passar a maior parte do tempo ocupadas. Por mais difícil que possa ser encontrar tempo para descanso e oração, você e eu poderíamos fazer uma escolha por isso. Que tal trabalhar e descansar da maneira como Jesus fazia?

Você se sente culpada por dizer não a um convite em favor de descanso, como se tivesse que defender sua decisão de dar um tempo? Você é capaz de criar espaços para recuperar e reabastecer suas energias?

Deus, dá-me sabedoria para encontrar tempo para descansar e orar, enquanto preencho as horas e os dias que passam rápido. Amém.

Descanse os seus pensamentos inquietos

10 DE JUNHO

> Tu, SENHOR, guardarás em perfeita paz aquele cujo propósito está firme, porque em ti confia.
>
> *Isaías 26.3*

Se você é daquelas pessoas muito competitivas e regidas pela busca de metas, pode precisar de mais descanso do que a maioria. Verificar constantemente o seu progresso, comparando-o com o de outras pessoas, é desgastante.

Descanse na verdade de que sempre haverá muitas pessoas atrás de você, mas haverá muitas outras à sua frente. Pense que sua jornada é a sua jornada e de ninguém mais. Desista de pensar que você sempre pode tudo. "Ninguém tenha de si mesmo um conceito mais elevado do que deve ter", aconselha o apóstolo Paulo (Romanos 12.3). Portanto, não seja arrogante, mas volte-se para si mesma e deixe de tentar sempre estar à frente de alguém. Fixe seus pensamentos em Deus. Arrisque e descanse.

Descanse na verdade de que ninguém pode roubar seus sonhos e que Deus preparou as suas boas obras (Efésios 2.10). Ele vai guiar você para viver cada um deles, da maneira dele, e no tempo, na força e para a glória dele. Descanse por se render à agenda do Deus que mantém todo o controle sobre o tempo, assim como sobre você também.

Você pode estabelecer lembretes para realizar algumas rupturas rápidas hoje, ao mesmo tempo que fixa seus pensamentos em Deus e nos propósitos dele para a sua vida? Isso não seria bem melhor do que permitir que seus pensamentos vagueiem inquietos, tentando descobrir o que está acontecendo na vida de outras pessoas?

Deus, ajuda-me a desfrutar de quem eu sou e a entender teus planos para mim. Amém.

Rios fluem na terra abandonada

Vejam, estou fazendo uma coisa nova! Ela já está surgindo! Vocês não a reconhecem? Até no deserto vou abrir um caminho e riachos no ermo.

Isaías 43.19

Por meio de Isaías, Deus estava prometendo que o Messias traria salvação, restauração e descanso eterno para o seu povo. Ele estava fazendo algo novo. Curiosamente, as pessoas não estavam cientes de que era ele quem realizava o trabalho. "Vocês não o percebem?", pergunta o Senhor.

Deus fez algo novo em sua vida por meio de Jesus. Ele traçou para você um caminho através do deserto; fez rios de descanso e renovação fluírem através do seu terreno abandonado. Mas, é possível que você nem sempre veja isso. É possível que você ainda se sinta como se estivesse em um lugar selvagem e seco. Você ainda pode se sentir cansada, sem a capacidade de estender graça ou qualquer tipo de generosidade de espírito às pessoas ao seu redor.

Você poderia começar dizendo a si mesma a verdade de que Deus fez um caminho através de seu deserto e que existem rios de água viva fluindo nele? Ele vê o seu cansaço, mas vai sustentá-la e usar a nova vida que está crescendo em você para proporcionar sombra e descanso para os outros.

Será que, mudando a forma como vive hoje, você será capaz de se lembrar que Deus renovou, refrescou, restaurou e rejuvenesceu a sua vida?

Deus, obrigada por fazeres algo novo na minha vida, reabastecendo minha alma sedenta e me dando descanso. Amém.

Vá ao médico. Descanse um pouco

Assim, aquele que julga estar firme,
cuide-se para que não caia!

1Coríntios 10.12

Se você é um ser humano, provavelmente já descobriu que a sua maior força é sempre o que mais rapidamente se torna sua maior fraqueza. Talvez uma pessoa introvertida e gentil possa se tornar, de uma hora para outra, desajustada. O líder confiante de hoje pode se transformar no déspota de amanhã. Você também vai saber que, na maioria das vezes, o estresse e a fadiga são os elementos que inclinam a balança a favor das nossas tendências.

Tome a ambição como exemplo. Se bem gerida, ela é uma coisa boa, capaz de nos empurrar para frente e nos levar a encontrar oportunidades de crescimento que os outros não veem. Ela pode impulsioná-la a se tornar tudo o que Deus fez você para ser. Porém, se exercida de qualquer maneira, a ambição pode conduzi-la a maus caminhos. Ela se torna perigosa quando o seu ego se torna mais importante do que a glória de Deus e quando as coisas não acontecem tão rapidamente como você gostaria em relação aos seus sonhos.

É então que você precisa tirar um tempo para descansar. Dê a si mesma oportunidade para uma séria introspecção e análise das Escrituras. Permita que Deus opere em seu ser, realinhando suas motivações e renovando suas forças.

Você está doente? Sofre de um tipo de transtorno de personalidade?

Jesus, tu és o grande médico. Tu entendes o meu ser como ninguém mais. Cura-me e me ajuda a encontrar descanso. Amém.

Entregue as rédeas àquele que reina

"Parem de lutar! Saibam que eu sou Deus! Serei exaltado entre as nações, serei exaltado na terra."

Salmo 46.10

Dois dos maiores inimigos do descanso são o nosso desejo de estar no controle de tudo e nossa incapacidade de permanecermos tranquilas. Eu interpreto o texto do Salmo 46.10 da seguinte maneira: "Fique calma, e saiba (reconhecer e compreender) que eu sou Deus." Em minha vida, eu poderia ter descansado profundamente se tivesse seguido essa simples instrução com mais frequência, ou seja, se eu apenas descansasse e reconhecesse que Deus é Deus e eu não sou nada.

Realmente, você deve apreciar o incrível alívio de saber que não está segurando as rédeas de sua vida ou do universo, mas que Deus está. Portanto, você pode relaxar e desfrutar do ritmo do passeio, porque conhece o Deus que reina. Lembrar que ele é não apenas poderoso, mas bom e sempre presente, vai aliviar a loucura da vida que temos vivido. Ele formou o seu ser e é aquele que vai adiante de você em sua jornada, permitindo que você descanse e tenha paz.

Que verdades sobre o caráter de Deus você poderia trazer à sua mente, para impedi-la de se transformar em uma pessoa obcecada por ter o controle de tudo?

Deus, como é tão libertador entregar as rédeas de minha vida a ti e conseguir descansar em teu poderoso amor! Amém.

Descanso regular

Em paz me deito e logo adormeço, pois só tu, SENHOR, me fazes viver em segurança.

Salmo 4.8

Alguns dos melhores conselhos que já foram dados acerca do descanso, foram no sentido de torná-lo uma rotina regular em nossa vida.

Manter o tempo noturno de descanso, sem fazer nada, não verificar e-mails ou mensagens nas redes sociais antes de dormir e deixar as tarefas profissionais restritas ao local de trabalho, são decisões importantes. Isso tudo ainda estará lá amanhã, quando você acordar, e, durante a noite, não há nada que você possa fazer acerca do que terá de resolver amanhã. Portanto, descanse! Por que ficar preocupada com algo que não pode consertar ou controlar naquela hora da noite?

Tire um dia de folga uma vez por semana e não se sinta culpada por investir esse tempo na companhia de pessoas queridas ou na visita a um lugar calmo e tranquilo que você aprecie. Mesmo se você não tiver nada planejado, tudo bem: planeje, simplesmente, não fazer nada. Que seu plano seja apenas deitar-se de costas e ficar observando as nuvens.

Idealize períodos maiores de descanso ao longo do ano, sejam férias ou folgas mais longas. Na pior das hipóteses, separe os fins de semana para o repouso. Você verá que, depois dessas ocasiões, retomará suas tarefas normais de maneira mais leve e saudável e estará mais em paz consigo mesma e com o Senhor.

Existe realmente algo com o que você possa parar de se comprometer, a fim de obter um regular descanso?

Deus, eu oro para que tu me ensines a descansar e que eu possa viver com mais coragem, excelência e de uma forma mais bela. Amém.

Dormir durante as tempestades

De repente, uma violenta tempestade abateu-se sobre o mar, de forma que as ondas inundavam o barco. Jesus, porém, dormia.

Mateus 8.24

Quando vemos Jesus dormindo, enquanto seus discípulos estavam em apuros, isso não significa que ele não se importava com eles. Tampouco o Senhor era um irresponsável, que ignorava o perigo iminente. Simplesmente, quando chegou a hora de agir, ele o fez de forma decisiva e poderosa. Enquanto dormia no barco durante a tempestade no lago, Jesus sabia que seu Pai estava bem acordado (Salmo 121.4).

Quando as tempestades da vida balançarem o barco – e isso realmente acontece –, Deus lhe dará clareza, sabedoria e força extraordinária para agir, assumindo a responsabilidade por aquilo que depende de você, quando for a hora certa. Mas ele também lhe dará a graça para dormir e repousar e ter o descanso de que você pode usufruir, mesmo em circunstâncias adversas. Descansar nem sempre faz sentido quando você está no meio de uma crise ou em uma emergência. Isso pode parecer contraproducente, como dar dois passos para trás – mas, nesse caso, mesmo que pareça perder terreno, você estará ganhando. Lute contra qualquer sentimento de pânico que lhe venha à mente. Descansar é parte do paradoxo dos planos perfeitos de Deus. Isso que parece ser dois passos atrás são, na verdade, vários passos à frente – passos dados com o firme fundamento da fé.

Você pode se programar para, algumas noites, dormir mais cedo nesta semana, deixando Deus trabalhar durante a noite enquanto você desfruta de descanso para o corpo, a mente e a alma?

Obrigada, Deus! Como tu nunca dormes, eu posso dormir e descansar em paz. Amém.

Mais devagar nesta próxima etapa

Como pastor ele cuida de seu rebanho, com o braço ajunta os cordeiros e os carrega no colo; conduz com cuidado as ovelhas que amamentam suas crias.

Isaías 40.11

Isaías exprime bem a ternura de um Deus que não apressa seus filhos. Podemos manter nossa sanidade física, mental e espiritual cultivando a certeza de que as misericórdias de Deus se renovam a cada manhã (Lamentações 3.23).

Isso é verdade em qualquer etapa da vida de uma mulher. Se você ainda é jovem, confie que o Senhor vai lhe mostrar o melhor caminho em sua vida profissional, sentimental e familiar. Se você é casada e tem filhos, lembre-se de que ele é o sustento dos seus. Se você é solteira ou está com o ninho vazio, pode descansar diariamente na sublime graça suficiente de Deus, confiando nele para atender as suas necessidades físicas e emocionais para descansar. O coração do Pai não vai exigir um ritmo que seja mais rápido do que você pode suportar, seja qual for o momento de sua vida.

Quais são as exigências da fase da vida em que você está? Como elas ditam o seu ritmo? De quanto descanso você precisa?

Deus, tu sabes exatamente em que período da vida eu me encontro. Ajuda-me a viver bem esta temporada, lembrando-me sempre daquilo que é realmente importante, como o descanso, e reservando tempo de qualidade para construir relacionamentos. Amém.

Sacrifício de gratidão

Ofereça a Deus em sacrifício a sua gratidão, cumpra os seus votos para com o Altíssimo.

Salmo 50.14

Quando estava preparando seu povo para entrar na Terra Prometida, Deus instituiu sacrifícios que deveriam ser praticados pela manhã e à noite (Êxodo 29.39). Foi o estabelecimento de algo difícil, mas também uma forma de agradecer a Deus, dando glória ao seu nome, pelas coisas maravilhosas que havia feito e que ainda faria.

Algumas vezes, agradecimento é apenas isso: um *sacrifício*. Uma oferta, que pode ser a entrega ou a desistência de alguma coisa. E sacrifício pode ser algo difícil de fazer – como quando você ouve do médico que precisa parar de consumir açúcar, seja *in natura* ou na forma dos deliciosos doces, bolos e chocolates... Contudo, uma vez que você adquire o hábito e passa a ver os benefícios oriundos dele, tudo fica mais fácil. Da mesma forma, acontece com nossas ações de graças. Você nem sempre vai se sentir como quem está dando graças por algo. Pode ser difícil obter gratidão em um coração atribulado pela preocupação. Porém, se você fizer dos sacrifícios pela manhã e à noite um hábito de ação de graças, seja no café da manhã, no jantar ou mantendo uma lista de itens de gratidão, dar graças fica cada vez mais fácil.

Você pode agradecer a Deus por alguma coisa hoje, mesmo que haja ainda uma questão pendente ou algum estresse não resolvido em sua vida?

Deus, esta é uma oferta cara e difícil de prometer, mas quero expressar aqui os meus agradecimentos a ti por tudo que tu és e tens feito. Amém.

Incontrolável

Pois tudo o que Deus criou é bom, e nada deve ser rejeitado, se for recebido com ação de graças.

1Timóteo 4.4

A ação de graças é um hábito que devemos desenvolver ao longo da vida. Se você se habituar a ser grato a Deus, é melhor saber antecipadamente que ele vai mudar a sua vida.

Algumas semanas, a ação de graças pode ser fácil. Você não é capaz de listar as bênçãos que tem recebido das mãos do Pai. Em outras semanas, contudo, vai precisar forçar – e muito – seu cérebro cansado por causa dos escassos momentos de alegria. Mas, você vai aprender a dar graças mesmo pelas coisas que lhe parecem ruins, porque elas vão ter passado, primeiro, pelas mãos de Deus, e têm um propósito.

Você não vai perceber o quanto uma lista de gratidão pode mudá-la, até que você pare de atualizá-la. Então, você vai perceber que não pode parar. Você esteve procurando com dificuldade a bondade e a glória que terão forjado um belo hábito que lhe ensina a viver melhor o momento, sempre como um presente de Deus.

O que você tem agora? Você poderia agradecer a Deus por isso?

Deus, eu não tenho que esperar uma vez por ano para ter presentes em uma árvore de Natal, porque diariamente recebo tuas dádivas. E as receberei aqui e na eternidade. Amém.

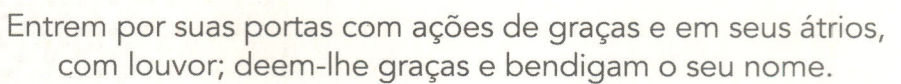

Luz para o caminho

Entrem por suas portas com ações de graças e em seus átrios, com louvor; deem-lhe graças e bendigam o seu nome.

Salmo 100.4

Essa passagem bíblica constrói uma bela imagem. Entrar na corte real e ir até a presença do Rei para louvá-lo e agradecer-lhe é maravilhoso! Eu amo o fato de que nós somos chamadas perante ele simplesmente do jeito que somos. E, talvez, haja uma lição nisso: Quando a postura de nosso coração é de louvor e de ação de graças, não precisamos ficar constrangidas em cada conversa ou trazendo memórias à tona, a menos que sejam úteis ou belas para um momento especial. Com certeza, não devemos viver em negação das dores passadas ou presentes – no entanto, é mais fácil ajoelhar-se livremente aos pés do Rei se não estivermos trazendo coisas amargas em nosso coração.

Seja corajosa o suficiente para viajar de maneira leve, sem peso nas costas. Para viver o momento em questão, não precisamos de muito mais do que um coração aberto. Faria bem lembrarmos que não importa quão fácil, despreocupado, trágico ou assustador qualquer momento possa ser: aquele momento ainda detém o dom da maior história já contada, a de um rei nascido humilde para viver o amor surpreendente debaixo das estrelas que ele criou. Isso, para morrer uma morte anunciada, pregado a um madeiro, e ressuscitar, conforme a profecia, a fim de que pudéssemos ser livres.

O que poderia parecer para você hoje deixar alguma bagagem para trás e agradecer a Deus, como você estiver, de mãos vazias e de coração aberto?

Deus, eu me sinto muito honrada por teu convite para entrar em tua presença e trazer a ti a minha gratidão, mesmo neste momento. Amém.

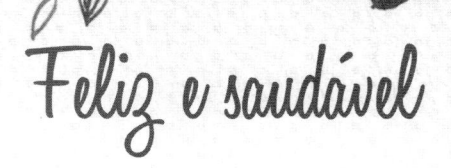

Feliz e saudável

Mudaste o meu pranto em dança, a minha veste de lamento em veste de alegria, para que o meu coração cante louvores a ti e não se cale. SENHOR, meu Deus, eu te darei graças para sempre.

Salmo 30.11-12

A atitude otimista e positiva é um conceito bem conhecido e pesquisado, que afirma que aqueles que mantêm a crença resiliente de que o futuro será melhor que o passado, desfrutam de melhor saúde física e bem-estar emocional. A verdade sobre a gratidão é que essa graça colocada em prática aumenta a felicidade. A gratidão nos impede de culpar os outros (ou Deus, ou o governo, ou o gato do vizinho). Ela nos mantém mais felizes porque a culpa é apenas outra maneira de dizer à pessoa ou coisa que estamos culpando: "Pegue a minha felicidade e prenda-a."

Quando você estiver desenvolvendo o hábito da ação de graças, não o pratique sozinha. Encontre uma parceira de gratidão e compartilhe a alegria que vai existir em você. Passem a ser responsáveis uma pela outra e estimulem-se a dar graças por, pelo menos, três coisas por dia. No início, isso vai exigir certo esforço e disciplina – mas, logo, você terá olhos abertos para as maravilhas que Deus opera.

Você quer ser mais saudável, mais feliz e viver mais tempo? Pense nisso.

Jesus, eu quero ser a melhor, a mais bela e a mais eficaz versão de mim. Fortalece-me para continuar a dar graças! Amém.

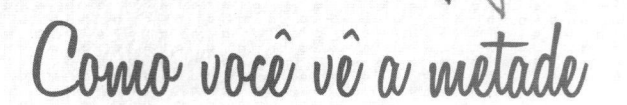

Como você vê a metade

Pois como os céus se elevam acima da terra, assim é
grande o seu amor para com os que o temem; e como
o Oriente está longe do Ocidente, assim ele afasta
para longe de nós as nossas transgressões.

Salmo 103.11-12

Estamos na metade do ano, no meio de uma jornada de busca pela verdade e reunindo coragem para aprender a viver corajosas e belas. E, talvez, isso seja bom para nos lembrar de quão totalmente estamos perdoadas e restauradas.

No meio dessa jornada, também é bom lembrar que a forma como você vê a metade faz toda a diferença. Aqui, vale a ilustração do copo meio cheio ou meio vazio: você sente que o ano já está se esgotando ou apenas começando? Em um mundo chegado a meias-verdades, indiferença e descrença, você pode achar que metade das suas esperanças já se foi — ou, então, abrir-se para a plenitude do que ainda está por vir este ano. E a plenitude nos inunda quando nos lembramos de que fomos inteiramente perdoadas, porque não há meias medidas com Deus e estamos apenas a meio caminho de algum lugar. O melhor ainda está para acontecer, e saber ver a metade é o que nos motiva a viver inteiras novamente.

Você está decepcionada ou sente-se incentivada? Onde você está na metade deste ano?

Ó Deus, eu te agradeço porque tu ainda não realizaste tudo em minha vida este ano. Sei que o melhor ainda está por vir. Mantém-me em gratidão e descansando em ti. Amém.

Fingir até conseguir?

> Deem graças em todas as circunstâncias, pois esta é a
> vontade de Deus para vocês em Cristo Jesus.
>
> 1Tessalonicenses 5.18

Se perguntamos a algumas pessoas como estão, elas responderão: "Deus é bom!" Nessas ocasiões, sempre penso em dizer: "Sim. Sei que Deus é bom. Mas, como você está?". É porque parece que elas estão me dando uma resposta feliz e iluminada, mas eu quero a real.

Paulo escreve aos crentes em Tessalônica que eles deveriam ser gratos *em todas as circunstâncias*. Então, essa é a sua motivação também? Apenas dizer obrigada? E se você disser: "Obrigada, Deus, porque eu fui abusada quando ainda era uma criança. Obrigada porque meu carro foi roubado. Obrigada por minha depressão pós-parto. Obrigada porque perdi meu emprego"?

Jesus deu graças ao Pai na noite em que foi traído (1Coríntios 11.23-25). Ele podia sentir a agonia que se aproximava, mas, mesmo naquelas terríveis circunstâncias, ele não agradeceu a Deus pela traição. Ele deu graças a Deus pelo pão.

Sempre há alguma coisa para agradecer. E, mesmo que você tenha maquiado suas circunstâncias para ter um vislumbre da graça e não encontrou nada, ou ainda que pense não haver nada pelo que ser grata, Deus está também nas circunstâncias – ele não mudou. Você pode dar graças por isso!

Você poderia dar um pouco de ação de graças hoje, mesmo que não esteja grata por tudo, diante das coisas difíceis que vê à sua frente?

Senhor, eu sou grata todos os dias pelo teu caráter imutável e pela esperança que tenho em ti. Amém.

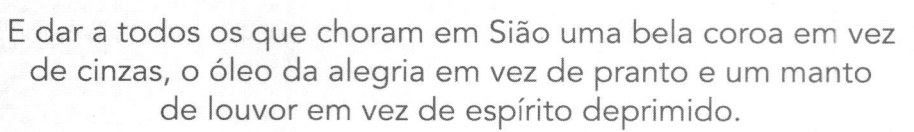

Momento

E dar a todos os que choram em Sião uma bela coroa em vez de cinzas, o óleo da alegria em vez de pranto e um manto de louvor em vez de espírito deprimido.

Isaías 61.3

A gratidão é poderosa porque ela mobiliza você quando passa por tempos difíceis. Ela lhe dá o impulso de que precisa para se mover quando sente dor. Sem dúvida, você pode não querer dar graças por uma tragédia que está enfrentando, mas provavelmente poderia agradecer ao Senhor por todas as refeições que você e sua família têm feito ao longo deste ano. Ou você pode dar graças pela sensibilidade e delicadeza com que seu médico lhe entregou os resultados do último exame e pela dedicação da professora que ajudou o seu filho a fazer a lição que, para ele, era muito difícil.

Assim, no tempo certo, pode se tornar mais fácil agradecer a Deus pelos seus planos perfeitos e por seu amor, seu poder e sua sabedoria em sua vida. Pode demorar anos, mas, eventualmente, você pode muito bem passar da tristeza à renúncia e à aceitação. Agradeça de uma maneira profunda, mesmo pelas partes de sua vida que lhe pareceram mais difíceis, porque o que colhemos no crescimento e na graça durante os tempos em que estamos no vale das lágrimas, é insubstituível.

Você pode olhar para trás, para algo chocante, traumático ou doloroso em sua vida, que agora você não precisaria realmente que mudasse?

Deus, parece impossível até mesmo começar a render algum tipo de gratidão pela situação onde me encontro. Mas, eu estou me aproximando de ti. Por favor, faz nascer beleza destas cinzas. Amém.

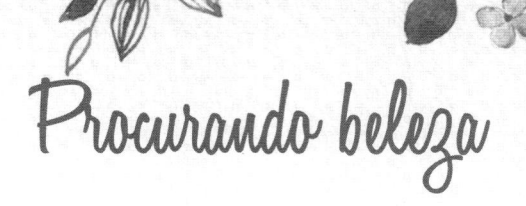

Procurando beleza

Os céus declaram a glória de Deus;
o firmamento proclama a obra das suas mãos.

Salmo 19.1

Quando meu filho deficiente visual colocou uma folha sob a lupa pela primeira vez, ele a rasgou ao meio e ficou deslumbrado com as fibras e os dutos de seiva. Naquele instante, senti-me um pouco envergonhada. Como estou bastante acostumada a ver as *impressões digitais* de Deus deixadas lindamente por toda a criação, acho que me tornei um pouco insensível ao milagre. Há tanta coisa da glória de Deus para vermos que, algumas vezes, tudo nos parece normal e, até, pouco interessante.

Então, estou me desafiando e a você também: hoje ainda, antes de dormir, procure perceber de uma maneira especial algo que você sempre entendeu como normal e corriqueiro. Lembre-se, por um momento, de algo que aconteceu com você no passado. Você estava ciente da obra que Deus tinha para desafiar e mudar você? Você já parou para tomar nota, de forma grata, das enormes bênçãos que ele lhe tem concedido, de seu favor e de sua bondade em tudo? Como você tem visto a ação divina no mundo concreto? Agradeça a ele pelos lindos lugares que existem, como aquela praia paradisíaca que você conheceu ou a enorme montanha atrás de sua casa. Agradeça ao Senhor por tudo que ele fez e que, muitas vezes, você nem percebe.

Você quer ir em busca de algo belo que Deus fez?

Senhor, abre os meus olhos para a beleza que me rodeia e que existe em todo o mundo, declarando tua glória. Amém.

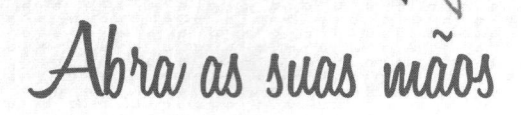

Abra as suas mãos

Eu te exaltarei, meu Deus e meu rei; bendirei o teu nome para todo o sempre! Todos os dias te bendirei e louvarei o teu nome para todo o sempre! Grande é o SENHOR e digno de ser louvado; sua grandeza não tem limites.

Salmo 145.1-3

Como expressar, corretamente, nossa gratidão ao Senhor? Talvez precisemos aprender a abrir nossas mãos em agradecimento, mesmo quando estamos espantadas e perguntando *por que* justamente *nós* somos alvo da bênção do Senhor.

Então, é claro, também pode ser que nos sintamos tão ricamente abençoadas pelos bens que temos que nossa insatisfação cresce, junto com o descontentamento, que nos esquecemos do doador desses presentes todos. Às vezes, há realmente mais chances de as coisas acontecerem certo do que errado. Em outras ocasiões, Deus apenas abençoa, sem nenhuma razão óbvia aparente e contra todas as probabilidades.

Seja qual for a situação na qual você se encontre hoje – esteja dando graças pelo canto dos pássaros de manhãzinha ou pelo jantar que vai comer à noite –, há muito pelo que agradecer ao Senhor.

Você já se sentiu mal por Deus tê-la abençoado tanto, mesmo sem qualquer merecimento de sua parte?

Pai, eu não mereço toda a tua bondade para mim, mas quero abrir minhas mãos e meu coração para aceitar e receber alegremente tuas dádivas de amor. Amém.

Anime-se! Levante-se! Ele está chamando você

Jesus parou e disse: "Chamem-no." E chamaram o cego: "Ânimo! Levante-se! Ele o está chamando."

Marcos 10.49

Essa passagem da Bíblia Sagrada registra as palavras dos discípulos de Jesus ao cego Bartimeu: "Ânimo! Levante-se! Ele o está chamando." E eu, com certeza, preciso dessas palavras sendo derramadas em silêncio e diariamente em meu café da manhã. Porque elas são para me manter atenta e ativa, distante do marasmo e sem perder um momento sequer. São palavras que me ajudam a polir as coisas comuns a cada dia, até que o extraordinário de Deus brilhe e eu possa dar graças.

A palavra dos discípulos também me lembra de que, apesar de, em alguns dias, ser difícil parar por um momento e desligar o ruído externo ou interno por medo do silêncio, devemos dar graças ao Senhor. Portanto, dê graças de uma forma eloquente. Seja corajosa para se levantar, ocupar-se do Reino e viver plenamente.

Você precisa se animar pelo seu próprio esforço hoje e atender à chamada para se alegrar no seu Rei?

Deus, ajuda-me a não ficar prostrada. Quero me levantar e me animar! Obrigada por tudo que o Senhor me tem prometido e pelo muito que já fizeste, bem como pela tua presença diária em minha vida. Amém.

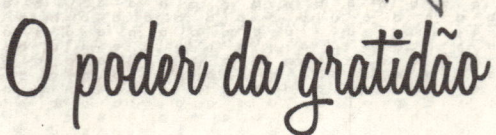

O poder da gratidão

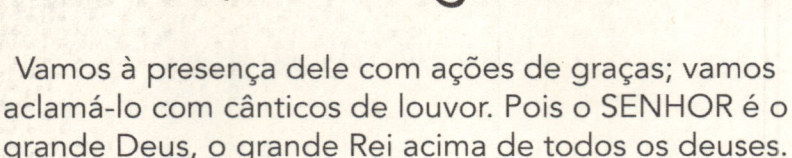

Vamos à presença dele com ações de graças; vamos aclamá-lo com cânticos de louvor. Pois o SENHOR é o grande Deus, o grande Rei acima de todos os deuses.

Salmo 95.2-3

Agradecer a Deus não é ter ciúme, raiva, ganância e outras coisas escuras do coração. Ele insiste nisso sempre. Existem consequências perigosas para a vida ingrata, e a miséria vai afundá-la se você deixar – porém, o agradecimento levanta a cabeça, porque é o processo pelo qual colocamos Deus de volta ao trono de nossa vida. Reconheça-o, portanto, como a fonte soberana da vida e doador de todas as boas dádivas. Agradeça a ele, o oleiro, por tudo quanto fez em você, pote de barro (Romanos 9.20-21). Seja grata pelo tanto que ele a ama, por onde a colocou, pela riqueza das pessoas enchendo seus dias, pela oportunidade de confiar nele quando enfrenta os pontos fortes dos outros e seus pontos fracos e pela chance de ser feliz com aqueles que estão felizes e chorar com os que choram (Romanos 12.15). Toda essa gratidão mostra o poder que vem da paz profunda e do contentamento tranquilo.

Que emoções prejudiciais estão se fermentando em seu coração? O que você pode agradecer a Deus para superar as dificuldades e viver vitoriosamente acima da raiva, do ciúme, da ganância ou de outro pecado?

Senhor, não me deixes ser derrubada pela negatividade. Ajuda-me a dar graças sempre. Amém.

Agradecendo a Deus por prazos, atrasos e outras dificuldades

O Senhor não demora em cumprir a sua promessa, como julgam alguns. Ao contrário, ele é paciente com vocês, não querendo que ninguém pereça, mas que todos cheguem ao arrependimento.

2Pedro 3.9

Quando deixei cair meu smartphone e a tela se rachou como uma teia de aranha, tive de ficar sem o aparelho por 48 horas, enquanto era consertado. Reconheço que não tive nenhuma vontade de dar graças por isso… E, no entanto, C.S. Lewis coloca isso muito bem, dizendo: "Devemos dar graças por tudo que nos acontece: se é 'bom', porque é bom, se é 'mau', porque trabalha em nós a paciência, a humildade e o desprezo deste mundo e a esperança do nosso país eterno."

Ora, smartphones vêm e vão, mas as coisas de importância incomensuráveis e eternas são meus relacionamentos com Deus e com os outros.

Pode parecer estranho agradecer a Deus por atrasos, inconvenientes e outros momentos estressantes, injustos e incertos que acontecem em nossa vida. Mas faz sentido agradecer a ele quando você se lembrar de que ele vê coisas que você não consegue enxergar. Sim, o Senhor sabe coisas que você nem imagina – e ele nos ama de uma forma que não podemos realmente nem pensar em fazer igual.

Você está grata pelas dificuldades que Deus colocou em seu caminho no passado, para protegê-la ou capacitá-la de maneiras que você não podia compreender naquele momento?

Deus, ajuda-me a confiar em ti e a dar graças sinceras pela maneira como trabalhas na minha vida para o meu bem e, ao mesmo tempo, para a tua glória. Amém.

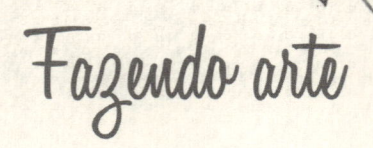

Fazendo arte

Tudo isso é para o bem de vocês, para que a graça, que está alcançando um número cada vez maior de pessoas, faça que transbordem as ações de graças para a glória de Deus.

2Coríntios 4.15

Render graças. Agradecer. Glorificar.

Para nós, viver essa progressão graças-gratidão-glória significa olhar acima e além das coisas da vida o tempo suficiente, para comemorar como o sofrimento de Jesus nos libertou. Talvez o apelo estético de cada novo dia mudaria se abríssemos nosso coração e nossos olhos para suas misericórdias: nova a cada manhã para este mundo, nova a cada manhã para você e para mim.

Viver procurando a beleza da vida com os olhos atentos e viver uma vida grata, é fazer arte com as palavras ou canções a partir de coisas aparentemente comuns do dia a dia – qualquer dia. Ação de graças tem uma maneira de transformar o que é meigo no que é notado, estimado e carregado com esplendor.

O seu dia, provavelmente, parece muito comum ou muito estressante. Ele não se parece nem um pouco com uma bela galeria de arte que você queira apreciar. Mas você pode dar graças por uma única coisa, apenas? E pode aventurar-se a fazer disso um hábito?

Deus, abre os meus olhos para eu ver as maneiras pelas quais tua graça e tua bondade me cercam, a fim de que eu possa dar graças e pintar hoje sobre a tela da minha vida. Amém.

Sabor e fragrância

Bendiga ao SENHOR a minha alma! Bendiga o SENHOR todo o meu ser! Bendiga o SENHOR a minha alma! Não esqueça nenhuma de suas bênçãos!

Salmo 103.1-2

Michel de Montaigne, filósofo francês do século 16, disse que "o sinal mais evidente e aparente da verdadeira sabedoria é uma alegria constante e irrestrita".

Então, amiga, você seria sábia se sorrisse mais. Aumente o volume da música que faz você bater com seus dedos no volante. Compre chocolate para alguém ou para você mesma. Olhe pela janela, contemple a paisagem com a qual você já se acostumou e agradeça a Deus por três coisas que você vê, mesmo se o dia à sua frente parecer impossível de se viver. Passe os dedos no fundo de uma lata de leite condensado e corra atrás das crianças molhando-as com a mangueira de água.

Acho que o que Montaigne estava querendo dizer é que somos sábios quando vemos, ouvimos e sentimos a beleza, os tons, os sabores e as fragrâncias do nosso mundo. Cada momento extraordinário em que isso ocorre é único; ele não vai mais se repetir da mesma maneira. Esse é um poderoso bálsamo para a mente e a alma, muito acima das preocupações e dos comprimidos de calmantes. Vamos colher flores e admirar belezas aqui e ali em cada dia, seja ele monótono ou frenético, dizendo: "Agora estou absolutamente feliz."

Que hábitos de ações de graças moldaram e aprofundaram sua gratidão ao longo deste mês? Você vai continuar a dar graças?

Deus, eu quero que a gratidão seja como a beleza das cores, e que isso caracterize toda a minha existência. Amém.

JULHO

Espírito forte, coração mole

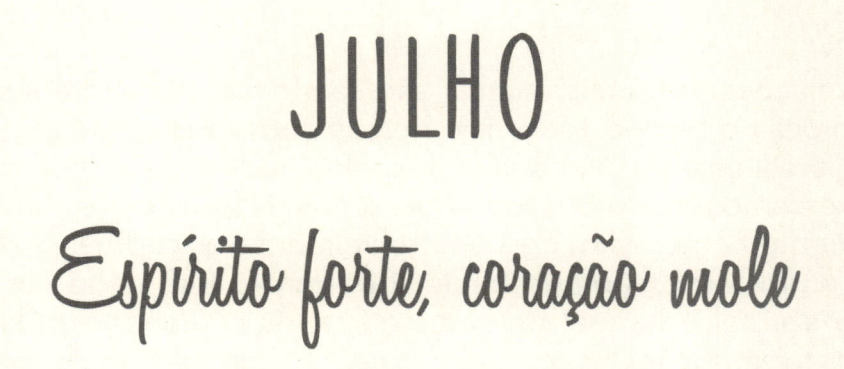

"Perdoar é libertar um prisioneiro e, então, descobrir que o prisioneiro era você."

— L. Smedes

Na medida

Toda a lei se resume num só mandamento:
"Ame o seu próximo como a si mesmo."

Gálatas 5.14

As relações pessoais nunca são perfeitas, equilibradas e recíprocas o tempo todo. Em nossas conexões com amigos, familiares, colegas ou conhecidos, eles podem sentir como se estivéssemos muito ou pouco próximos. Nossas expectativas, frequentemente, são desconfortavelmente excedidas – ou, por outro lado, não satisfeitas o bastante. Isso é de fato o fluxo normal e natural de seres humanos comuns, com suas diversas emoções e circunstâncias. E, quanto mais cedo fizermos as pazes com isso e estendermos aos outros a graça de que necessitamos desesperadamente, imperfeitas que somos – quando, por vezes, contribuímos para esses erros nos relacionamentos –, tanto mais felizes ficaremos.

Porém, ainda podemos fazer o nosso melhor para tornar as nossas conexões mais belas, de tal forma que Deus seja glorificado. Excelentes relações não acontecem por acaso. Constantemente, para gerenciarmos nossas interações, é preciso coragem, abnegação deliberada e o discernimento de olhar as pessoas apenas como de fato são, sem levar em conta seus excessos ou deficiências. Assim, no meio de suas histórias, vamos conhecê-las melhor.

Como você pode, intencionalmente, ser o fator de equilíbrio nos dias de hoje para alguém, não dando muito ou muito pouco e não sendo nem mansa nem dura demais, mas apenas em justa medida?

Deus, eu te peço uma visão especial para enxergar as pessoas que tens colocado em minha vida como tu as vês, de forma que eu possa amá-las também. Amém.

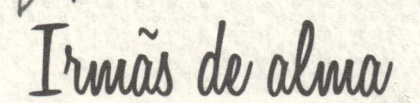

Irmãs de alma

A tua fidelidade é constante por todas as gerações; estabeleceste a terra, que firme subsiste.

Salmo 119.90

Nós, mulheres, procuramos, de forma inata ou instintiva, por companheiras de alma, e ainda assim gastamos muito de nossa vida nos sentindo sozinhas. Desperdiçamos grande e precioso tempo em tratar feridas que nos foram infligidas por outras mulheres. E, mesmo em meio às multidões de pessoas com que nos conectamos em nossas redes sociais, profissionais ou familiares, podemos nos sentir isoladas ou até mesmo sem amigos. Também podemos nos enganar ao acreditar que somos as únicas que se sentem dessa forma.

O salmista declara que a graça de Deus é suficiente, mesmo para nós. Sua graça se estende até mesmo para as mulheres da nossa geração, que tantas vezes experimentam a sensação aterrorizante, que invade a alma, de estarem sozinhas em meio a uma multidão. Além do mais, a maravilha e o grande alívio é que a graça de Deus está nos mudando, de alguma forma. O Senhor pode nos transformar em uma geração que sabe bem como amar a alma dos nossos irmãos. Afinal, a essência da vida é amarmos as pessoas como Cristo nos amou.

Você está disposta a ser, para alguém, o tipo de amiga que você mesma gostaria de ter? E você vai ouvir primeiro para falar depois, sendo gentil, interessada, inclusiva e acolhedora?

Pai, por favor, me mostra alguém que possa estar se sentindo abandonada de alguma maneira. Mostra-me quem precisa de mim hoje, para que eu possa ser uma grande amiga. Amém.

O peso da aceitação e da rejeição

O SENHOR está comigo, não temerei.
O que me podem fazer os homens?

Salmo 118.6

Você e eu somos a soma da aceitação e da rejeição que recebemos. A maior parte dessa aceitação e rejeição aconteceu quando ainda éramos jovens, enquanto nosso caráter era flexível e se inclinava para o peso daquilo que outros depositaram em nós – para melhor ou pior.

Uma adolescente que ouve seus pais e professores dizendo que ela nunca "será nada" pode levar muitos anos para se livrar dessa mentira – isso se não sucumbir definitivamente a ela.

Acontece que o efeito da rejeição não é o mesmo para todos. Nós respondemos a ela de maneira diferente porque todos temos temperamentos, contextos e personalidades diferentes. Mas não importa a sua história – você sempre será exposta a elementos de crítica, oposição e rejeição. Eles estão sempre em torno de você e agindo sobre sua vida.

A verdade que faz você corajosa o suficiente para aceitar e superar a crítica, é que Jesus já levou todas as nossas fraquezas para a cruz. Deus a aceita totalmente como você é. Estranhamente, por causa disso, o peso da aceitação impensável permite a você viajar na luz.

Você realmente acredita que, não importa o peso da crítica, oposição ou rejeição despejado sobre você no passado, Deus a ama totalmente?

Deus, obrigada por me abraçares e me aceitares absolutamente e para sempre. Amém.

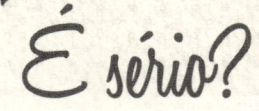

É sério?

> Finalmente, irmãos, tudo o que for verdadeiro, tudo o que for nobre, tudo o que for correto, tudo o que for puro, tudo o que for amável, tudo o que for de boa fama, se houver algo de excelente ou digno de louvor, pensem nessas coisas.
>
> *Filipenses 4.8*

A crítica, a oposição e a rejeição, às vezes, só existem na sua cabeça. Isso emerge das trincheiras da sua mente nas primeiras horas da noite, quando não há ninguém para ligar a luz da verdade. Você não acha ridículo temer e se sentir desprezada por coisas que podem nem ser reais?

Diga a verdade a si mesma. E a verdade verdadeira é que você não pode saber o que está acontecendo no coração ou na mente de outra pessoa. Você não pode controlar isso. Não há nenhuma vantagem em desperdiçar tempo e energia emocional para se preocupar com o que alguém *pode* estar pensando de você – e, muito provavelmente, aquela pessoa estará dormindo tranquilamente enquanto você se perturba com isso.

Se você não é muito fácil para se relacionar ou se está propensa à sensação de se sentir colocada para fora de grupos e vidas, pergunte-se: Será que os meus sentimentos são reações às minhas percepções e não o resultado das intenções reais dos outros? E quando você sabe com certeza que está lutando contra pessoas maldosas, enfrente-as, sem mostrar fraqueza ou titubear. Continue sorrindo até você conseguir superar isso – até que seja verdade – porque sucumbir a rajadas frias de amargura, que a rejeição sopra por intermédio da alma, murcha a influência de Jesus em sua vida. Mantenha o seu coração ardentemente quente para derreter o despeito, confiando em Deus para ajudá-la a vencer e caminhar nos mais belos caminhos de refrigério e aceitação.

Essa rejeição que você sente é, de fato, real ou apenas imaginada?

Senhor, eu quero pensar e me preocupar apenas com o que é verdade. Ajuda-me a evitar problemas de relacionamento. Amém.

Aceite como um rei

Quem ouve a repreensão construtiva terá lugar permanente entre os sábios.

Provérbios 15.31

As chamas de uma crítica podem ser ardentes, mas elas também podem queimar os supérfluos para que você possa ver melhor a verdade sobre você e saiba como lidar com isso.

Talvez você nunca espere receber críticas, sejam elas desagradáveis ou construtivas (e às vezes elas são a mesma coisa). Não é porque você acha que todos devem concordar com você, mas porque detesta receber críticas sobre si mesma. Mesmo quando as pessoas pedem o seu *feedback* honesto, receber uma crítica pode ser duro – ainda mais quando as palavras dos outros ferirem seu orgulho e fizerem descer algo doloroso pela sua garganta que você precisa ser capaz de engolir. Você até que gostaria de receber isso bem, de modo que, como disse Salomão, possa estar em casa entre os sábios. Salomão também disse: "A resposta calma desvia a fúria" (Provérbios 15.1). Então, talvez essa seja a chave: quando a crítica for apontada em sua direção, respire fundo. Dê uma resposta calma e tranquila; algo como: "Muito obrigada por compartilhar essa sua perspectiva. Eu realmente aprecio seu interesse por mim." Depois, fique calma, dê outra respirada profunda e relaxe.

A tática de Salomão é sempre uma resposta calma. Você acha que isso pode ajudá-la a administrar uma crítica e transformá-la em algo positivo?

Deus, ensina-me a ouvir as críticas e a respondê-las com amor. Amém.

Aceite de seu crítico mais duro

"Antes de formá-lo no ventre eu o escolhi; antes de você nascer, eu o separei e o designei profeta às nações." Mas eu disse: "Ah, Soberano SENHOR! Eu não sei falar, pois ainda sou muito jovem." O SENHOR, porém, me disse: "Não diga que é muito jovem. A todos a quem eu o enviar você irá e dirá tudo o que eu ordenar a você. Não tenha medo deles, pois eu estou com você para protegê-lo", diz o SENHOR.

Jeremias 1.5-8

Jeremias, diante de uma nação que não queria ouvir o que ele tinha a dizer, foi em direção ao seu crítico mais duro, que não era outro senão o próprio Deus. E o Senhor lhe assegurou que, apesar de saber o bom, o mau e até o que era embaraçoso sobre Jeremias, ele o havia separado para uma grande obra. Por isso, o Altíssimo prometeu que iria equipá-lo e protegê-lo.

Alguns dizem que você é sua crítica mais dura. Isso não é verdade. Mentimos para nós mesmas o tempo todo e nos convencemos de que não somos tão ruins assim. Justificamos nossas escolhas ruins e desculpamos nosso pecado. Além disso, em nossa fragilidade humana, simplesmente não vemos tudo o que há para ser visto sobre nós.

Deus, porém, vê tudo. Ele vê como ninguém mais pode ver ou nunca verá. O Senhor vê o seu brilho, que ele mesmo colocou em você, e vê também o seu pecado, suas cicatrizes e seu sofrimento. Não há nenhuma coisa que você possa esconder dele. Ele também sabe a extensão da oposição que você enfrenta e o desejo dele de protegê-la e prepará-la.

Você está dando desculpas porque tem medo de enfrentar a oposição?

Pai, obrigada por me conheceres, me protegeres e me defenderes. Amém.

Aceite como um profeta

> Então ouvi a voz do SENHOR, conclamando: "Quem enviarei? Quem irá por nós?" E eu respondi: "Eis-me aqui. Envia-me!" Ele disse: "Vá, e diga a este povo: 'Estejam sempre ouvindo, mas nunca entendam; estejam sempre vendo, e jamais percebam'."
>
> *Isaías 6.8-9*

Deus tinha uma mensagem para o seu povo e chamou Isaías para entregá-la. O profeta aceitou o chamado; porém, como Jeremias, Isaías enfrentou a hostilidade severa do seu povo. Deus disse a Isaías, antecipadamente, que a nação não iria querer ouvir sua mensagem, mas que ele fora chamado para continuar a falar de qualquer maneira. Sem se importar com quão duro era o coração dos ouvintes ou quantos eles eram, Isaías se manteve obediente e continuou a exercer seu ministério, porque Deus assim o determinara.

Você pode sentir que o conflito ou a resistência que está enfrentando não vão dar em lugar algum, pelo menos por enquanto, porque é permanente e implacável. Mas, assim como Deus sustentou Isaías para o chamado que estava sobre sua vida, ele a sustentará. Portanto, acalme o coração. Em você está a parte mais corajosa, mais bonita e o mais verdadeiro reflexo da graça de Deus enquanto continuar dizendo: "Aqui estou. Envia-me!".

Será que lidar com a desaprovação ou a resistência de outras pessoas parece inútil para você? Você sempre pode confiar que Deus está trabalhando e atendendo as suas necessidades?

Deus, é cansativo ir contra a reprovação de outros. Parece algo interminável. Por favor, me defende. Amém.

Aceite como um pastor

8 DE JULHO

> E Davi disse ao filisteu: "Você vem contra mim com espada, com lança e com dardos, mas eu vou contra você em nome do SENHOR dos Exércitos, o Deus dos exércitos de Israel, a quem você desafiou."
>
> *1Samuel 17.45*

Davi era o irmão mais novo, aquele que cuidava das ovelhas da família. Jovem demais e pacato demais, não era levado a sério pelos irmãos, alguns dos quais já lutavam ao lado do rei Saul contra os inimigos de Israel. Eles mal o notaram, e, quando o fizeram, expressaram crítica e inveja, provavelmente pelo fato de saberem que seu irmão era ungido. Quando ele se apresentou, cheio de disposição, na frente da batalha contra os filisteus, disseram-lhe coisas como: "Por que você veio até aqui?" (1Samuel 17.28).

Foi levando comida aos irmãos em combate, por ordem do pai, que Davi ficou sabendo da ameaça de Golias, o gigantesco guerreiro filisteu. O temor de seu povo frente às afrontas do gentio deixou Davi indignado. Ele não permitiu que a rejeição de seus irmãos diminuísse sua paixão e objetivo, que era derrotar o inimigo para a glória de Deus.

Ele decidiu ser valente e vulnerável, porque a recompensa era enorme. Davi enfrentou o gigante entendendo que, embora haja um tempo para ser cordeiro, aquela era a hora de agir como leão.

Deus está chamando você para ser corajosa e enfrentar a crítica? Quem é que você pode precisar enfrentar, e como será esse momento? Você pode fazer isso sem, de algum modo, comprometer sua integridade?

Deus dos exércitos celestiais, faz de mim uma mulher corajosa para lutar pelo que é certo, para a tua glória. Amém.

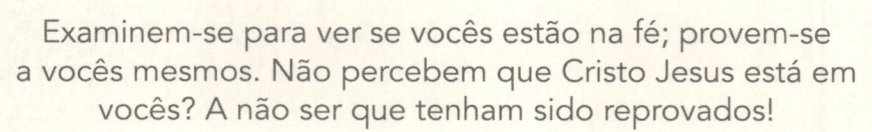

Aceite como um poeta

Examinem-se para ver se vocês estão na fé; provem-se a vocês mesmos. Não percebem que Cristo Jesus está em vocês? A não ser que tenham sido reprovados!

2Coríntios 13.5

Wordsworth, o mais célebre dos poetas românticos, disse que a poesia era o transbordar espontâneo de emoções poderosas e apreciadas na tranquilidade. Ele andava a pé e, em seguida, exclamava: "Uau! Olhe para todos esses narcisos! Estou me sentindo tão emocionado agora!" Depois, ia para casa, se acalmava e escrevia sobre o que sentiu bebendo, calmamente, uma xícara de chá.

A crítica pode nos estimular a um valioso autoexame. E isso é uma coisa muito boa, porque a realização regular de uma busca na alma não é apenas um bom conselho: é uma ordem para os seguidores de Jesus. Então, quando você estiver sentindo o peso de algum tipo de condenação, vá para casa ou, pelo menos, encontre um lugar tranquilo, longe da fonte da censura. Acalme-se e curta a emoção tranquilamente. Ore. Avalie as origens da crítica e pergunte-se a si mesma questões difíceis. Por fim, dê-se respostas honestas – e faça um café.

Você pode aguardar antes de responder a um e-mail, fazer uma ligação para algum membro da família ou confrontar esse colega naquela reunião, até que você tenha recordado a sua emoção com tranquilidade e olhado para os fatos com calma e clareza?

Deus Pai, eu não consigo pensar direito ou ver através desta névoa de dor e raiva. Peço que me acalmes e me dês equilíbrio. Ajuda-me a ver a poesia que tu estás escrevendo em minha vida e ajuda-me a ver a poesia que tu escreves, mesmo diante de tudo o que sinto e vejo agora. Amém.

Não é de todo ruim

Quem fere por amor mostra lealdade,
mas o inimigo multiplica beijos.

Provérbios 27.6

Ouvir crítica é, quase sempre, muito difícil – e, no entanto, talvez você tenha convivido com uma amiga que tomou algumas decisões estúpidas que ameaçaram arruinar a sua vida. Antes que as coisas explodissem você quis falar, avisando e admoestando, mesmo com o risco de perder a amizade. Você amava tanto aquela amiga que queria que ela evitasse um desastre a todo custo, mesmo que isso significasse perder a amizade.

Para viver uma vida bela e corajosa, precisamos estar dispostas a tomar o mesmo tipo de atitude. Ela deve nos chocar ao pensarmos o que pode acontecer se nos arrependermos, quando uma amiga é corajosa o suficiente para arriscar nos ferir de alguma forma, por nos amar profunda e honestamente.

Você pode fazer, rapidamente, uma lista mental de amigas, colegas, companheiras ou membros da família que você sabe que só irão lhe dizer o que acham que você quer ouvir? Quem vai dizer a verdade? O que você pode fazer nessa época da vida para construir a sua amizade com aqueles que falam a verdade?

Senhor, por favor, me cerca com amigos que me amem o suficiente para me machucar com a verdade, se necessário for. E me ensina a ser esse tipo de amiga gentil e fiel aos outros. Amém.

Totalmente conhecidos

SENHOR, tu me sondas e me conheces.

Salmo 139.1

A maior parte do humor dos filmes estilo comédia romântica é baseada na ironia dramática de mal-entendidos. Sim, mal--entendidos ajudam a contar histórias em um jantar especial. Geralmente, não há nenhum dano feito. Gostamos de rir sobre como todos nós temos ideias preconcebidas sobre todos os que conhecemos, querendo ofender ou não.

Mas, às vezes, um mal-entendido pode ser um dragão para se matar. Esse dragão é basicamente sobre como fazer você se sentir como se ninguém o levasse a sério ou realmente acreditasse em você. Ele atrai você na expectativa de aceitação, afirmação ou afeto. Para ser visto e ouvido. E como tantas outras pressões externas da vida, você não pode controlá-lo. O que as pessoas estão determinadas a pensar de você (ou a não pensar de você) é problema delas. Você só pode tentar entender como elas estão lendo e interpretando sua vida e suas ações, e depois dar uma resposta, confiando que existe um Deus de toda sabedoria e conhecimento, que conhece cada parte oculta ou exposta de sua vida perfeitamente.

Você está carregando algumas cicatrizes invisíveis de pessoas que não conhecem toda a verdade e por isso se sente invisível?

Amoroso Criador, obrigada por tu veres e conheceres todos os pedaços de mim. Meu verdadeiro valor e minha verdadeira identidade são reconhecidos apenas por ti. Estou muito feliz em descansar nisso. Amém.

Relaxe

> Amem, porém, os seus inimigos, façam-lhes o bem e emprestem a eles, sem esperar receber nada de volta. Então, a recompensa que terão será grande e vocês serão filhos do Altíssimo, porque ele é bondoso para com os ingratos e maus.
>
> *Lucas 6.35*

Não importa quão profundamente você acredite que a verdade sobre quem você é em Cristo é, de fato, tudo o que importa. E não importa o quanto você diga que ainda pode se irritar quando as pessoas não apreciam ou compreendem você. O que incomoda é que muitas pessoas, até mesmo aquelas pessoas próximas a você, *nunca serão* como você gostaria que fossem.

A boa notícia é que, apesar disso, você pode relaxar no amor de seu Redentor, que lidou com a dor de ser esquecido na cruz. Você pode descansar na verdade de que não necessariamente tem que passar por isso. Você vai entender que, na maioria das vezes, as pessoas não querem ser más, e com certeza elas não sabem como suas palavras e ações – ou a falta delas – irão afetar a vida delas de alguma forma. Você vai ter muito mais graça para dar a elas. E graça faz você corajosa, forte e bonita.

Você pode relaxar e abdicar de seu controle sobre algumas das feridas que lhe foram abertas? A quem você pode amar de maneira extravagante hoje, apesar da maneira como essa mesma pessoa lhe tratou um dia?

Jesus, obrigada pela paz e segurança que tenho em teu amor. Obrigada porque teu amor me permite amar os outros, independentemente de como eles me veem ou me tratam. Amém.

Verifique a realidade

Os justos clamam, o SENHOR os ouve e os livra de todas as suas tribulações. O SENHOR está perto dos que têm o coração quebrantado e salva os de espírito abatido. O justo passa por muitas adversidades, mas o SENHOR o livra de todas; protege todos os seus ossos; nenhum deles será quebrado.

Salmo 34.17-20

Uma das belas consequências de sermos provadas espiritualmente é que isso nos leva de volta a Deus, geralmente utilizando nossos joelhos. Ser diminuída, ou pior, humilhada pela traição ou indiferença dos outros pode ser uma dor enorme. Porém, é um sofrimento que pode disciplinar-nos na fé. Afinal, ninguém que se sente sob a lama tem pensamentos como "Eu sou invencível" ou "Não preciso de Deus".

O salmista é honestamente realista sobre o fato de que *vamos* enfrentar muitos problemas. É o que fazemos com esses problemas, se formos corajosas o suficiente para enfrentá-los por nós mesmas, que faz a diferença entre a vitória e a derrota, a beleza e as cinzas.

Você levaria sua confusão, sua crítica, sua desonra ou sua vergonha diante do trono de sua vida, amando a Deus?

Pai, eu estou atordoada, ofendida e um pouco amedrontada. Por isso, achego-me, submissa, ao teu trono glorioso. Por favor, esconde-me debaixo de tuas asas. Amém.

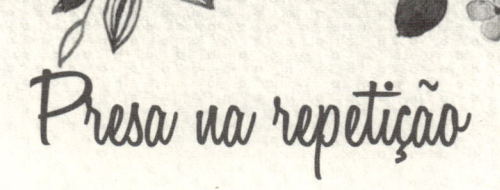

Presa na repetição

Então Pedro aproximou-se de Jesus e perguntou: "Senhor, quantas vezes deverei perdoar a meu irmão quando ele pecar contra mim? Até sete vezes?" Jesus respondeu: "Eu lhe digo: não até sete, mas até setenta vezes sete."

Mateus 18.21-22

Perdoar é uma coisa boa, com certeza. Mas, a quem queremos enganar quando dizemos que é algo fácil de fazer? Ao contrário – é a coisa mais difícil do mundo! Não há fórmula para o perdão ou atalhos para se começar após o dano causado, o tempo perdido, a reputação danificada ou a dignidade roubada. Não, amiga: não há atalho ou via secundária para que você supere a raiva.

Além disso, as pessoas continuam machucando umas às outras, certo? Você nunca vai chegar a algum ponto tão elevado de espiritualidade que lhe permita dizer: "Eu perdoei a todos quantos precisava perdoar." Porém, você pode ficar mais bem preparada para agir com o perdão, e de maneira mais rápida, com a prática que forma o hábito e muda o coração.

Posso lhe dizer que, por vezes, o perdão é um longo e repetitivo processo de voltar a Deus de novo e de novo, e despejar tudo nele de novo, só para trazer de volta tudo para perto dele, porque é muito difícil conseguir cancelar a dívida. Mas, amiga, mantenha o ritmo de tentar e tentar, repetidamente, porque o Deus que lhe dá força não teria dito para perdoar se não fosse possível.

Você acredita que Deus pode, sobrenaturalmente, trabalhar algo em seu coração que lhe dê poderes para perdoar?

Deus, eu estou me sentindo enfraquecida novamente. Ajuda-me a perdoar essa pessoa cujo nome me vem à mente agora. Não importa o tempo – ajuda-me a conseguir isso até daqui a um ano, uma semana ou, quem sabe, cinco minutos. Amém.

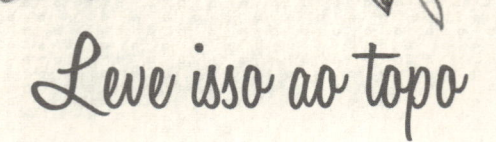

Leve isso ao topo

15 DE JULHO

> Perdoa as nossas dívidas, assim como perdoamos aos nossos devedores.
>
> *Mateus 6.12*

Você, provavelmente, já recitou essas palavras do Mestre centenas, ou até milhares, de vezes na igreja, na escola, em casa… Contudo, pense nelas como algo além de uma mera prece decorada. Jesus está ensinando seus discípulos sobre a oração, e este é um conceito-chave. Trazer até ele a nossa necessidade de perdão é uma maneira de nos lembrarmos do perdão que precisamos estender aos outros.

Então, quando você souber que deve perdoar alguém e em vez disso seus pensamentos continuarem à deriva, em tiradas imaginárias com eles, leve toda a sua reclamação para o alto. Leve-a perante o altar de Deus. *Ore.*

Diga a Deus tudo sobre essa mágoa ou raiva. Sim, ele sabe! Ele viu a coisa toda. Ele a viu até antes de tudo acontecer. Mas, ainda assim, conte suas histórias para aquele que ouve, ama e conhece as nuances de todos os lados de cada história. Diga a ele o que aconteceu e como você se sente sobre tudo isso. Fale ao Senhor que você não quer perdoar aquela pessoa, mas deseja querer perdoar, ainda que tenha dúvidas sobre isso. Faça como o pai do menino que estava com o espírito maligno e clamou a Jesus: "Creio, ajuda-me a vencer a minha incredulidade!" (Marcos 9.24).

Hoje, tente falar a Deus sobre a pessoa que a feriu ou a irritou, em vez de comentar o episódio com outra pessoa ou adoecer pelo ressentimento.

Senhor, eu vou te contar tudo, mesmo que tu já o saibas. Amém.

Verdade poderosa

"Pois se perdoarem as ofensas uns dos outros, o Pai celestial também perdoará vocês. Mas, se não perdoarem uns aos outros, o Pai celestial não perdoará as ofensas de vocês."

Mateus 6.14-15

Dizer a Deus o que alguém fez a você no passado e como você não sente vontade de perdoar – apesar de saber que seria bom sentir, algum dia, essa vontade –, é o primeiro passo para o perdão. Em seguida, seja corajosa. Examine as Escrituras naquelas partes difíceis, como a que diz: "Perdoem e serão perdoados" (Lucas 6.37); ou aquela que nos recomenda expressamente: "Tomem cuidado. Se o seu irmão pecar, repreenda-o e, se ele se arrepender, perdoe-lhe" (Lucas 17.3).

Ore bastante pensando nessas palavras e pedindo ao Pai que mude seu coração, até que você encontre uma maneira para vivê-las.

O escritor de Hebreus disse que a Palavra de Deus é viva e poderosa, mais penetrante que a espada mais afiada de dois gumes, cortando entre alma e espírito e expondo os nossos pensamentos e desejos mais internos (Hebreus 4.12). Não subestime o poder da verdade revelada por Deus, para iniciar uma revolução em seu coração. Continue, aos poucos, limpando profundamente as feridas com a verdade pura. Pode até doer, mas vai trazer a cura – certamente mais rápido do que você pensa.

Que parte das Escrituras sobre o perdão você poderia rabiscar em algum lugar hoje, permitindo que o poder da verdade possa tomar conta de você?

Obrigada por tua Palavra, Deus. É difícil de engolir e mais difícil ainda de digerir, mas sei que é boa para mim. Usa-a para me curar. Amém.

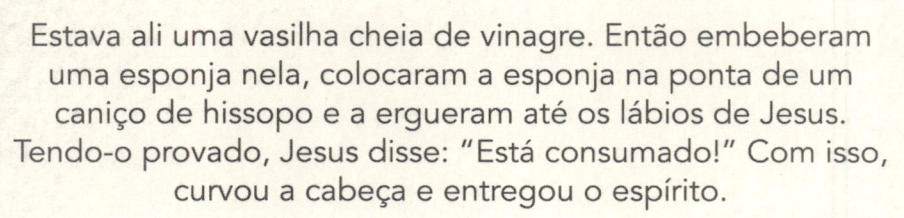

Apoio à vida

Estava ali uma vasilha cheia de vinagre. Então embeberam uma esponja nela, colocaram a esponja na ponta de um caniço de hissopo e a ergueram até os lábios de Jesus. Tendo-o provado, Jesus disse: "Está consumado!" Com isso, curvou a cabeça e entregou o espírito.

João 19.29-30

Você, provavelmente, tem excelentes razões para sentir-se ferida, traída, irritada ou abandonada. O perdão, talvez, não irá minimizar a sua história de dor em relação a determinada pessoa. Saiba, porém, que o perdão não é algo que nega o passado – ele somente o coloca de volta ao lugar a que pertence, ou seja, para trás de você.

Isso pode ajudá-la a perdoar se você se imaginar em pé, junto das pessoas que você acredita que lhe devem alguma coisa, mesmo que seja apenas um grande pedido de desculpas. Imagine, por um momento, a grande e poderosa verdade de que você tem sido muito perdoada e que todas essas outras pessoas também foram perdoadas. Imagine, também, como se Jesus pudesse olhar para elas e dizer: "Está concluído o perdão sobre a sua vida." Diante disso, quem é você para manter o pecado cometido por elas vivo em seu coração?

Saiba que, muito provavelmente, a maioria dessas pessoas está vivendo normalmente, livres e sem saber de seu rancor. Elas estão alheias a como você está induzindo seu coração a um coma de rancor e morrendo silenciosamente. A coisa corajosa e bela a fazer é perdoar.

Por que você está alimentando a amargura dentro de si?

Jesus, tanto o meu pecado quanto o da pessoa que pecou contra mim estão pregados na cruz. O Senhor os levou sobre si e isso foi definitivo. Ajuda-me a aceitar o alívio e a paz que isso pode me trazer. Amém.

Puxe o plug

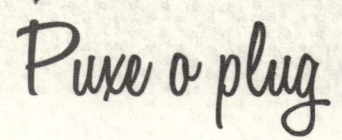

Suportem-se uns aos outros e perdoem as queixas que tiverem uns contra os outros. Perdoem como o Senhor lhes perdoou.

Colossenses 3.13

Se o tempo difícil que você está tendo para perdoar alguém já se tornou uma maneira de viver, desligue essa *máquina* de mágoas passadas. Diga a Deus que, pela fé, você quer tirar o *plug* de ressentimento que a mantém funcionando em sua mente e em seu coração. Pronto! Isso vai aliviar o seu coração. Descanse na ideia de que você está livre. Ninguém lhe deve mais nada. Você já entregou os infratores ao Deus da justiça em todo o tempo, aquele cuja graça em sua vida foi tão extraordinária que o pensamento de aprisionar outra pessoa pela falta de perdão é inaceitável.

Contudo, para perdoar dessa maneira, você vai ter que ser corajosa. Se você leva a sério a questão da limpeza do seu coração, Deus vai segurá-la pela mão e conduzi-la nesse processo. Ele deseja que você seja livre.

Quem você pode perdoar e liberar hoje?

Ó Deus, isso é muito difícil, mas quero deixar essa pessoa ir. Não posso lidar com o peso disso no meu coração por mais tempo. Em nome de Jesus, eu libero o perdão e a deixo em tuas mãos. Amém.

O relacionamento reina

> Então disse Deus: "Façamos o homem à nossa imagem, conforme a nossa semelhança."
>
> *Gênesis 1.26*

É incrível e bonito pensar que o que chamamos de Trindade – Pai, Filho e Espírito Santo – já era uma relação antes de tudo ter sido criado. Que perspectiva surpreendente é pensar que, desde a eternidade, a unidade perfeita do relacionamento divino já existia!

A implicação disso é que um relacionamento é sempre mais importante do que todos os outros elementos tangíveis que compõem a realidade. Um relacionamento é sempre mais importante do que fazer ou ter coisas. Ora, Deus não *precisava* do mundo e não tinha nenhuma *necessidade* de criá-lo. Ele desejava comunhão conosco, sim, mas era autossuficiente e pleno na concórdia unânime de seu ser trino.

É preciso valorizar os relacionamentos próximos e as interações casuais. Trata-se de um profundo lembrete da importância do perdão, que lubrifica as relações e torna o mundo um lugar mais bonito.

Como seria a sua vida se, repentinamente, todos os seus bens desaparecessem, mas suas conexões afetivas permanecessem ativas, como cordas de diferentes espessuras ligando seu coração ao de outras pessoas?

Deus, obrigada por nos mostrares a importância de um relacionamento. Ajuda-me a ser um bom mordomo, a fim de viver de maneira excelente todos os meus relacionamentos, fazendo o que for certo com as pessoas quando e onde for preciso. Amém.

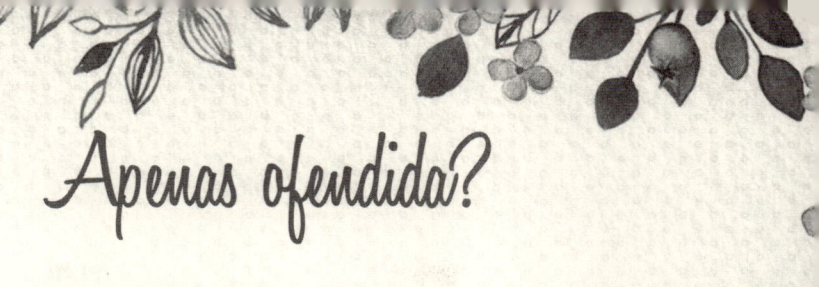

Apenas ofendida?

Sejam completamente humildes e dóceis, e sejam pacientes, suportando uns aos outros com amor.

Efésios 4.2

Há uma diferença entre alguém ter pecado contra você e alguém tê-la ofendido.

Pecado é escolher fazer o que é errado ou optar por não fazer o que é certo, de acordo com a lei de Deus. Portanto, quando alguém pecar contra você, o problema é dessa pessoa. Deus vai responsabilizá-la, e ela é que precisa buscar o perdão do Senhor – e o seu.

Ofensa é algo diferente. Porque se alguém ofende você, é realmente apenas um problema seu. O fato de que você está incomodada ou chateada porque convidou alguém para uma festa e essa pessoa jamais a convidou de volta, bem, esse é um problema seu. A recusa dessa pessoa não está listada como pecado.

Quando você é ofendida, isso simplesmente é algo que está em seu coração e pode ser retirado por sua própria iniciativa. Não é algo que você precise carregar, nem necessariamente algo que você precise perdoar. Faça como Paulo: seja paciente e compreensiva com as falhas dos outros. E deixe essa pessoa ir.

Há alguém que, volta e meia, irrita você? Será que esse alguém realmente peca contra você ou apenas tem comportamentos e valores diferentes?

Senhor, ajuda-me a ser benigna e paciente. Não quero carregar o peso de ofensas recebidas, mas sim manter meu coração sempre limpo desses maus sentimentos. Amém.

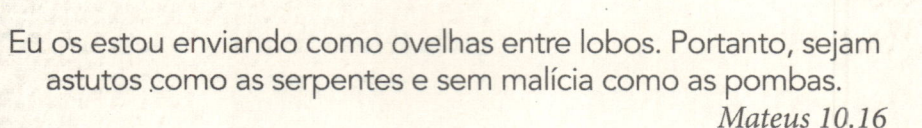

Fique em seu veículo

Eu os estou enviando como ovelhas entre lobos. Portanto, sejam astutos como as serpentes e sem malícia como as pombas.

Mateus 10.16

Imagine que uma mulher é estuprada. Seu agressor é processado, condenado e preso, conforme a lei. Milagrosamente, aquela mulher sente em seu coração que deve ir visitar o estuprador na cadeia. Ela estende o perdão àquela coisa abominável que ele fez a ela. Você acha que o homem deve ser libertado da prisão? De modo algum! Tampouco ela deve se permitir a algum tipo de envolvimento emocional com o criminoso. Porém, a vítima pode deixá-lo nas mãos do Deus vivo, a fim de que se faça a justiça perfeita? Aí, sim. Pode – e deve.

Você pode precisar fazer esses tipos de cálculos em seu coração quase que diariamente, embora, é claro, em uma escala muito menor do que a do exemplo citado. Você pode nunca confiar novamente no homem que a traiu, mas pode, sim, perdoá-lo. Você nunca pode confiar novamente, de uma maneira plena, na amiga que disseminou tantas inverdades a seu respeito, mas é capaz de perdoá-la. Você pode até amá-la e voltar a desfrutar de sua companhia de maneira acolhedora. Mas tenha cuidado.

Esses tipos de relacionamentos são um pouco como os passeios em safáris. Você percorre o parque apreciando a vida selvagem a uma distância segura, dentro de um carro gradeado. Portanto, esteja em paz com a *vida selvagem* – mas, por favor, fique em seu veículo.

Em que relacionamentos você precisa proteger o seu coração? Como você ainda pode mostrar amor a alguém perdoando a dor que lhe causou, embora mantendo distância emocional segura dessa pessoa que já a feriu?

Deus, me dá sabedoria para saber quando é seguro eu abrir meu coração e quando devo preservá-lo. Amém.

Lixo

> Quando chegaram ao lugar chamado Caveira,
> ali o crucificaram com os criminosos, um à sua direita
> e o outro à sua esquerda. Jesus disse: "Pai, perdoa-lhes,
> pois não sabem o que estão fazendo." Então eles
> dividiram as roupas dele, tirando sortes.
>
> Lucas 23.33-34

Não sabemos ao certo, mas é provável que os soldados tenham ouvido as palavras de Jesus: "Pai, perdoa-lhes." Você acha que isso teria tido algum tipo de efeito – quem sabe, levando-os a se sentirem mal pelo que estavam fazendo ou, ao menos, ponderar que, talvez, condenar o nazareno tenha sido um enorme erro? Infelizmente, não. Eles ainda pegaram os únicos bens do Cristo crucificado – suas roupas – e os sortearam entre eles.

Às vezes, você vai orar por alguém e verdadeiramente buscar o seu melhor, mas será tratada como lixo por essa pessoa, seja ela seu marido, sua filha ou aquela melhor amiga. Por favor, não desanime! Deus não apenas vê o seu sacrifício e sua dor, mas ele sabe exatamente o que você sente porque já passou por algo semelhante – embora muito maior – e sabe o que é ser ferido.

Por vezes, pode parecer a você que o Senhor não está mais intervindo onde você acha que deveria. Mas, apesar disso, você sabe que pode confiar nele. Ele a ama mais do que você possa jamais imaginar e se compadece com o sofrimento que você carrega. Ele não vai deixá-la como você está ou onde você está.

Você sabe que tem muito valor para Deus, certo?

Jesus, me ajuda a saber que tu sabes o que estou passando. Fortalece-me, para que eu venha a me comportar da maneira como fizeste. Amém.

O poder da vulnerabilidade

Portanto, confessem os seus pecados uns aos outros e orem uns pelos outros para serem curados. A oração de um justo é poderosa e eficaz.

Tiago 5.16

Você, eu e todo mundo, às vezes, precisamos confessar nossos pecados a outras pessoas. Isso não significa lavar roupa suja em público, à vista de todos. Significa, isso sim, que se nós sempre mantivermos a roupa suja, amassada e úmida no cesto, ela vai começar a cheirar muito mal. Davi escreveu sobre os efeitos desagradáveis de pecado secreto: "Enquanto eu mantinha escondidos os meus pecados, o meu corpo definhava de tanto gemer" (Salmo 32.3).

Quando você entender a importância de ter apenas um grupo pequeno de pessoas de confiança – como seu marido, uma irmã ou alguns amigos próximos –, com quem sabe que pode ser sincera, você irá obter um novo tipo de liberdade em sua vida. Há grande poder em convidar outras pessoas para orar acerca de suas fragilidades e fazer o mesmo por elas. Há grande poder na vulnerabilidade!

Isso também pode surpreender você ao descobrir que confessar seu pecado a outros, não tem de ser algo estranho ou escandaloso. Esse ato pode e deve ser elemento natural de um excelente e belo relacionamento.

Em quem você confia para abrir o seu coração?

Jesus, me ajuda a ser corajosa o suficiente para incluir os outros na minha vida e para que eles possam me ajudar a me tornar mais como tu queres que eu seja. Amém.

A maravilha de ter amigos maravilhosos

Ninguém tem maior amor do que aquele que dá a sua vida pelos seus amigos.

João 15.13

Feitos à imagem de Deus, somos ligados uns aos outros. O nosso grande Rei inclinou-se para ser nosso amigo primeiro. Ele não precisa de nós, mas nos fez, embora ele soubesse como iríamos nos esquecer dele. A argila de nossa forma ainda estava molhada e o plano já estava preparado, para que Deus enviasse o seu Filho para amar os pecadores.

Será que você tiraria algum tempo hoje para agradecer a Deus pelos amigos e pelo tanto que o Senhor a tem ensinado a ser uma boa amiga para alguém? Agradeça a ele pela relação divertida e saudável que você tem tido com as pessoas mais próximas e pelos bons conselhos que vocês têm compartilhado. Agradeça, também, pela liberdade de chorar junto com elas e pelas conexões espontâneas de que têm desfrutado.

Você também pode determinar a realização de investimentos de tempo com sabedoria e coragem. Enquanto você confia em Deus para cuidar do seu mundo privado e público, peça a ele que escolha seus amigos. Confie nele para ajudá-la a mantê-los espontaneamente acessíveis, para que você possa viver cada amizade como adoração. Confie nele com o lugar que cada amigo ocupa nos espaços de sua vida.

Há amigos cujas vozes você precisa ajustar, ou sintonizar, dependendo da influência que eles tenham sobre você?

Jesus, obrigada pela bênção de ter amigos maravilhosos e por teu exemplo de bondade, coragem e sacrifício. Muda minha vida para que eu seja o tipo de amiga que leva as pessoas a ti. Amém.

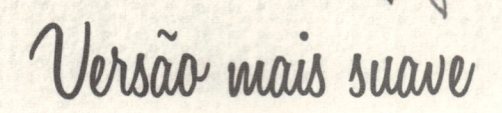

Versão mais suave

25 DE JULHO

> Seja a amabilidade de vocês conhecida por todos. Perto está o Senhor.
>
> *Filipenses 4.5*

Não há nada gentil sobre o mundo. Há muito poucos pousos suaves e palavras doces. Há pouco calor genuíno. Gentileza é o que pode poderosamente, e de uma maneira incrível, nos diferenciar como crentes em Jesus.

A explicação mais linda que eu já ouvi sobre a instrução de Pedro para termos um "espírito dócil e tranquilo" (1Pedro 3.4) é esta: não seja provocador e mantenha-se imperturbável. O contexto desse ensinamento de Pedro é o casamento, e ainda assim faria bem criar o hábito de ser imperturbável e não provocador, em todos os nossos relacionamentos pessoais.

Por exemplo, se as circunstâncias da vida levam ao distanciamento entre você e alguma pessoa, determine em seu coração que essa situação seja temporária e propicie novas formas de relação, e nunca feridas e ressentimentos – e, se cicatrizes são inevitáveis, encontre cura na graça e não na maledicência. Não cutuque ou provoque, nem seja sarcástica. Simplesmente não perturbe e não leve as coisas demasiado a sério. E seja corajosa o suficiente para ser a versão mais suave de você.

Como você pode ser uma excelente amiga hoje?

Pai, faz-me uma referência de descanso para os meus amigos. Ajuda-me a ser uma pessoa feliz, simples de se conhecer e amar, para a tua glória. Amém.

Lidando com pessoas que mudam

Toda boa dádiva e todo dom perfeito vêm do alto, descendo do Pai das luzes, que não muda como sombras inconstantes.

Tiago 1.17

As pessoas mudam. Isso não é nada novo e não deve surpreendê-la. Ainda assim, você provavelmente pode ter sido ferida ou perturbada pela maneira como alguém mudou devido a circunstâncias, idade ou estilo de vida. Você pode ter esperado e confiado que algo iria mudar *positivamente*, crescendo e ficando melhor com o tempo, mas acabou decepcionada.

Abrace a verdade de que Deus nunca muda e que, ainda que outros possam ter lançado sombras sobre você, o amor do Senhor sobre sua vida é constante e incondicional. Obtenha a sua segurança e a sua garantia diretamente dele e não dos relacionamentos interpessoais, nem sempre estáveis e sujeitos ao caráter de cada um.

Tome coragem na verdade de que, conforme crescer mais e mais à semelhança de Cristo, você vai aprender, cada vez mais, com o caráter dele.

Você pode permitir-se amar sem hesitação aquela pessoa cujas mudanças de comportamento a machucaram?

Senhor, obrigada por eu nunca ter que me preocupar sobre como serei aceita por ti. Transforma-me pela tua graça, para que eu possa mostrar a mesma misericórdia aos outros. Amém.

Isso é apenas a minha personalidade

Não se amoldem ao padrão deste mundo, mas transformem-se pela renovação da sua mente, para que sejam capazes de experimentar e comprovar a boa, agradável e perfeita vontade de Deus.

Romanos 12.2

Há uma diferença entre temperamento e caráter. Temperamento, ou personalidade, é algo que está em sua constituição genética. Ninguém a ensinou a ser comunicativa ou reservada, racional ou impulsiva – essas características são inatas a você, embora possam, claro, ser potencializadas ou reprimidas. Elas são parte de sua composição original. É o que a faz ser você mesma.

Caráter, por sua vez, é algo ensinado, aprendido, copiado e desenvolvido. Ele pode ser expresso por meio do temperamento, mas é algo que não nasceu com você. Então, você disciplina seus filhos por algum erro cometido na intenção de moldar-lhes o caráter, e não mudar sua personalidade.

Às vezes, a gente confunde as duas coisas ou as interpreta como sinônimas. Quantas vezes já ouvimos alguma justificativa como esta: "Desculpe. Eu digo o que penso. É apenas a minha personalidade." Engano. Não é correto usar a personalidade que vem conosco desde o útero de nossa mãe como desculpa para o erro e o pecado. Isso equivale a dizer que uma pessoa não pode deixar de ser má porque, simplesmente, nasceu assim. Claro, é absolutamente necessário ser paciente e tolerante com as pessoas e suas peculiaridades. Todavia, se não podemos mudar a personalidade, podemos – e devemos – entregá-la ao Senhor, para que ele transforme nosso caráter e mude nosso proceder.

Deus a desafia a submeter a ele o que parece natural e inevitável em sua personalidade?

Deus, obrigada por teres me feito exatamente como me fizeste. Quero ser instrumento para revelar ao mundo o maravilhoso ser de amor que tu és, por intermédio de meu temperamento e de meu caráter. Amém.

O amor se arrisca

Com isso todos saberão que vocês são meus discípulos,
se vocês se amarem uns aos outros.

João 13.35

E se todos nós, em todos os nossos relacionamentos, assumíssemos o risco de deixar nosso amor ser mostrado? Então, o mundo o conheceria?

O amor corre o risco de ser compassivo. Veja seus ofensores como irmãos e irmãs e lembre-se de que, assim como você, eles sabem que a liberdade da cruz os sustenta. O Senhor tem tanto interesse no destino deles como tem pelo seu. O amor dele é absoluto e ininterrupto e pode se revelar no meio do quebrantamento deles, mas também do seu.

O amor se arrisca a ser forte. Atreva-se a ficar tranquila quando coisas ruins são atiradas contra você, disfarçadas em uma simples conversa. Fortaleça-se contra o falso e o mal-humorado com os braços fortes do amor que a cobrem (1Pedro 4.8). Tenha a forte presença de espírito para se lembrar de que o antagonismo de alguém, provavelmente, diz mais sobre ele do que sobre você – e, em seguida, reúna toda a sua força para cair de joelhos, perdoando.

O amor corre o risco de ser sensível. Ore por discernimento e siga seus sentimentos. O amor corre o risco de ser flexível; portanto, curve-se à sabedoria que gera humildade, que por sua vez leva a uma maior sabedoria. Seja paciente e longânima com as imperfeições de outras pessoas, tanto quanto você espera que eles sejam com as suas.

Ouse, hoje, começar a ser compassiva, forte, sensível e flexível e alivie a carga de alguém.

*Jesus, quero assumir alguns riscos do amor radical.
Faz-me determinada nisso.* Amém.

O meu filho é mais inteligente do que os seus

Que outros façam elogios a você, não a sua própria boca;
outras pessoas, não os seus próprios lábios.

Provérbios 27.2

O orgulho representa uma ameaça formidável para as relações pessoais. Ele é aquele sentimento de satisfação que expressamos diante de conquistas e realizações próprias, de um filho ou de um grande amigo, por exemplo. Contudo, tal sentimento pode se tornar, facilmente, uma forma de jactância ou arrogância – como quando compartilhamos a feliz notícia de uma promoção ou daquela aquisição pela qual esperávamos há tempos, apenas porque isso reflete favoravelmente sobre nós. Às vezes, ter orgulho em realizações ou com o comportamento dos nossos filhos diz mais sobre nós e nossas prioridades do que sobre o sucesso deles.

O oposto também é verdade. Quando estamos desapontados com nossos filhos ou com outros entes queridos, isso interfere no nosso ânimo, a ponto de todos verem.

Claro que precisamos torcer por nossos filhos, assim como para outras pessoas queridas, encorajando-os e incentivando-os. Mas, talvez, quando um encorajamento saudável se transformar em pressão para se conseguir algo, então a chave para lidar com essa área do orgulho é seguir o conselho de Salomão: Deixe os outros elogiarem você (e seus filhos também), e não os seus próprios lábios. Deixe sua maior preocupação ser a de que os seus filhos, seu cônjuge ou seus amigos saibam que eles são muito amados.

Existe um pouco de competição entre as mulheres com quem você sai, quando se trata de filhos, conquistas ou conexões sociais? O que você poderia fazer hoje para quebrar essa tendência?

Deus, me ajuda a amar, incentivar, afirmar e apoiar meus entes queridos. Porém, me ajuda a deixar a trombeta soprando alto para a tua glória. Amém.

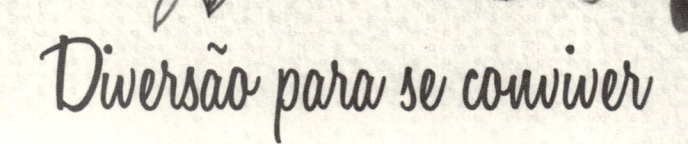

Diversão para se conviver

Comemorarão a tua imensa bondade
e celebrarão a tua justiça.

Salmo 145.7

D. Edmond Hiebert (1928-1995), célebre escritor e pregador americano, disse: "O amor é a maior bênção em uma casa terrena, e neste lugar a mulher é o centro natural." Uma leitura básica dessa citação leva à conclusão de que, se mamãe não está feliz, então ninguém está feliz. Essa é provavelmente uma verdade para as mulheres de todas as idades, em todas as fases da vida, porque nós temos uma capacidade inata de fazer ou quebrar o clima na empresa, no estacionamento, em casa e nos bancos da igreja.

Talvez tudo o que precisamos para crescer em nossos relacionamentos e mudar o mundo, seja encontrar, intencionalmente encontrar, maneiras de expressar a nossa alegria em Deus e celebrar seu caráter, assim como devemos fazê-lo ao lado de todas as outras pessoas que ele criou. Nós poderíamos orar por maneiras de fazer as melhores memórias nas planícies mundanas da vida cotidiana, poderíamos abençoar aqueles que nos rodeiam, deixando a alegria ganhar do senso comum. Poderíamos viver em excelência diante do mundo, mostrando a vida abundante que Jesus dá.

Você é alguém divertida para se viver?

Senhor, cria em mim uma alegria contagiante que atraia as pessoas para a maravilha que é te conhecer e te seguir. Amém.

Amor admirável

O amor é paciente, o amor é bondoso. Não inveja, não se vangloria, não se orgulha. Não maltrata, não procura seus interesses, não se ira facilmente, não guarda rancor.

1Coríntios 13.4-5

As descrições de amor que Paulo faz começam sempre com uma decisão. Um dos milagres diários mais poderosos de alguém ser um seguidor de Jesus é que, se nós sentimos o desejo de amar alguém ou não, ainda assim, é possível amá-lo.

Você pode escolher amar alguém apagando as evidências do que esse alguém fez contra você, para que não possa usar isso contra ele no tribunal, na conversa ou nas horas noturnas de silêncio. Claro, você não é estúpida: é dotada de uma mente que guarda memórias e não vai, necessariamente, esquecer como você foi ofendida pelo pecado de alguém. Porém, você pode optar por não ficar repetindo isso na memória, como se fosse um filme que você aprecia...

Você também pode escolher amar alguém e não viver com um pé atrás, sempre se defendendo e se protegendo. Em vez disso, escolha jogar em uma posição *ofensiva!* Faça um movimento corajoso em direção a alguém. Chegue lá antes que essa pessoa saiba que será *atingida* em cheio. Fique do lado dela e surpreenda-a – mas, primeiro, ame-a.

Que decisões relativas ao amor você precisa tomar hoje?

Jesus, lembra-me sempre de que eu dependo apenas de uma decisão minha para amar alguém. Amém.

AGOSTO

Harmonia de quatro partes

Escolha o meu ritmo e
Minha rocha: Eu vou cantar alto e brilhante –
A fragrância de você.

Coração, alma, mente e força

Ele respondeu: 'Ame o Senhor, o seu Deus, de todo o seu coração, de toda a sua alma, de todas as suas forças e de todo o seu entendimento'.

Lucas 10.27

Viver a vida ao lado de outras pessoas é como cantar nossas notas próximos uns dos outros, na tentativa de fazer algo em comum, complexo, mas belo em ressonância. Então, se estamos fora do tom, seja para cima ou para baixo, vamos jogar os outros para longe de suas notas. As coisas ficariam barulhentas e desagradáveis.

Mas antes que possamos harmonizar com os outros, precisamos praticar nossas músicas sozinhos com o divino maestro. Precisamos de harmonia com Deus. Moisés cantou uma nota clara: "Ouça, ó Israel: O SENHOR, o nosso Deus, é o único SENHOR" (Deuteronômio 6.4). Em seguida, ele dividiu o acorde: "Ame o SENHOR, o seu Deus, de todo o seu coração, de toda a sua alma e de todas as suas forças" (Deuteronômio 6.5).

Esse tema ecoa de maneira intensamente direta através dos Evangelhos: amar a Deus com todo o seu coração, de toda a sua alma, sua força e sua mente.

O que quer que o dia de hoje lhe traga, estique os seus dedos pelas teclas dessas vinte e quatro horas, para tocar as notas em sincronia com o Pai. Alcançar a nota certa é a chave para a paz no interior e no exterior de sua vida.

Se você não fizer mais nada hoje, como poderia tocar as quatro notas do amor (coração, alma, força e mente) e deixar o resto da vida frenética acontecer ao redor delas?

Deus, quero praticar essas harmonias sagradas até que elas fiquem gloriosamente presas à minha mente. Amém.

Toda a sua alma

Não deixe de falar as palavras deste Livro da Lei e de meditar nelas de dia e de noite, para que você cumpra fielmente tudo o que nele está escrito. Só então os seus caminhos prosperarão e você será bem-sucedido.

Josué 1.8

Meditação não é insensatez; antes, é um pensar consciente na Palavra de Deus, capaz de alimentar a alma. Assim, para amar a Deus com toda a sua alma, você pode querer começar cada dia pensando um pouco mais nas Escrituras. Portanto, leia. Pense em como você pode explicar o que você lê para outra pessoa. Reflita e releia.

Se você já tiver o hábito da leitura da Bíblia, vai saber que, por alguns dias, é fácil. Alguns salmos ou um capítulo dos evangelhos vão encher seu coração e deixá-la pronta para enfrentar a vida. Outros dias, porém, ler as Escrituras é como marchar em lama espessa. Os pensamentos vagueiam, as pálpebras se fecham sozinhas, tudo conspira para atrair nossa atenção para fora do livro sagrado. Isso ajuda a dizer a si mesma a verdade, diariamente: a de que toda a Escritura é inspirada por Deus (2Timóteo 3.16), e ele não teria colocado algo em seu livro sem uma boa razão.

Destaque em sua Bíblia a prioridade de amar a Deus. Encontre maneiras de manter isso destacado para si, rabiscando e marcando nas margens laterais. Leia uma passagem em voz alta. Conheça o Rei nas páginas da Palavra, para que tudo possa estar bem com sua alma.

Você é corajosa o suficiente para amar a Deus com toda a sua alma?

Deus, inunda a minha alma com um amor de verdade. Amém.

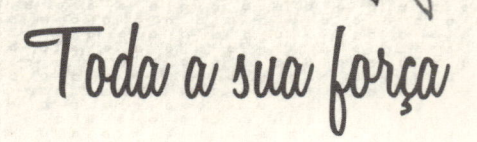

Toda a sua força

> Vocês não sabem que de todos os que correm
> no estádio, apenas um ganha o prêmio? Corram de tal
> modo que alcancem o prêmio. Todos os que competem
> nos jogos se submetem a um treinamento rigoroso,
> para obter uma coroa que logo perece; mas nós o fazemos
> para ganhar uma coroa que dura para sempre.
>
> *1Coríntios 9.24-25*

Amar a Deus com toda a sua força é crucial para a sua existência. A sua carne, o seu sangue e a sua pele são partes do *equipamento* que você recebeu para viver, trabalhar e dar frutos neste mundo, durante o tempo de vida estabelecido para você. É onde todo o seu potencial é armazenado. Você usa este corpo para amar a Deus e os outros; portanto, precisa fazer o que puder para torná-lo forte.

Assim, sem obsessão, exercite-se, mesmo que por apenas cinco minutos, duas vezes por semana. Alguma coisa, afinal de contas, é melhor do que nada. Beba água e tente comer coisas saudáveis. Viva uma vida equilibrada, não permitindo que o pêndulo balance apenas para um lado. Ou seja, não faça de sua alimentação balanceada ou de sua rotina de exercícios diários uma divindade a ser venerada. Antes de cada refeição, prazer ou tentação, ore: "Deus, escolha o meu peso, escolha o meu prato."

Para amar ao Senhor com as suas forças, é preciso, diariamente, ter certa dose de coragem e determinação – e isso produz algo excelente, bonito e útil em você.

Em termos de sua alimentação, de seu exercício e de sua saúde em geral, o que você precisa para construir a sua força?

Jesus, eu te dou meu corpo e quero usá-lo
para amar e glorificar a ti. Amém.

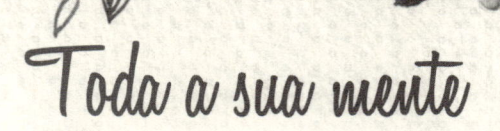

Toda a sua mente

"Estou executando um grande projeto e não posso descer. Por que parar a obra para ir encontrar-me com vocês?"

Neemias 6.3

Amar a Deus com todo o seu entendimento significa colocar-se, resolutamente, na muralha, como Neemias fez.

Ele tinha uma obra a fazer. Sua vocação e as conexões pessoais que construiu, lhe deram o conjunto de habilidades para unir e mobilizar seu povo, em termos espirituais e políticos, contra a oposição persa. A missão era reconstruir os muros de Jerusalém. Neemias era humilde. Ele estava construindo um muro, não um currículo pessoal. Por isso, trocou a comodidade palaciana por um trabalho duro e arriscado, enfrentando até inimigos armados. Acima de tudo, ele confiou que seu projeto era promovido pelo Deus de Israel e estava animado em fazer a vontade do Senhor, para a glória do Altíssimo.

Havia, porém, distrações. Muitos não gostavam do que Neemias estava fazendo e tentaram sabotar o projeto, convidando-o para beber na aldeia vizinha. Só que ele sabia que era uma cilada e enviou mensageiros para dizer que não iria, pois tinha uma grande obra a concretizar.

Seu muro, hoje, é aquilo que Deus demanda de você. Na verdade, você sabe que o que deve fazer neste momento, e para isso precisa se concentrar e se empenhar, para não ser traída pelas distrações. Portanto, mantenha-se no muro e faça a sua grande obra, mesmo que as pessoas pensem ou digam que você não será bem-sucedida. Seja qual for a sua vocação e onde quer que você esteja – seja gerente de banco, cozinheira, executiva de multinacional ou dona de casa –, deixe suas mãos fazerem o trabalho do seu momento, com coragem e beleza.

Qual é o seu muro?

Deus, eu estou fazendo esta grande obra para ti e não vou desistir dela. Amém.

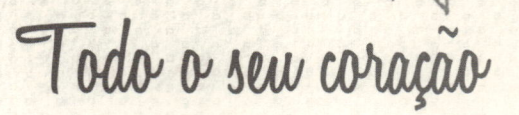

Todo o seu coração

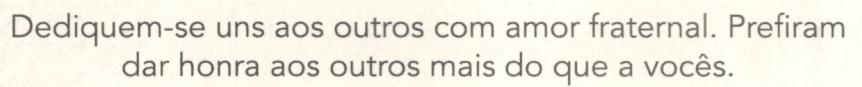

Dediquem-se uns aos outros com amor fraternal. Prefiram dar honra aos outros mais do que a vocês.

Romanos 12.10

Amar a Deus com todo o seu coração pode significar esquecer de estar totalmente presente para os outros, dando tudo de você para todos aqueles que o Senhor acrescenta ao seu dia. Pode significar, ainda, desligar-se das distrações e se dedicar a outros corações humanos.

Hoje, tente ir mais devagar no seu próprio tempo. Este é o lugar onde ele se encontra aqui, agora; onde Deus tem lhe permitido respirar. Você vai chegar ao futuro em um tempo bom – e se fracassar por perder algo agora, isso não vai ser ruim no futuro, como você está imaginando.

Você pode amar a Deus hoje fazendo o que ele lhe pede. Viva cada momento para que ele a prepare para o próximo, tornando os minutos plenos e completos, até mesmo aqueles minutos difíceis.

Pese as suas palavras. Não se estresse sobre a tentativa de economizar tempo para, em seguida, perder esse momento para sempre, porque prejudicou alguns minutos com pressa. Há tempo suficiente a cada dia para fazer a vontade de Deus – e lembre-se de que dar às pessoas a sua atenção não é tempo perdido. Pode até mudar o mundo.

Quem você poderia realmente ouvir hoje?

Deus, ensina-me a chegar com afeição genuína àqueles a quem tu tens me chamado para amar. Amém.

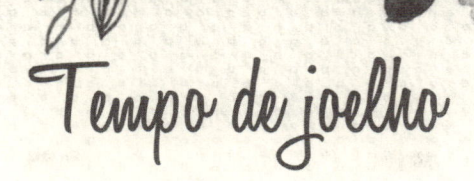

Tempo de joelho

Dediquem-se à oração, estejam alertas e sejam agradecidos.

Colossenses 4.2

Todos nós podemos tentar todos os tipos de performances e fingir ser todos os tipos de coisas. Porém, apenas quando estamos sozinhos diante do Deus vivo, é que podemos ser reais. Isso é o que Robert Murray M'Cheyne quis dizer quando disse: "Um homem é o que ele é quando está de joelhos diante de Deus, e nada mais."

Se você quer ser mais verdadeira, mais corajosa, mais excelente e mais bonita, então a oração deve ser central para a forma como você vive a vida. Você pode precisar descobrir, por si mesma, o que "dedicar-se à oração" vai significar em seu mundo. Pelas manhãs, logo cedo, de joelhos? Cantando em voz alta enquanto dirige? Admirando estrelas durante a noite, enquanto conversa com o Criador?

Paulo escreveu em sua carta aos colossenses que eles deveriam orar com uma mente alerta e um coração agradecido. Então, seja como ou quando você orar, torne isso intencional. Envolva o seu coração e a sua mente e agradeça. Louve a Deus por sua misericórdia e magnificência. Seja, de joelhos, o tipo de mulher que você quer ser em todo o restante da sua vida.

Você já orou sobre isso tanto quanto falou sobre isso?

Senhor, mantém-me bem acordada e animada para me conectar contigo em oração. Ajuda-me a tomar nota quando tu trazes algo à minha mente. Quero ser obediente às tuas ordens e orar sem cessar. Amém.

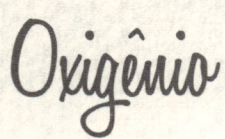

Oxigênio

Orem no Espírito em todas as ocasiões, com toda oração e súplica; tendo isso em mente, estejam atentos e perseverem na oração por todos os santos.

Efésios 6.18

É preciso coragem e humildade para fazer da oração a atitude mais importante de sua existência, como seu respirar. Porque ninguém vê ou sabe sobre o seu dia, ou seu respirar, e que orações tem feito. Contudo, imagine que cada crente, em qualquer parte do planeta, esteja andando ao longo de seus dias murmurando e despejando pedidos medíocres ao Rei, como se fossem sementes ruins atiradas à terra. Sei que esses tipos de orações sussurram fora do nosso lugar comum, mas nunca são tão pequenas quanto parecem. Eles podem, na verdade, mudar o mundo.

Então, prepare lembretes de oração durante todo o dia, para mantê-la focada na oração. Quando estiver diante do espelho se penteando, ore: "Deus, faça meus caminhos seguirem em linha reta." Quando abrir as cortinas de seu quarto pela manhã, diga a Deus: "Senhor, por favor, abra nossa casa para aqueles que necessitam de refúgio ou conforto." Ao apagar uma luz, ore: "Deus, ajuda-nos a não tentar fazer brilhar nossa própria luz, mas apenas a refletir a sua." Seja dirigindo para um importante compromisso ou preparando a mesa para o almoço, diga ao Senhor: "Deus, sabedoria, sabedoria, sabedoria. Por favor, sabedoria."

Esses hábitos desenvolvem ritmo, consistência e simplicidade em torno da oração. Eles nos mantêm respirando profundamente o ar que nos torna plenamente vivos.

Que tarefas diárias e práticas você pode usar como um gatilho para oração?

Jesus, mantém-me em conversa constante contigo. Amém.

Encontrado em tradução

Esta é a confiança que temos ao nos aproximarmos de Deus: se pedirmos alguma coisa de acordo com a vontade de Deus, ele nos ouvirá.

1João 5.14

Seguidores de Jesus com diferentes tradições e temperamentos oram de forma diferente, e isso é muito maravilhoso! É decepcionante, humilhante e encorajador lembrar que Deus vê o coração de cada pessoa que ora. Qualquer pessoa, em qualquer contexto, pode usar a oração para buscar ao Senhor e se apresentar a ele – e qualquer um, seja onde estiver, pode derramar-se, afetado profundamente pelo poder da oração.

Se as palavras são recitadas ou ensaiadas, honestas ou cruas, não cabe a nós julgar. É, também, um alívio saber que "o Espírito nos ajuda em nossa fraqueza, pois não sabemos como orar, mas o próprio Espírito intercede por nós com gemidos inexprimíveis" (Romanos 8.26).

Quando se trata da linguagem da oração, tudo o que devemos fazer é ter a coragem *de falar*. Interceder. Na verdade, orar, porque se oramos por nada, então com certeza não iremos obter nenhuma resposta. Nenhum de nós está totalmente fluente na oração, mas a maneira de aprender qualquer língua é apenas falar. Você está falando uma oração a Deus, e ele não vai rir disso.

Você pode praticar fazendo uma oração agora?

Deus, obrigada por me entenderes melhor do que eu me entendo. Dá-me coragem para continuar a falar contigo, mesmo quando não tenho as palavras certas. Amém.

Eu entrego a minha vontade; declaro minha dependência

Venha o teu Reino; seja feita a tua vontade, assim na terra como no céu. Dá-nos hoje o nosso pão de cada dia.

Mateus 6.10-11

Você pode ter crescido recitando de cor, na igreja ou na escola, o que é conhecido como a oração do Pai-Nosso. Quando se trata de disciplina espiritual da oração, não é necessário ensaiar e entregar um conjunto específico de palavras a fim de ser ouvido por Deus. Mas, com certeza, o Pai-Nosso é um belo exemplo, uma bela porção da verdade do Evangelho e uma instrução cuidadosa do Messias aos seus amigos sobre como orar.

Certa vez, ouvi uma explicação de que a essência do que Jesus ensinou foi o seguinte: Renuncio à minha vontade ("venha o teu Reino, tua vontade seja feita") porque nunca sou eu quem importa, mas sempre a sua glória; e eu declaro a minha dependência ("dá-nos hoje o nosso pão de cada dia"), porque preciso desesperadamente da ajuda e provisão dele.

Orar pelas coisas ordinárias da vida, bem como pelos grandes temas e dramas, pode trazer energia e resolver, ou pode acalmar a loucura, trazendo paz e perspectiva. Basta orar de forma simples: "Eu entrego a minha vontade; declaro minha dependência."

Quer ser corajosa o suficiente hoje, para submeter a Deus suas preferências, seus desejos e suas necessidades desesperadas?

Jesus, faz tudo à tua maneira. Eu confio em ti para tudo o que preciso. Amém.

De dentro para fora

Quem é como o sábio? Quem sabe interpretar as coisas?
A sabedoria de um homem alcança o favor do rei
e muda o seu semblante carregado.

Eclesiastes 8.1

Disciplina espiritual, ou o ato de colocar-se no caminho da graça de Deus para que ele possa trabalhar em você, nunca é algo neutro.

Claro, você vai fazer isso em segredo, no silêncio de seu próprio coração. Pode não haver qualquer mudança tangível imediata ou óbvia que se perceba de imediato em sua vida. Na verdade, você pode até pensar que buscar a Deus pode não ter qualquer influência sobre aqueles que a rodeiam.

No entanto, você não poderia estar mais errada. Encontrar maneiras de amar a Deus honestamente e em suas áreas de maior vulnerabilidade com todo o seu coração, sua mente, sua alma e sua força terá, sim, um efeito do lado de fora de sua vida – e certamente terá um efeito sobre os outros.

Quando pesquisar as Escrituras de verdade e ficar perto de Deus em oração, você vai crescer em sabedoria, que sempre leva à humildade. E humildade é exibida em características suaves voltadas para Deus e para refletir a sua luz. E isso vai se tornando muito natural em sua vida.

O que você pode fazer hoje para buscar de propósito a beleza da sabedoria?

Deus, espero ter mais de tua sabedoria. Aumenta a minha compreensão e o meu discernimento. Deixa a sabedoria iluminar a minha face e a minha vida. Amém.

Escrevendo uma boa leitura

"Assim brilhe a luz de vocês diante dos homens, para que vejam as suas boas obras e glorifiquem ao Pai de vocês, que está nos céus."

Mateus 5.16

Aristóteles nasceu 384 anos antes de acontecer a maior história jamais contada: aquela que fala sobre um Rei que foi pregado a um madeiro, sangrando, para que pudéssemos ser livres. Mas Aristóteles sabia muita coisa sobre contar histórias. Segundo o sábio grego, toda boa história precisava das seguintes características:

Ethos – Uma boa história é crível e tem credenciais. Ela deve ser testada e digna de confiança. Verdade!

Logos – Uma boa história é convincente quando é clara e articulada sobre conectores lógicos. Há estrutura, evidências e tema. Excelente!

Pathos – Uma boa história move, inspira e abre o coração. Lindo!

Você e eu, amiga, estamos vivendo nossas histórias. As pessoas estão lendo as páginas que estamos rabiscando em nossos dias, em nossos meses e em nossas décadas de vida. E nossas histórias não devem ser apenas de entretenimento ou fuga. Elas devem ser contadas para transmitir a majestade do nosso grande Deus. Elas exigem de nós a coragem e a habilidade de tecer palavras de *ethos*, *pathos* e *logos*: verdade, excelência e beleza.

Você poderia fazer de sua vida uma história real, excelente para ser contada?

Jesus, dá-me a coragem de escrever uma história verdadeira, excelente e bonita, contando todos os meus dias de vida, para a tua glória. Amém.

As primeiras coisas primeiro

"E quando estiverem orando, se tiverem alguma coisa contra alguém, perdoem-no, para que também o Pai celestial perdoe os seus pecados."

Marcos 11.25

Para os crentes em Cristo, essa não é uma opção: é, isso sim, uma ordem séria. Jesus está explicando que não há muito sentido discutir qualquer outra coisa com ele, até que você tenha perdoado aqueles que estão incomodando o seu coração.

Talvez, então, uma boa maneira de começar o dia em oração seja pedir ao Senhor que ajude você a lembrar-se dos nomes das pessoas que você precisa liberar perante o nosso Deus justo e reto. Você pode até mesmo fazer algo prático, como escrever os nomes em papel. Depois, ore pelo difícil processo de perdoar as pessoas dessa lista de nomes. Em seguida, coloque o papel na lixeira, como um sinal simbólico do que você fez com o rancor e de que você está confiando em Deus para reciclar o relacionamento.

Quando você fala com Deus, normalmente inicia a conversa com o quê?

Deus, antes de eu ir mais longe contigo, sei que preciso deixar essa pessoa livre. Tu conheces a história toda, assim como sabes da minha; e sabes como me sinto em relação a isso. Ajuda-me a carregar esse fardo, para que eu possa seguir na caminhada. Amém.

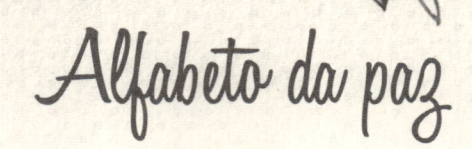

Alfabeto da paz

Que as palavras da minha boca e a meditação
do meu coração sejam agradáveis a ti, SENHOR,
minha Rocha e meu Resgatador!

Salmo 19.14

Nós desperdiçamos palavras todos os dias. Dizemos coisas que, de fato, não queríamos falar, e silenciamos acerca daquilo que deveria ter sido dito.

Jesus disse: "A boca fala do que está cheio o coração" (Mateus 12.34). Suas palavras, sejam elas ditas no escritório, sobre o muro da vizinha ou ao telefone com aquela amiga são tanto uma disciplina espiritual quanto a oração ou o estudo da Palavra.

Suas palavras precisam ser corajosas, verdadeiras, excelentes e belas, a fim de refletir o que está em seu coração, que é verdadeiro, excelente, corajoso e belo.

Você oraria uma poesia comigo hoje? Aqui vai ela:

Jesus, ajuda-me com as minhas palavras. Deixa minhas palavras pousarem como batidas suaves da verdade em uma mente aberta. Vamos deixar que palavras presunçosas sejam silenciadas pelo gole de orgulho engolido. Deixa que as palavras de amor sejam altas. Vamos sorrir com as palavras que dançam e iluminam como as chamas das velas. Deus, me faz um alfabeto de tua paz. Amém.

Voz em sua cabeça

Meu filho, não se esqueça da minha lei, mas guarde no coração os meus mandamentos.

Provérbios 3.1

14 DE AGOSTO

Salomão era famoso pela sua sabedoria. Sabedoria era uma questão de domínio espiritual crucial para ele. Você quase pode ouvi-lo, dizendo: "Criança, se você esquecer tudo o que eu lhe digo, lembre-se apenas de tal coisa." Ele queria desesperadamente ser uma voz ouvida na mente de seu filho.

De quem é a voz que fala em seu interior?

Zombaria, mentira ou vozes insensatas podem chegar até você a partir de fontes obscuras, e você mal as reconhece como sendo destrutivas. Pode ser o silêncio de alguém que se comunica muito, e isso reduz sua confiança a nada. Pode ser a perfeição das aparências da mídia social de estranhos ou amigos, gritando que sua vida é chata ou desprezível. Talvez sua mãe, seu professor, seu irmão ou seu chefe sejam a voz em sua cabeça, e talvez essa voz não seja toda sobre a sabedoria, mas sobre como fazer você se sentir inútil.

A única maneira de calar as vozes erradas é enfatizar as mais certas. Mude essa sua maneira de armazenar os comandos de Deus em seu coração e em sua cabeça e discipline-se para obter sabedoria.

Existe uma voz negativa em sua cabeça que você está tão acostumada a ouvir que, inconscientemente, toma decisões para atendê-la?

Deus de sabedoria, eu quero ouvir tua voz acima de todas as outras. Quero viver de acordo com o que dizes, e que é verdade para mim. Ajuda-me a ser disciplinada sobre a busca pela sabedoria. Amém.

Sal

> "O sal é bom, mas, se deixar de ser salgado, como restaurar o seu sabor? Tenham sal em vocês mesmos e vivam em paz uns com os outros."
>
> *Marcos 9.50*

15 DE AGOSTO

O que eu mais gosto ao nadar no mar não é apenas caminhar até a praia e ficar rindo, na areia molhada, com ondas batendo em mim. É caminhar longe e mergulhar sob as ondas, sentindo sua força passar por cima de mim.

Talvez seja um pouco disso o que disciplina espiritual queira dizer. Talvez seja menos sobre estar na crista da onda e mais sobre dar um profundo mergulho. Nadar contra a corrente. No sal da verdade, que cura feridas e conserva sabores. Talvez seja sobre a coragem de nadar cada vez mais fundo contra marés crescentes de compromisso ou controvérsia. E talvez seja sobre dar o sabor da humildade com o delicioso tempero de paz.

Você poderia estar disponível hoje para mergulhar em silêncio na verdade?

Deus, quero ser encharcada e salgada com verdade para que eu possa ajudar a mudar o sabor de tudo ao meu redor. Amém.

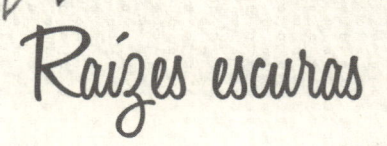

Raízes escuras

Esforcem-se para viver em paz com todos e para serem santos; sem santidade ninguém verá o Senhor. Cuidem que ninguém se exclua da graça de Deus; que nenhuma raiz de amargura brote e cause perturbação, contaminando muitos.

Hebreus 12.14-15

Nós tendemos a pensar que, porque ninguém pode ver a amargura, podemos escondê-la. E, porque podemos escondê-la, ela não vai afetar ninguém. Só que isso está longe da verdade. Assim como é difícil esconder a euforia e contaminar aqueles que nos rodeiam, também é difícil ocultar a amargura, porque ela se arrasta para fora de nós, contaminando e afetando aqueles que estão à nossa volta.

Se você é uma daquelas que querem mudar o mundo, vai querer a coisa certa para atingir todos aqueles ao seu redor. Isso porque, por sua vez, eles vão cultivar coisas boas onde quer que vão, e, pouco a pouco, o planeta vai se tornar um lugar melhor e a fragrância de Jesus vai inundar o ar (2Coríntios 2.15).

Se a amargura criou raízes em algum lugar, você tem que arrancá-la. Ela cresce rápido e amplia seus tentáculos pegajosos. Amiga, seja corajosa o suficiente para dizer a si mesma a verdade sobre o poder destrutivo da amargura e faça uma limpeza nesse belo jardim do seu coração.

Você acha que sua irritabilidade, apatia, raiva ou maldade são desdobramentos da amargura que está corroendo-a por dentro?

Senhor, corta esta amargura pelas raízes.
Tira-me dessa terra seca. Liberta-me! Amém.

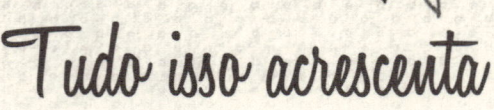

Tudo isso acrescenta

Quem é fiel no pouco, também é fiel no muito, e quem é desonesto no pouco, também é desonesto no muito.

Lucas 16.10

Há um valor que é acumulado para investir pequenas quantidades de tempo em certas coisas durante um longo período. Separar pequenos pedaços de tempo todos os dias para as coisas importantes, tem retornos maciços nesta vida e na próxima.

Não há benefício imediato ao se fazer apenas uma única vez (assim como uma sessão de ginástica não transforma seu corpo), e não há custo óbvio se uma parcela do tempo é perdida – algo como ter um dia muito bom, apesar de tirar uma soneca em vez de se levantar para ir correr. Mas, ao longo do tempo, o retorno sobre o tempo investido para se conseguir uma mudança positiva, vai valer infinitamente mais do que qualquer outra coisa que você teria gasto desse momento. O sacrifício de não priorizar o prazer imediato vale sempre mais a pena, e inevitavelmente uma vantagem será obtida.

Ser fiel nas pequenas coisas, por um longo tempo e ao longo do tempo, pode não fazer você sentir como se vivesse uma vida corajosa e significativa. E, no entanto, como diz Mary Anne Radmacher, "A coragem nem sempre ruge. Às vezes, ela é uma voz tranquila no final do dia, dizendo: 'Vou tentar novamente amanhã'". Mantenha-se firme e perseverante. Tudo isso acrescenta algo espetacular ao seu dia.

Quantas decisões pequenas você poderia tomar para mudar o seu entorno hoje?

Jesus, mantém-me fiel nas pequenas coisas. Amém.

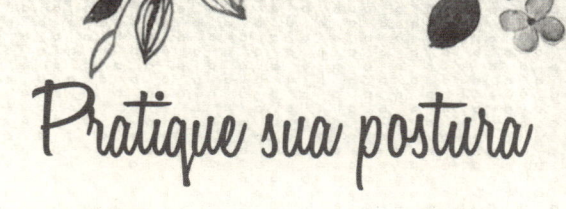

Pratique sua postura

> Como crianças recém-nascidas, desejem de coração o leite espiritual puro, para que por meio dele cresçam para a salvação.
>
> *1Pedro 2.2*

Há um versículo da Bíblia que faz com que nosso filho mais novo se sinta corajoso. Está preso na sua cama, mas você tem que *se deitar para ler*.

Isso me faz pensar em como se aproximar da Palavra de Deus é uma questão de postura e posição. Muitas vezes, eu fico diante das Escrituras para ler a passagem mais conveniente ao meu momento ou de acordo com minha necessidade. É como se a Bíblia fosse uma lanchonete *self-service*, e não o pão nosso de cada dia: um simples compêndio de coisas positivas, e não uma verdade eterna. Eu a corto e colo para provar ou tolerar, em vez de respirar o que Deus soprou – não uma respiração quente para murchar, mas o sopro de vida para um mundo agonizante.

Amiga, e se nos sentarmos alertas e também fizermos uma reverência honesta e deixarmos as palavras das Escrituras acharem seu caminho em brechas de mágoa ou confusão, ódio ou condescendência? Quando nos ajoelhamos, tranquilas, ou ficamos quietas e deixamos que a Palavra leia nossas histórias interiores, as coisas mudam. A Palavra altera e ajusta o nosso curso, desenhando linhas retas da verdade e dando pinceladas da graça. Nunca se curve às tendências da cultura, mas sempre incline o seu coração aos que estão feridos. Isso vai atingir o mais profundo do ser humano, se você deixar, para trazer esperança.

Você já leu a Bíblia, ou a Bíblia já leu você?

Deus, quero ceder aos teus caminhos, revelados em tua Palavra.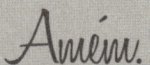

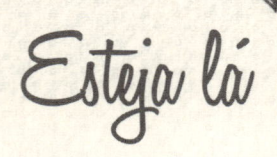

Esteja lá

> Em pureza, conhecimento, paciência e bondade;
> no Espírito Santo e no amor sincero.
>
> *2Coríntios 6.6*

19 DE AGOSTO

Estar presente para os outros nos momentos mais difíceis pode fazer você sentir aquele momento como tempo perdido. Ouvir novamente a luta perpétua da amiga com seus sogros ou ouvir a sua filha contar sobre o dia que passou, nem sempre faz com que você se sinta construtiva ou necessária, ainda mais quando há um mundo de problemas para resolver.

No entanto, precisamos praticar o estar presente. Paciente. Dedicada e sensível, da forma como Jesus foi para as crianças, multidões e mulheres solitárias. Todas as nossas conversas compartilhadas, todo o contato com os olhos e os espaços tranquilos que deixamos para que outros possam falar, todos estes acrescentam camaradagem, amizades e relacionamentos sólidos à vida. Não espere para se ver como uma pessoa em uma sala, olhando para trás ao longo do tempo de sua vida que passou, se perguntando como esses anos poderiam ter sido e desejando ter tido tempo para sujar os dedos com geleia, para saboreá-la lentamente, apenas estando lá.

Podemos nos treinar para estar lá para as pessoas em nossa vida, para que elas ouçam a alegria em nossas vozes, e não o suspiro. São os muitos momentos de estar lá um para o outro que nos elevam e nos fazem corajosas e amadas.

> Mesmo que você tenha coisas mais urgentes para fazer hoje, seria possível fazer uma pausa para ouvir alguém?

Jesus, ajuda-me a ficar disponível para os outros, da mesma maneira que preciso que eles estejam lá para mim. Amém.

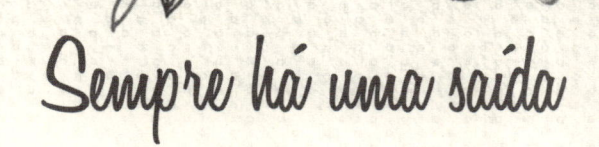

Sempre há uma saída

Não sobreveio a vocês tentação que não fosse comum aos homens. E Deus é fiel; ele não permitirá que vocês sejam tentados além do que podem suportar. Mas, quando forem tentados, ele mesmo providenciará um escape, para que o possam suportar.

1Coríntios 10.13

Alguns dias são difíceis. O ônibus atrasa, a comida queima, o chefe não está bem-humorado, o telefone toca na hora errada e o jantar se transforma em um bate-boca em família.

Você já teve um dia difícil? Como conseguimos viver esse tipo de dia de uma forma diferente? Como vivemos um dia como se fosse *a primeira* vez e como se soubéssemos, *a partir dali*, como fazer melhor? Como é que vamos pegar as partes perdidas e amarrar firmemente as cordas, com a verdade e o amor?

Paulo nos lembra de que Deus nos mostrará uma saída. Não uma brecha, um atalho em uma mera escapadela, mas uma *saída*. E nós sabemos o rumo. Jesus disse: "Eu sou o caminho, a verdade e a vida. Ninguém vem ao Pai, a não ser por mim" (João 14.6). Não estamos sozinhos. O caminho para a verdade sobre como viver a vida está no Pai. Ele está aqui com a gente na bagunça da vida, tornando-a bonita.

Você vai procurar uma saída hoje?

Deus, obrigada por sempre me dares uma maneira de escapar da tentação. Amém.

Gastar ou desperdiçar?

Aproveitando ao máximo cada oportunidade, porque os dias são maus.

Efésios 5.16

Nosso carro quebrou uma vez, no meio do nada, quando voltávamos para casa depois de uma longa viagem. Esperamos o socorro por horas, com duas crianças, um cachorro e malas por todo lado. Não foi nada divertido! Naquela época, nosso filho mais velho tinha apenas cinco anos. Algumas horas de espera depois, ele me perguntou, com ares filosóficos: "Mãe, estamos *perdendo* ou *gastando* nosso tempo?" Percebi que a resposta dependia inteiramente do que eu decidiria fazer com a minha atitude.

Não importa o que não tenhamos planejado ou as circunstâncias inconvenientes em excesso que venham a tomar o nosso tempo – sempre podemos fazer o melhor do tempo que nos é dado. Aguardando na fila, podemos orar. Esperando por algo com amigos, podemos conversar. Nunca é tempo perdido e sempre é tempo bem gasto se nós estivermos nos fazendo as perguntas certas: O que é a verdade sobre esta situação? Que coragem ela exige de mim? Como posso aproveitar esse excelente tempo que me foi dado e transformá-lo em algo bonito?

O que você considera perda de tempo no seu dia ou na sua semana, que você poderia reformular como um tempo bem gasto?

Jesus, me ajuda a ver as oportunidades em cada parte do tempo que eu tiver. Amém.

Santa comparação

Mas, assim como é santo aquele que os chamou, sejam santos vocês também em tudo o que fizerem, pois está escrito: "Sejam santos, porque eu sou santo."

1Pedro 1.15-16

Precisamos, de todas as formas, nos disciplinar para evitar comparações que levem à inveja. Só que nem todo tipo de comparação é ruim. Certamente, é bom compararmos os preços no supermercado e obter o melhor negócio. Também é bom comparar-se aos outros, se o seu objetivo é imitar um comportamento piedoso.

Ou, melhor ainda, se você está propensa a se comparar aos outros, que tal comparar-se a Jesus? Porque viver corajosamente para ele, e *como* ele, irá trazer paz e prazer profundos, uma imensa sensação de completude, de uma forma que jamais aconteceria se você se comparasse aos amigos, aos colegas ou a qualquer outra pessoa. Você vai desfrutar dessas pessoas como nunca antes, porque o que se apreendeu de comparação constante, foi cortado amplamente pela bondade que Cristo está forjando em seu caráter.

Em todas as suas ações e reações hoje, atreva-se a experimentá-las como uma disciplina espiritual, para ser igual a Cristo.

Você poderia escolher um aspecto de seu caráter e compará-lo com o de Jesus? É um clichê porque é verdade; então, vá em frente e se pergunte: "O que Jesus faria nesse caso?"

Jesus, quero continuar a olhar para ti como meu exemplo. Obrigada por eu não precisar me comparar a ninguém ou utilizar qualquer outro padrão, já que tu és o meu modelo perfeito. Amém.

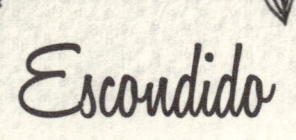

Escondido

As coisas encobertas pertencem ao SENHOR, o nosso Deus, mas as reveladas pertencem a nós e aos nossos filhos para sempre, para que sigamos todas as palavras desta lei.

Deuteronômio 29.29

Gosto de ver Deus revelado. O Senhor manifestado, óbvio, visível e inconfundível é glória. Como aquele que separa o mar Vermelho, faz uma vara virar cobra, clama e o fogo desce e levanta mortos. E ainda há glória em Deus quando se está *escondido* também. Glória em Elias ileso, não encontrado em um riacho; glória em Jesus, andando imperceptível através de uma multidão; glória em galáxias imensuráveis para o homem e glória em pequenos elétrons se movendo, mas ainda não observados. Glória em nossa obediência, nosso melhor culto, que acontece no coração escondido, onde a pretensão é rebaixada e só Deus vê.

Talvez a gente não deva caçar sempre a glória sob luzes brilhantes para grandes coisas. Afinal de contas, a beleza mais esplêndida – e, talvez, as maiores recompensas – pode estar nas coisas secretas, santas e ocultas.

Está tudo bem com o que Deus escolheu manter em segredo? Está tudo bem ser um dos seus segredos mais bem guardados?

Deus, eu te louvo por tudo o que manténs escondido para a tua glória. Amém.

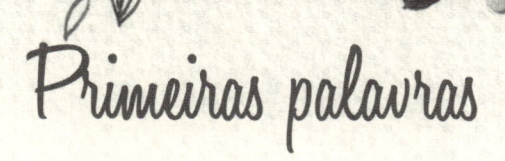

Primeiras palavras

O SENHOR está perto de todos os que o invocam,
de todos os que o invocam com sinceridade.

Salmo 145.18

Quando crianças, aprendemos a falar porque alguém nos fala primeiro. Aprendemos o vocabulário que nos é falado, dito perto de nós ou sobre nós. Deus nos falou primeiro, por meio da Palavra, para que pudéssemos aprender o vocabulário divino de nosso Pai celestial.

As crianças não se preocupam em saber como devem falar com seus pais. E os pais são maduros ao interpretar quando seus filhos não têm exatamente as palavras certas, porque podem, sempre, entender as intenções e os desejos de seus filhos.

Falar com Deus não é diferente. Podemos falar a verdade de sua Palavra, que é aquilo que ele nos falou primeiro, de volta para ele em oração, sabendo que o Senhor conhece cada pensamento e intenção de nosso coração.

Você tem uma parte favorita das Escrituras que possa ler de volta a Deus em louvor, gratidão, amor ou desejo?

Deus, nem sempre sei o que dizer para ti ou como dizê-lo.
Obrigada por tu, em primeiro lugar, estenderes a mão
para mim e iniciares o diálogo. Amém.

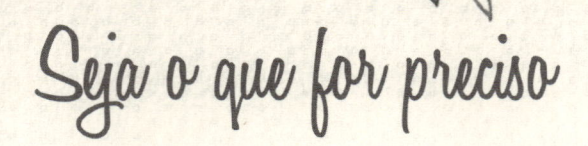

Seja o que for preciso

Meu filho, não despreze a disciplina do SENHOR nem se magoe com a sua repreensão, pois o SENHOR disciplina a quem ama, assim como o pai faz ao filho de quem deseja o bem.

Provérbios 3.11-12

Nós esquecemos como ficarmos bem com as verdades mais difíceis. Quando as coisas começam a ficar um pouco fora do rumo, em geral olhamos para o chão ou damos um sorriso nervoso, reformulando aquela coisa. Mas, o Senhor é tão profunda e totalmente motivado pelo amor, que vai fazer o que for preciso para tornar-nos santas, mesmo quando não é exatamente isso o que queremos.

O desafio é este: se você está seguindo Jesus, tenha medo e tenha ânimo. Tenha medo porque ele é o Deus vivo, que cega de esplendor e dele não se zomba. E tenha ânimo porque você é sua inteiramente filha amada, para sempre remida e herdeira, e ele se deleita em você.

É o Espírito Santo que faz você se sentir desconfortável? Ele está lhe pedindo para lutar com a verdade, toda a verdade e nada mais que a verdade? Quais as partes da verdade que você acha mais difíceis para manter a sua cabeça preocupada ou o seu coração ocupado?

Deus, estou espantada porque tu me amas o suficiente para querer que eu seja a melhor e mais bela versão de mim mesma. Obrigada por te deliciares em mim o suficiente para me disciplinar. Amém.

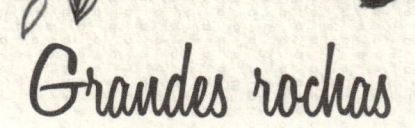

Grandes rochas

> Uma coisa pedi ao SENHOR, é a que procuro:
> que eu possa viver na casa do SENHOR todos os dias da
> minha vida, para contemplar a bondade do SENHOR e
> buscar sua orientação no seu templo.
>
> *Salmo 27.4*

Nesta época do ano, o Natal ainda pode parecer distante. Mas está mais perto do que você pensa. Então, aqui está uma pergunta com a qual tenho sido desafiada a viver: *quando eu for cantar Noite de paz no fim deste ano, o que desejo que este ano tenha sido para mim? O que fez dele um sucesso?*

Você sabe o princípio universal que diz que no vaso de sua vida você deve colocar as pedras grandes *primeiro*, para que as pequenas, o cascalho e a areia possam caber também.

Na sua mente, salte para o período do Natal e seja corajosa o suficiente para olhar para trás. O que você espera ver? O que precisa estar lá? As pedras grandes não são, necessariamente, as grandes coisas *mensuráveis*. Elas são, provavelmente, as coisas que ninguém nunca vai saber – como o tempo investido diariamente em relacionamentos importantes, por exemplo. No entanto, elas são as coisas que irão fazer toda a diferença e que vão durar.

Se a prioridade determina capacidade, o que você precisa colocar primeiro de modo que tenha espaço para a excelência?

*Deus, mostra-me o que não é negociável e me ajuda
a colocar isso em primeiro lugar.* Amém.

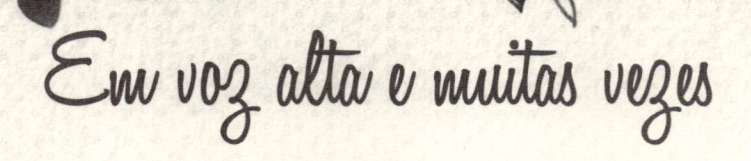

Em voz alta e muitas vezes

Ouvindo isso, levantaram juntos a voz a Deus, dizendo: "Ó Soberano, tu fizeste os céus, a terra, o mar e tudo o que neles há!"

Atos 4.24

A exclamação mencionada nesse versículo foi proferida no ousado encontro que Pedro e João tiveram com as autoridades do templo, que não estavam nada satisfeitas com a mensagem e os milagres que os dois discípulos de Jesus estavam pregando e realizando. Quando os outros crentes ouviram como as coisas tinham piorado, a resposta imediata deles foi orar, todos juntos, em voz alta.

A oração regular com outros irmãos, em voz alta e frequente, deve se tornar um hábito de sua vida e da minha. Precisamos, constantemente, manter cada um responsável, confiando que a oração fiel será nosso primeiro porto seguro para clamarmos, e não o nosso último recurso. Precisamos orar uns pelos outros e pelo mundo, da mesma forma como gostaríamos de receber orações, trazendo nossos anseios diante de Deus.

Você se sente confortável orando em voz alta diante de outros? É algo que você faz em sua vida?

Deus, eu quero incluir outros em minhas conversas contigo, para incentivá-los e também a mim. Ajuda-me a passar por cima de qualquer constrangimento que me desencoraje de fazer isso. Amém.

Racionando as reclamações

Façam tudo sem queixas nem discussões.

Filipenses 2.14

Algum tempo atrás, tentamos, como família, fazer algo radical. Nós nos limitamos a uma queixa por dia, cada um. Uma queixa por pessoa, por dia. Não durou muito. As reclamações diminuíram, mas, aqui e ali, algumas vezes, ainda dizíamos: "Opa! Guarde isso para a sua queixa de amanhã!"

A disciplina espiritual de não reclamar demanda coragem, porque a verdade é que ela pode afetar alguns de seus relacionamentos. O desabafo e a fofoca são o coração e a alma de algumas amizades. Nós alimentamos o descontentamento uns dos outros.

Discutir e encontrar falhas são o procedimento operacional padrão para algumas relações de família. Não sabemos como se relacionam entre si, sem que haja picuinhas de alguma forma. Quem quer transformar o mundo não precisa preencher o silêncio com outra objeção. Eles elevam e encorajam, ouvem e dão graças.

Quem são as pessoas de que você tende a se queixar, ou com quem? Quem lhe traz essa aflição? Você poderia evitar essas pessoas ou, ao menos, rever a história de suas conversas com elas?

Jesus, ajuda-me a não lamentar. Quero que as minhas palavras sejam edificantes, e não destrutivas. Por favor, muda meu coração e me mantém atenta, pelo teu espírito, para não falar como alguém descontente ou que ache apenas que tem direitos, mas sim uma serva satisfeita com a tua graça. Amém.

Vendido para a liberdade

Foi para a liberdade que Cristo nos libertou. Portanto, permaneçam firmes e não se deixem submeter novamente a um jugo de escravidão.

Gálatas 5.1

Quando meu marido e eu passamos algum tempo na Cidade de Pedra de Zanzibar, na África, eu estava ciente de que as pessoas que estavam caminhando e trabalhando naquelas ruas estreitas eram descendentes de gente que, no passado, foi rotulada de "coisa". Nós visitamos as torres onde os escravos eram amontoados e o antigo mercado que os vendia aos traficantes. Aquele horrendo estabelecimento foi o último do gênero a ser fechado para sempre. A partir dali, pessoas livres puderam cantar a canção *Graça maravilhosa*.

Somos realmente livres e usufruímos da liberdade? Será que nossos filhos olham para nós e nos veem livres, debaixo da graça? O derramamento da liberdade em nossa vida se irradia sobre a deles, a fim de que possam viver de forma plena e livre a busca pelo seu futuro, bem como os filhos dos seus filhos?

A verdade é que somos livres! Nós, apenas, precisamos ser corajosas o suficiente para lançar fora os nossos grilhões do pecado, do cinismo ou do legalismo e usufruirmos da liberdade que há em Cristo.

O que faz você se sentir presa?

Jesus, muito obrigada por me libertares! Obrigada porque eu não preciso ser uma escrava para qualquer outra coisa que não seja o meu desejo de te amar. Amém.

Deixa chover

Tenho confiado no SENHOR, sem vacilar.

Salmo 26.1

Uma noite, quando estávamos na costa, choveu toda a noite. Foi um tamborilar constante e suave de gotas no telhado, apenas audível acima do barulho das ondas. Aparentemente, não era uma chuva forte, daquelas que deixam marcas; parecia, isso sim, uma precipitação suave, que durou a *noite toda*.

A manhã seguinte mostrou a verdade. Pedaços de árvores caíram sobre a estrada e o rio estava correndo em fortes torrentes. Havia até peixes mortos, atirados na areia pela força das ondas. Não havia como ignorar o que a chuvinha normal e chata, que durara a noite toda, havia feito.

Talvez o caminho para inundar o mundo com a maravilha de Deus seja deixar que algo semelhante a essa chuva continue caindo, durante toda a noite, como a rotina normal de fazer as camas, cozinhar e dar amor. Ou o gotejar diário de limpar pias e pisos da cozinha. A monotonia da chuva permanente de trabalhar, pagar boletos e permanecer fiel, mesmo, e *especialmente*, quando ninguém está olhando.

Toda essa bondade normal irá ser transformada, por Deus, em algo forte e notável, pela nossa fidelidade e simples fé. Se nós, pessoas comuns que vivem vidas sem brilho, fôssemos como aquela chuva caindo durante toda a noite, talvez as pessoas vissem em nós a ação de um Deus que é a esperança do mundo.

Você estaria disposta a acreditar que a sua vida, aparentemente normal, pode fazer uma diferença notável?

Deus, que tua graça caia como chuva em minha vida e alcance a todos que estiverem ao meu redor. Amém.

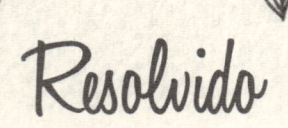

Resolvido

Provem e vejam como o SENHOR é bom. Como é feliz o homem que nele se refugia!

Salmo 34.8

No início deste mês, meditamos na ideia de que disciplina espiritual é a bela harmonia de amar a Deus com todo o coração, com toda a alma, mente e força. O que chamamos de "disciplina espiritual" – a leitura da Bíblia, a oração, o jejum e as práticas similares – necessita de rigor e compromisso. Essas disciplinas não são penosas, tratam-se apenas de maneiras para se desfrutar da comunhão com o Senhor. Elas são um dom, não um trabalho árduo.

Nós podíamos orar para que, no fim deste mês e de cada dia comum bem vivido, não haja nenhuma dissonância na música que estamos fazendo. Podíamos orar para que cada acorde contivesse a verdade. Poderíamos suplicar ao Senhor para que nos dê coragem de resistir ao estresse e à mediocridade e para dizer sim a uma vida simples – a uma simplicidade de amar com o coração, com a alma, com a mente e com a força, de modo que, mesmo quando a carga da vida fique mais pesada, a harmonia da música que estamos fazendo possa lhe emprestar ritmo. E, talvez, com essa atitude, mudar o mundo.

Entre agora e o fim do ano, quais as disciplinas espirituais que você está decidida a exercitar?

Pai, quero me posicionar de modo que eu conheça e experimente a ti mais profundamente em todas as áreas da minha vida. Amém.

SETEMBRO

Partir o pão, construir pontes

"Todos nós moldamos os sonhos uns dos outros. Todos nós mantemos as esperanças frágeis uns dos outros em nossas mãos."

– Anônimo

Na porta ao lado e além

"Ame o seu próximo como a si mesmo."

Mateus 22.39

Os cristãos sempre foram acusados de formação de *santos* ajuntamentos, deixando de fora aqueles que são "do mundo", abraçando o conforto e a credibilidade de perpertuar-se e de sair apenas com aqueles que são da mesma fé.

Só que, quando Jesus disse aos fariseus que amar ao próximo como a si mesmo era o segundo maior mandamento, lado a lado com amar a Deus acima de tudo, ele não quis dizer apenas o pessoal do grupo religioso ou de amigos – ele quis dizer qualquer outro ser humano.

Amar o próximo não significa aprovação incondicional a tudo que está acontecendo na vida de alguém. Mas isso não significa decidir ser incondicionalmente compromissado ou ativamente apaixonado por uma comunidade mais ampla. Isso significa ser corajosa o suficiente para fazer discípulos e viver com ternura ao lado deles, com discernimento para os afetar onde eles estão, seja em casa, na igreja, no trabalho, on-line e no mundo em geral. Significa compreender que, para se ter comunhão, você precisa estar em comunhão. Convide as pessoas para irem à sua casa, não porque os pratos estão sempre limpos e porque o cachorro não anda sujo pela sala, mas porque seu lar é um lugar de paz, onde Cristo é Rei. Ame o seu próximo para ser um refúgio de forma prática e emocional aos viajantes cansados deste mundo.

No próximo mês, o primeiro passo que você for dar pode ser apenas para além do seu lado, indo mais longe da rua?

Jesus, tu abriste teu coração para confortar as pessoas com teu amor. Eu quero agir assim também. Amém.

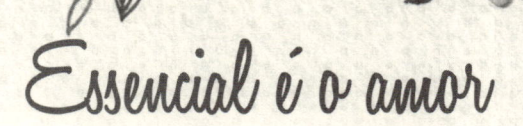

Essencial é o amor

Quanto ao mais, tenham todos o mesmo modo de pensar, sejam compassivos, amem-se fraternalmente, sejam misericordiosos e humildes.

1Pedro 3.8

Há quase dez anos, nós temos em nossa casa um grupo de células toda quinta-feira à noite. Ali, rimos muito, comemos muito, discutimos sobre Apple contra o Android, eleição *versus* livre-arbítrio, oramos e rimos um pouco mais.

Nosso grupo é uma mistura. No espectro que cobre desde calvinistas a católicos, passando por pentecostais, temos praticamente todas as áreas teológicas. Nós representamos três igrejas locais – o que é incomum para um grupo de estudo bíblico – mas isso funciona apenas para nós. Somos, com efeito, uma fusão de paixões diferentes, personalidades, chamados e carreiras. Temos temperamentos fortes, que não abrem mão de opiniões por causa do ego do outro. E, ainda, há amor profundo, aceitação e cuidado genuíno. Vivemos nossa vida juntos, com crianças, trabalho, estresse e alegria. Celebramos promoções e nos solidarizamos com os contratempos uns dos outros – e participamos de nascimentos, sepultamentos e matrimônios.

É comum alguém adormecer no sofá durante nossos encontros. Também construímos um espaço de descanso em nossa comunidade – encontramo-nos por seis semanas e descansamos na sétima. Endossamos o que Agostinho disse: "No essencial, unidade. Naquilo que não é essencial, liberdade. Em todas as coisas, amor."

Você tem certeza de seus fundamentos de fé a ponto de se sentir confortável diante de pontos de vista diferentes acerca daquilo que não é essencial?

Deus, mantém-me de pé sobre a rocha sólida do Evangelho.
Faz-me mansa e flexível para conviver com as pessoas,
apesar de suas dificuldades e diferenças. Amém.

A coragem de ser flexível

Acima de tudo, porém, revistam-se do amor,
que é o elo perfeito.

Colossenses 3.14

A maioria das comunidades, sejam igrejas, famílias, escolas, organizações e nações, passa por tempos difíceis e crises. Mas, a verdade é que elas continuam crescendo, se você tiver a coragem de continuar a construí-las com amor.

Para amar, é preciso coragem. Corações duros são fáceis de manter, mas mantêm os outros fora da relação. Corações duros zombam dos flexíveis, classificando-os como patéticos, fracos e simplórios.

Os corações duros, no entanto, têm errado. Porque é preciso a força maravilhosa do valente para ser suave. É preciso coragem para viver a verdade que diz que não amar as pessoas não é uma opção para seguidores de Jesus. Seu amor por nós nos obriga a manter um coração flexível e abre as portas para as pessoas em nossa vida e em nossas comunidades.

Sempre que Deus nos chama para fazer isso, precisamos estar com o coração flexível, suave e aberto, pronto para receber as pessoas na situação em que estiverem, pois precisam ser mantidas juntas.

Deus está lhe pedindo para ser um pouco flexível e mais suave para com os outros? Você pode anotar alguns nomes de pessoas com as quais precisa agir assim?

Jesus, mesmo com teu poder infinito, tu és incondicional em teu amor.
Por favor, faz-me corajosa e me ensina a ser flexível. Amém.

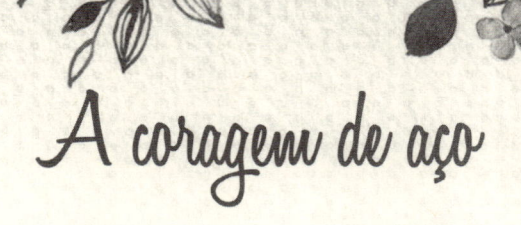

A coragem de aço

Assim como o ferro afia o ferro, o homem
afia o seu companheiro.

Provérbios 27.17

Assim como é preciso ter coragem para ser flexível e suave, também é preciso tê-la para ser forte. Em nossa cultura individualista, dividir é sempre mais fácil. Fazemos vastas conexões nas redes sociais, e isso faz com que seja fácil dar um *like* no Facebook de alguém, porque isso não nos compromete com nada. Não temos de alavancar recursos de tempo ou mudar quem realmente somos, para o bem da outra pessoa ou seus melhores interesses.

É preciso coragem para ser de aço, porque as pessoas são pesadas e você pode precisar carregá-las por semanas, anos ou até pela vida inteira. Você pode precisar ser o aço que reforça a fé daqueles que Deus lhe deu para amar – o que, às vezes, exige que você se blinde contra julgamentos e comentários desagradáveis por causa das pessoas em sua comunidade. Elas não são perfeitas, nem você.

Ser suave com uns e forte ante outros, além de corajosa o suficiente para dizer sim à comunidade, significa aprender a tratar pessoas com sabedoria, discernimento e sensibilidade, traduzindo suas boas intenções na realidade delas. Você precisa ser corajosa – e o lindo resultado disso vai valer a pena.

Você tende a dar desculpas às escolhas ou à irresponsabilidade questionável de alguém ou está disposta a fortalecer os outros?

Deus, fortalece-me, para que eu possa fortalecer outros. Amém.

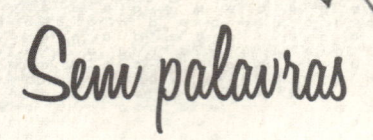

Sem palavras

Depois os três se assentaram no chão com ele, durante sete dias e sete noites. Ninguém lhe disse uma palavra, pois viam como era grande o seu sofrimento.

Jó 2.13

Quando nosso bebê foi diagnosticado com cegueira, ficamos devastados. Meu marido não queria que as pessoas viessem a ele oferecendo versículos da Bíblia sobre ter alegria em meio à tempestade ou textos das Escrituras que garantem o controle de Deus sobre todas as coisas. Ele, simplesmente, não queria ouvir que era um "privilégio" ter sido "escolhido" pelo Senhor para trilhar esse caminho de luta dali em diante.

Algumas pessoas o evitavam porque não sabiam como penetrar em meio a sua raiva e tristeza. E ele nunca vai esquecer o que significou para ele quando um amigo chegou ao seu escritório, no meio de um dia de trabalho, e disse: "Não sei o que dizer. Não tenho palavras. Mas estou orando muito por você." Meu marido também ficou muito impactado quando outro amigo o levou para um café e disse: "Eu também sei o que é estar zangado com Deus. Eu também não tenho respostas – porém, quero que saiba que estou com você, orando." Assim como os amigos de Jó fizeram (embora tenham atrapalhado tudo com seus conselhos estúpidos), eles apenas se sentaram em silêncio com meu marido no meio do pó, bem junto a ele, em sua aflição. Qual o poder desse tipo de atitude?

Você já se ofendeu pelas boas intenções equivocadas de alguém? Existe alguém que precisa de você apenas para estar lá, junto, em vez de tentar propor soluções para o que você está enfrentando?

Deus, me dá sabedoria e sensibilidade para saber como estar calmamente com alguém no meio de sua tristeza. Amém.

Diga o seu melhor "sim"

Ali costumava ficar grande número de pessoas doentes e inválidas: cegos, mancos e paralíticos. Eles esperavam um movimento nas águas. De vez em quando, descia um anjo do Senhor e agitava as águas. O primeiro que entrasse no tanque, depois de agitadas as águas, era curado de qualquer doença que tivesse. Um dos que estavam ali era paralítico fazia trinta e oito anos. Quando o viu deitado e soube que ele vivia naquele estado durante tanto tempo, Jesus lhe perguntou: "Você quer ser curado?"

João 5.3-6

Há momentos em que você precisa de coragem suficiente para dizer *não*.

Lembre-se de que Jesus não fazia tudo. Ele não curou todos naquela piscina de Betesda. Por razões que nunca saberemos (e ele não nos deve quaisquer explicações), ele curou apenas um homem. Ele também não pregou em todos os lugares. Apenas fez o trabalho de cada dia – e fez bem.

Faríamos bem em não tentar preencher todas as lacunas que encontramos. E nos faria bem fazer o trabalho para o qual somos chamados exclusivamente para fazer, porque menos é, realmente, mais. Apenas algumas coisas benfeitas são sempre melhores do que uma dúzia de coisas juntas e malfeitas. Não imaginamos que sejamos capazes de fazer tudo ou estar envolvidas em todos os lugares. Fomos criadas com lacunas também, e há algo bonito sobre dar àqueles que nos rodeiam o espaço e a liberdade, para usarem seus dons para nos preencher.

Por que você, realmente, acha que é difícil dizer não?

Senhor, na minha comunidade, me ajuda a dizer sim apenas às coisas certas. Amém.

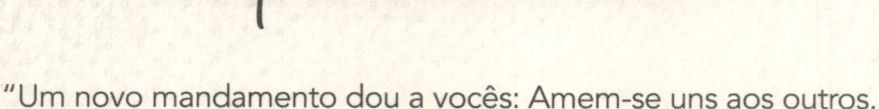

A prova está no amor

"Um novo mandamento dou a vocês: Amem-se uns aos outros. Como eu os amei, vocês devem amar-se uns aos outros."

João 13.34

Jesus ensina verdades fundamentais sobre a comunidade em sua última refeição junto aos seus amigos. Judas deixou o local para preparar a traição, e o Mestre sabia que a sua morte estava próxima. Prestes a deixá-los para entrar em sua glória, ele olha com amor ao redor da mesa e dá a sua instrução de despedida: "Com isso, todos saberão que vocês são meus discípulos, se vocês se amarem uns aos outros" (João 13.35).

Ele não diz coisas como "memorizem as Escrituras" ou "frequentem cultos regularmente" como sinal de que o seguem. Embora ambas sejam excelentes ideias, Cristo é taxativo: "Como eu os amei, vocês devem amar-se uns aos outros."

Priorizar o amor não significa comprometer crenças. Mesmo quando era mais assertivo, Jesus nunca evitou a verdade para aplacar ânimos ou submeter vontades. Ele era firme e não temia ser confrontado. No entanto, teve infinita misericórdia para com os pecadores. Sim, o Salvador era flexível. O amor em comunidade significa ir sempre de volta às Escrituras, juntos, para lutar pela verdade crua, fora da teologia e inclinando-se para a graça e santidade nesta cultura de vale-tudo. Afinal, o Mestre afirmou: "Com isso todos saberão que vocês são meus discípulos, se vocês se amarem uns aos outros" (João 13.35).

Se estrangeiros chegassem à sua cidade hoje, eles descobririam a quem você segue pela simples manifestação de seu amor aos outros?

Jesus, dá-me a capacidade de revelar a ti apenas pelo amor que tenho pelos outros. Amém.

Demasiado ocupada para ser corajosa

8 DE SETEMBRO

Não deixemos de reunir-nos como igreja, segundo o costume de alguns, mas procuremos encorajar-nos uns aos outros, ainda mais quando vocês veem que se aproxima o Dia.

Hebreus 10.25

Não há como escapar do projeto de Deus para a criação. Nós somos feitos para experimentar relacionamentos. Isso é óbvio, porque Deus continua a permitir que nasçam mais e mais pessoas, colocando-as, todas, neste pequeno planeta. É como se ele estivesse dizendo: "Ainda não está lotado. Isso é comunidade."

Diante disso, como vamos dizer que não temos tempo para a comunidade? Sim, todos estão muito ocupados. Mas, a boa notícia é que as pessoas têm escolhas. Podemos, então, decidir nos vincular a uma comunidade, nelas gastando energia e forjando relações que são próximas, profundas e fortes.

É preciso coragem para confiar que Deus vai ordenar nossos mundos particulares e trazer, através das linhas finas e margens em branco de cada dia, quem ele quiser escolher. Ora, se formos honestas, sabemos que bons tempos não são apenas as realizações mensuráveis ou o que ficou bem resolvido em uma lista. Bons tempos são sobre nossas atitudes e ações, e como elas afetaram aqueles que estão à nossa volta. Talvez precisemos trazer esse tipo de comunidade para festas, estacionamento da escola, grupos de oração e *chats* no *WhatsApp*, porque é exatamente *nisto* que todos conhecerão que somos suas discípulas – e com isso nós até podemos mudar o mundo.

É possível que você esteja dando a alguém a impressão de que não tem tempo para ela?

Deus, me transforma de modo que quanto mais ocupada eu estiver, melhores sejam minhas escolhas. Amém.

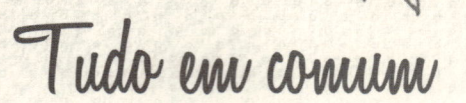

Tudo em comum

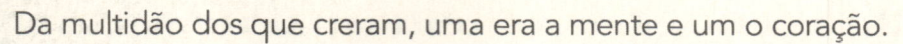

Da multidão dos que creram, uma era a mente e um o coração.

Atos 4.32

As culturas mudam. Por conseguinte, igrejas e comunidades mudam com elas. Bandas de louvor cantando música em estilo contemporâneo, pode ser a sua realidade atual de domingo, mas os hinários ainda podem estar em sua memória viva. Você pode rastrear mudanças, por toda a Escritura, avaliando a forma como as pessoas se reuniram, ao longo dos tempos, para adorar a Deus. Quem participava de um culto em uma tenda no deserto do Sinai, estranharia a maneira como os crentes da Igreja primitiva se reuniam em nome de Jesus.

Alterar as expressões culturais de nossa adoração é bom, desde que a cultura nunca comprometa a verdade de Deus. O progresso tem sido o plano divino para a humanidade desde o início. E, no entanto, mudanças dentro da igreja podem ser difíceis de engolir, porque as coisas que um dia fizeram você se sentir confortável podem mudar. Há graça para você – e, realmente, a sua única resposta e responsabilidade é a de ter certeza de que o seu coração e a sua mente estão unidos com os de outros crentes, sob a bandeira da verdade imutável e irrefutável.

Você está tranquila ou apreensiva com as mudanças que vêm acontecendo em sua igreja ou comunidade? Se você é a única a ter desejo de mudança, como pode começar a viver as mudanças positivas que você espera?

Deus, dá-nos a graça, a sabedoria e o discernimento para não diluir a verdade em favor do sabor da cultura. Ajuda-nos a ser flexíveis na expressão, firmes na verdade e unidas em coração e mente. Amém.

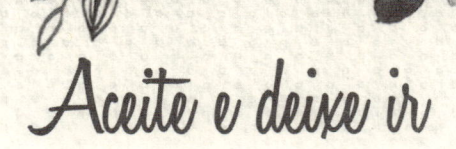

Aceite e deixe ir

> Quando insultado, não revidava; quando sofria, não fazia ameaças, mas entregava-se àquele que julga com justiça.
>
> *1Pedro 2.23*

O poder de Jesus é bastante evidente neste versículo. Ele resistiu ao impulso por retaliar. Cristo não estava em negação, mas só descansou no poder e na justiça de seu Pai.

Se há alguém em sua comunidade que tem a intenção de julgá-la ou repreendê-la, não importa o quanto você tente fazer tudo direito, infelizmente *é assim que as coisas funcionam*. Essa é a sua realidade nesta relação. Aceite que você não pode mudar outra pessoa. Entretanto, no que depender de você, tenha paz com todos (Romanos 12.18) e entregue-se ao Deus que julga justamente. Ele é aquele que protege seus filhos de todos os lados (Salmo 139.5). Honre a outra pessoa, tanto quanto possível, nos pontos fortes que você vê nela, e deixe de lado o resto. Decida ser desse tipo! Opte por deixar o amor cobrir o orgulho de seu oponente (1Pedro 4.8).

Não se esqueça de que você precisa de outros para cobrir esse orgulho que pode vir sobre você também, enquanto repara na imperfeição alheia.

Você poderia aceitar alguém hoje, da maneira como essa pessoa é, liberando-a para ser apenas aquilo que Deus quer que ela seja?

Pai, ajuda-me a reconhecer que as pessoas não se acomodam às caixinhas em que se tenta colocá-las, e que eu esteja em paz com isso. Amém.

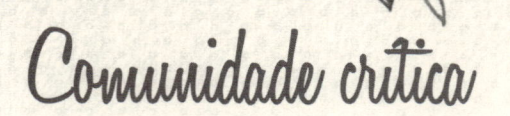

Comunidade crítica

"Por que você repara no cisco que está no olho do seu irmão e não se dá conta da viga que está em seu próprio olho?"

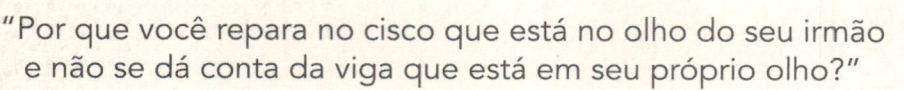

Mateus 7.3

Quando estamos no meio da comunidade, pode ser fácil se ofender, porque inevitavelmente vamos esbarrar em alguém que vai derramar seu café em nossa roupa limpinha. E, quando isso acontece, pode ser difícil ver como também estamos derramando nossa desaprovação e lançando nossos julgamentos cáusticos sobre aqueles que nos rodeiam.

Use suas palavras com cuidado. Pense antes de falar e opte por compartilhar apenas aquelas que fazem as almas mais fortes. O que você diz a alguém – seja seu filho, seu pastor, seu colega ou o gerente da loja – pode ser *verdade*, mas não necessariamente útil para o progresso emocional, espiritual ou social daquela pessoa.

É embaraçoso admitir que estamos, muitas vezes, vivendo apenas para nossa própria glória, em vez da de Deus. Para verificar quem sou, eu observo meus níveis de crítica. Na vida real ou na minha imaginação, acaso estou vociferando contra qualquer pessoa que não pense, viva, se conduza, eduque filhos ou trabalhe como eu faço? Meu sensor de falhas mostra que estou apenas pensando em mim. Depois, sei que deveria considerar não dizer outra palavra, até que tenha lembrado que o Senhor é que está no trono, e não eu.

Como estão seus níveis de crítica? O que eles refletem sobre sua caminhada com Deus?

Ó Senhor, muitas vezes tenho tentado repassar aos outros a responsabilidade por minhas próprias falhas. Ajuda-me a espalhar graça, em vez de críticas. Amém.

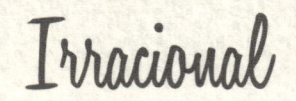

Irracional

Não! Judeu é quem o é interiormente, e circuncisão é a operada no coração, pelo Espírito, e não pela Lei escrita. Para estes o louvor não provém dos homens, mas de Deus.

Romanos 2.29

Você, provavelmente, pode lembrar-se de um momento quando seu orgulho foi ferido e você exagerou um pouco na reação. Depois, porém, quando você se acalmou e sua visão, antes desfocada pelo ego ferido, tinha se ajustado, você se encolheu e lamentou. Eu, com certeza, posso me lembrar de que isso já aconteceu comigo.

O orgulho pode nos fazer irracionais. Se você pede a Deus que a use, então não deveria estar indignada quando se sentir usada. E, se você diz que não faz as coisas para receber agradecimentos, então você não deveria se sentir esquecida quando o agradecimento não vem. Sendo totalmente honesta, você sabe que, às vezes, não necessariamente tem prazer na atenção que está desejando ou manipulando para conseguir. Você acabou de ter prazer no fato de que tem mais alguma coisa do que alguém.

Somos inteligentes o suficiente para saber que pensar dessa maneira não é um bom uso de nossa mente, certo? Se buscamos o nosso reconhecimento de Deus, somente ele irá manter nosso orgulho em xeque e nos fará muito mais realistas e razoáveis – fará de nós mulheres de Deus.

Quais são os gatilhos que fazem você reagir irracionalmente ao orgulho ferido?

Deus, humilha-me e me ajuda a pensar direito. Quero buscar afirmação em ti, em primeiro lugar. Amém.

Vidro

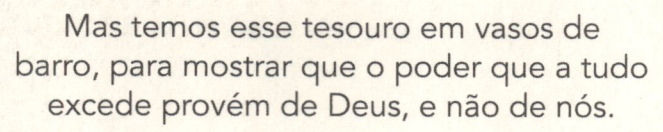

Mas temos esse tesouro em vasos de barro, para mostrar que o poder que a tudo excede provém de Deus, e não de nós.

2Coríntios 4.7

As pessoas são como o vidro: podemos vê-las de diferentes maneiras – coloridas, brilhantes, transparentes –, mas todas são frágeis. E, assim como o vidro é frágil e se quebra com facilidade, assim também são as pessoas. E, quando somos quebradas, podemos cortar umas às outras. Infelizmente, e muitas vezes, nem sequer percebemos que temos, todos, bordas afiadas.

Assim como o artífice faz com o vidro, o Senhor nos molda. A boa notícia é que Jesus também reconstrói nossa vida despedaçada. Ele nos molda e nos faz brilhar para deslumbrar o mundo. Então, talvez a coisa mais corajosa a fazer é se ajoelhar nos fragmentos que cortam e orar por seu toque que, fundindo, sopra e limpa, reforma, renova, reflete e mostra a sua glória.

Você é o vidro que corta ou que brilha? Suas palavras ferem os outros ou trazem brilho à sua vida?

Jesus, me ajuda a viver de forma transparente. Faz-me um luminoso reflexo de tua glória. Amém.

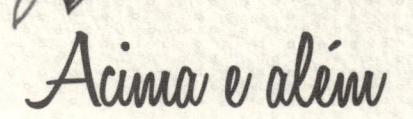

Acima e além

A seguir, levantou-se e foi para seu pai. "Estando ainda longe, seu pai o viu e, cheio de compaixão, correu para seu filho, e o abraçou e beijou." O filho lhe disse: "Pai, pequei contra o céu e contra ti. Não sou mais digno de ser chamado teu filho." Mas o pai disse aos seus servos: "Depressa! Tragam a melhor roupa e vistam nele. Coloquem um anel em seu dedo e calçados em seus pés."

Lucas 15.20-22

Imagine que você trabalha em uma loja. Um belo dia, comete um erro e é demitida por isso. Em seguida, seu chefe a encontra e a perdoa, e não só lhe dá de volta o emprego como promove-a a gerente, garantindo que está muito feliz com sua volta à equipe.

É assim que Deus nos perdoa. Ele não apenas nos chama, mas reveste-nos com justiça (Isaías 61.10), nos adota e nos chama de filhas do Rei. O Senhor *não apenas* nos restaura, mas proporciona um relacionamento direto com ele.

Precisamos imitar a Deus na maneira como perdoamos os outros, em qualquer comunidade onde nos encontramos. Nosso perdão deve ser mais do que um consentimento, apenas pela má vontade com que uma dívida foi cancelada. Ele deve ilustrar algo luxuoso, totalmente imerecido e de uma beleza de tirar o fôlego.

Como você pode seguir para o alto e além hoje?

Deus, me ajuda a não ficar de mau humor.
Sê minha força e minha alegria de amar. Amém.

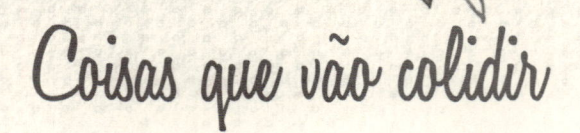

Coisas que vão colidir

> Por isso, exortem-se e edifiquem-se uns aos outros,
> como de fato vocês estão fazendo.
>
> *1Tessalonicenses 5.11*

Eu aprendi que, sempre que me comprometo com qualquer comunidade – seja igreja, família, amigos ou casamento –, Deus coloca pessoas no meu caminho, para revelar coisas sobre mim. Comunidades fazem com que eu interaja, às vezes por meio de conflitos, com todos os tipos de pessoas. Não sei as profundezas escuras do meu caráter ou de minhas reações intuitivas até que seja colocada em um canto, contestada, irritada ou com inveja.

E a chave para ser transformada, já que eu vivo a percorrer as grandes e pequenas comunidades que compõem os padrões de minha vida, é a humildade e a procura de formas de incentivar e agregar valor para os que me rodeiam. Isso significa que a postura do meu coração deve ser tão gentil e honrada que a cada aperto de mão ou abraço que eu der signifique: "Você é mais importante do que eu."

Um dos privilégios de viver em comunidade é que todos os tipos de pessoas aparecem para nos dar o que não necessariamente queremos. Quase sempre elas nos mostram o quanto precisamos de Jesus, numa oportunidade maravilhosa para escolhermos uma resposta que vai mostrar ao mundo um pouco de sua graça.

Com quem você interagiu nesta semana?

Jesus, obrigada por me dares oportunidades de aproximação, a fim de que eu possa me humilhar e encorajar os outros. Amém.

Entendido

Cada coração conhece a sua própria amargura,
e não há quem possa partilhar sua alegria.

Provérbios 14.10

Você, provavelmente, tem um punhado de pessoas de seu círculo de amizades que a compreendem quase que perfeitamente. Porém, a verdade é que nenhuma de nós nunca vai ser totalmente compreendida, em última instância, por qualquer pessoa, exceto por Deus. Nenhuma de nós pode entrar completamente dentro da pele de outros e *realmente* saber o que a vida, de fato, é para eles.

Você vai ser mal interpretada. Eu garanto! Afinal, o Rei dos reis, aquele com quem você teve a coragem de alinhar o seu destino, foi mal interpretado. Portanto, não deve surpreendê-la ou estressá-la quando pessoas não compreenderem seus objetivos, sonhos ou prioridades. Não deve surpreender ou impressionar você quando eles a acharem patética ou para-noica, estranha ou incompleta. Confie nele, que vê tudo de forma mais ampla, *para escolher seus* compromissos, a direção a seguir, seus amigos, suas programações e seu nível de envolvimento no trabalho, ministério ou eventos sociais. Assuma a responsabilidade por sua *fatia* no bolo relacional, em cada uma de suas conexões, tentando o seu melhor para compreender o seu povo, para depois descansar na verdade que o Rei do universo a entende perfeitamente.

Você está satisfeita por ser compreendida por aquele que a criou, que a ama e molda seu destino?

Jesus, contigo, eu nunca tenho que explicar. Obrigada! Amém.

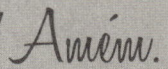

Reafirme seu amor

Se um de vocês tem causado tristeza, não a tem causado apenas a mim, mas também, em parte, para eu não ser demasiadamente severo com todos vocês. A punição que foi imposta pela maioria é suficiente. Agora, ao contrário, vocês devem perdoar-lhe e consolá-lo, para que ele não seja dominado por excessiva tristeza. Portanto, eu recomendo que reafirmem o amor que têm por ele.

2Coríntios 2.5-8

O que eu gosto em Paulo é que ele é realista sobre a devastação causada pela pessoa que pecou contra ele e, ao que parece, toda a comunidade. Ele não varre tudo para debaixo do tapete da igreja. Assim como, em vários momentos do Novo Testamento, ele é compassivo e se solidariza com aqueles que foram feridos, em outros é corajoso o suficiente para não permitir a si mesmo ou à comunidade envolvida que venha a se perder em conflitos. O apóstolo chama a comunidade para procurar e confortar a pessoa, porque o amor sempre vem primeiro. Ele os chama para reafirmar seu amor por ele, começando por reestabelecer uma relação.

Uma coisa que se deve deixar para trás é superar o que alguém fez contra você e seguir em frente; e outra, bem diferente, é enfrentar isso, se envolver com aquela pessoa e ser mansa.

Como seria, para você, reafirmar seu amor para alguém hoje?

Senhor, obrigada porque tu estás plenamente consciente dos efeitos do pecado em nossa comunidade. Ajuda-me a ter um coração manso para com os outros, mesmo no meio de eventuais confusões. Amém.

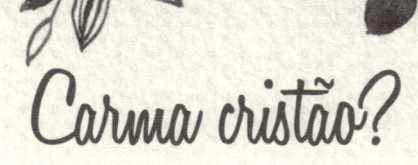

Carma cristão?

"Não julguem e vocês não serão julgados. Não condenem e não serão condenados. Perdoem e serão perdoados."

Lucas 6.37

Vivemos em um mundo de causa e efeito. Desde crianças, ouvimos que, se estudarmos muito, tiraremos boas notas. Se sairmos de casa sem avisar os pais ou responsáveis, ficaremos de castigo. Religiões inteiras foram desenvolvidas em torno desse princípio universal.

No entanto, essa é apenas a única coisa que separa o Cristianismo das demais religiões. Não há nenhuma causa e efeito em jogo no milagre da salvação. Deus quebrou a ordem natural e fez algo radical, enviando o seu Filho para pagar o preço que deveria ter sido pago pelo nosso próprio pecado. Assim, ele removeu a punição de causa e efeito que havíamos recebido.

Mas nós ainda vivemos em um mundo de causa e efeito. A forma como você trata os outros tem influência sobre a maneira como será tratada. Com certeza, você nunca deve se assustar com a ameaça vazia ou ser embalada pela falsa promessa de que o que você faz, vai voltar para prejudicá-la ou abençoá-la. Porém, suas ações e reações influenciam outros, porque eles são os tijolos com os quais você está construindo relacionamentos. Portanto, construa sabiamente.

Ontem, quem você tratou bem como seria de se esperar que ele teria tratado você?

Deus, eu quero te honrar por meio da maneira como demonstro graça e bondade para os outros. E isso não é apenas porque posso obter algum tipo de recompensa, mas porque traz alegria. Amém.

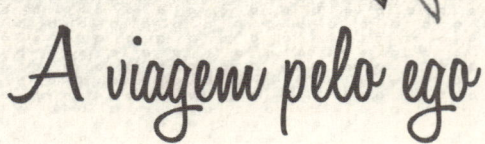

A viagem pelo ego

... Ninguém tenha de si mesmo um conceito mais elevado do que deve ter; mas, ao contrário, tenha um conceito equilibrado, de acordo com a medida da fé que Deus lhe concedeu.

Romanos 12.3

Você, provavelmente, está ciente de que o orgulho danifica as relações em uma comunidade. Esse sentimento pode conduzir e dominar nossas ações e atitudes. Talvez, como eu, você recuse ajuda, porque quer provar que pode cuidar de tudo apenas com seu próprio esforço. Quem sabe, você force suas opiniões e a dos outros passando por cima nesse processo – ou, ainda, goste de se sentir superior a alguém, porque está convencido de que fez muito melhores escolhas em sua vida.

Sabemos que podemos nos arrepender do orgulho, ser perdoadas e ter a certeza da salvação eterna. Podemos descansar no alívio da graça e da bondade de Deus, nos justificando para sua glória final, na eternidade. Mas, entre a justificação e a glorificação, vem a santificação: caminhe com Jesus agora, para que ele esteja presente em nós. E nós só precisamos dar alguns passos com o Salvador, diante de sua mansidão poderosa, para que ele nos ajude a lidar com o orgulho. Fazendo isso todo dia. Ou no dia seguinte. Após o dia, reunindo coragem. Diariamente, limpando nosso coração. Diariamente, pedindo-lhe que aguce a nossa consciência e desperte os nossos sentidos, produzindo em nós humildade e nos amando, para amarmos os outros.

Para onde o orgulho a tem levado?

Deus, ajuda-me a mudar a narrativa em minha cabeça e em meus relacionamentos, de modo que eu não me promova em meus pensamentos ou em minhas conversas. Amém.

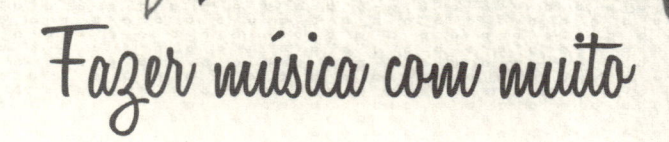

Fazer música com muito

Como é bom e agradável quando
os irmãos convivem em união!

Salmo 133.1

Meu filho tinha um brinquedo de banho favorito quando era pequeno: uma corneta de plástico com tubos, para que ele pudesse preenchê-los com diferentes níveis de água, de modo que cada botão de plástico que ele pressionasse, produzisse um som diferente a cada vez que ele soprava o pequeno instrumento.

Os sons eram diferentes: uns mais altos, outros, mais baixos, mas todos eram únicos. O mesmo ocorre com os relacionamentos. Alguns são profundamente significativos, próximos, harmoniosos. Essas relações ainda envolvem seres humanos, que têm um longo histórico de fazer coisas estúpidas para machucar uns aos outros. Esteja profundamente em paz com as pessoas com quem você está se relacionando e faça um doce som.

Claro, malícia corrosiva e mal-entendidos podem se esconder até mesmo em relações profundas, o que é indescritivelmente doloroso. Porém, decida amar. Decida honrar. Destaque os pontos fortes dessa pessoa com quem sua relação, por um motivo ou outro, se trincou. Escolha ouvir um doce som e continue a tocar essas notas. Não necessariamente espere ouvir uma sinfonia no início. De qualquer forma, o amor é paciente.

Você poderia deixar alguém que você ama saber hoje o quanto gosta de viver sua vida com ela?

Senhor, tu tens me cercado com o doce som de pessoas incríveis. Obrigada! Amém.

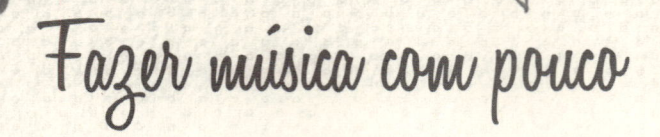

Fazer música com pouco

Façam todo o possível para viver em paz com todos.

Romanos 12.18

Vamos voltar para a corneta de plástico de que falamos ontem. Alguns relacionamentos são superficiais e, possivelmente, repletos de enormes incompatibilidades. Mas, felizmente, isso não é sobre você. É realmente muito libertador pensar que está tudo bem em se sentir ferida, julgada ou desconsiderada. Você não tem que ter, somente, relações profundas e harmoniosas com todos – você só precisa fazer um som doce, colocando a água do banho naqueles tubos e tocar as notas que conhece.

Com relação àquelas pessoas, escolha a sua atitude. Seja amável. Esteja interessada. Entregue seu orgulho. Continue orando para que Deus coloque você em uma posição melhor, a fim de que reflita a glória dele e a graça de Jesus – e saboreie os momentos de conexão que magicamente acontecem agora e, em seguida, naqueles relacionamentos ainda não tão confiáveis, uma risada compartilhada, ou o fato de que vocês têm em comum o amor pelos docinhos ou pelos trabalhos manuais. Saiba que nesses momentos de coesão, algo está ressoando com a imagem de Deus estampada em você.

Como você pode evitar ter partes de conversas discordantes com conhecidos casuais?

Deus, ajuda-me a reproduzir doces sons com as pessoas que não conheço bem e que não me conhecem. Amém.

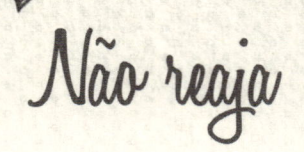

Não reaja

Sobretudo, amem-se sinceramente uns aos outros,
porque o amor perdoa muitíssimos pecados.

1Pedro 4.8

É difícil manter a calma quando você é menosprezada. Mais difícil ainda é se segurar quando alguém faz algo contra seu filho. Você coloca as garras para fora, certo? Isso faz de você um ser humano normal.

Nós seríamos sábias se pedíssemos a Deus que nos ajude a reagir com amor a situações assim, pedindo um tempo para nos acalmarmos e processarmos o ocorrido. O que fazer ou não fazer e reagir de maneira apropriada.

Vítimas reagem. Elas se lançam lívidas e gritam quando estão *desesperadas* e com *medo*. E você não é uma vítima. Você é uma vencedora (Romanos 8.37). Não reagir, porque talvez *você tenha escolhido* parte da difícil realidade que está enfrentando? Por quanto do errado você, possivelmente, é responsável? Não reagir, porque isso pode não ser tão ruim quanto você pensa. E não reagir, porque você sabe que é estúpido fazer a ligação ou enviar e-mail antes que esteja calma novamente. Processe. Tenha seu tempo. Pense com sabedoria. E faça a coisa certa.

Há uma situação delicada ou um relacionamento volátil sobre o qual você poderia jogar um manto de amor, que cubra, inclusive, sua própria raiva?

Deus, ajuda-me a não reagir furiosamente e sem pensar. Quero saber perdoar os meus agressores ou os ofensores daqueles a quem eu amo, cobrindo os pecados deles com amor. Amém.

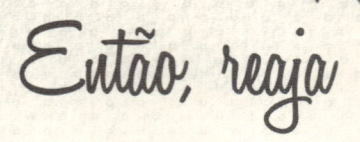

Então, reaja

Irmãos, se alguém for surpreendido em algum pecado, vocês, que são espirituais, deverão restaurá-lo com mansidão. Cuide-se, porém, cada um para que também não seja tentado.

Gálatas 6.1

Quando alguém pecou contra você ou contra alguém a quem você ama, você se acalmou o suficiente para analisar e decidir, em seguida, se deveria reagir.

Reaja em oração e sabedoria prática. Reaja, dizendo a si mesma ou a seu ente querido que não podemos fazer muito para fazer os outros mais pacientes ou perceptivos, mais atenciosos ou observadores, mas podemos trabalhar o nosso próprio interior. Podemos nos tornar o tipo de pessoa que o mundo mais precisa. Reagir, se lembrando de chegar aos outros de uma forma que inspire reciprocidade. Reagir com discernimento. Julgar os outros em suas boas intenções. Ser amável. Julgar a si mesma em suas ações. Ser corajosa. Reagir em fuga. Você não pode prever a vida. Você pode ter todo o conselho certo, fazer todas as regras e rotinas corretas – mas, ainda assim, só Deus sabe o que vem pela frente na sua vida. Tente estar pronta para, claro, qualquer coisa. Você vai ter que dar sentido à dor aqui e agora no ritmo real da vida.

Você está pronta para reagir?

Deus, eu quero honrar-te em todas as minhas ações e reações. Dá-me a sabedoria para trilhar meus caminhos e escolher as palavras que devo dizer. Faz-me ter coragem para chegar e reagir corretamente. Amém.

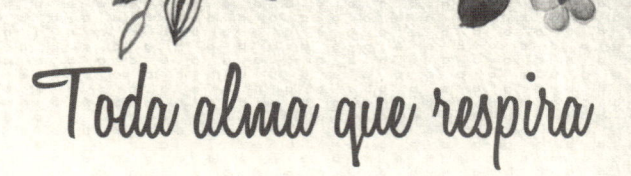

Toda alma que respira

O generoso prosperará; quem dá alívio
aos outros, alívio receberá.

Provérbios 11.25

Eu ouvi um pregador dizer, certa vez: "Você sabe quando alguém precisa de encorajamento? Basta ver se está respirando." Sim, cada um de nós, ou cada alma que respira, precisa de encorajamento.

Eu, às vezes, evito incentivar alguém porque acho que meu encorajamento seria pequeno e insignificante. Porém, o encorajamento nunca é pequeno quando você está na posição de receptor do ato. Ele nunca é uma coisa pequena quando você percebe que alguém parou para notar, vendo algo que agita seu coração, e ofereceu palavras para lhe dar força para continuar.

Encorajamento significa exatamente isso: produzir coragem. Para quem? Saiba que as pessoas que você acha que menos precisam são as mais necessitadas dele. Os mais corajosos são, também, os mais vulneráveis. Nosso filho deficiente visual se joga fervorosamente a maior parte de sua vida. Ele é muito afetado pelas ações dos outros, porque não os pode ver. Quero ser esse tipo de valente: alheia às minhas próprias inseguranças. Assim, em vez de me sentir como uma mãe careta no meio das conversas frias de mães legais que sempre têm cabelos grandes e bem arrumados e não precisam do meu encorajamento, eu deveria me arriscar a encorajar alguém que parece legal, mas provavelmente não é. Talvez você devesse fazer isso também.

Precisa de encorajamento? A quem você pode encorajar?

Deus, mostra-me hoje as pessoas a quem posso incentivar. Amém.

Quem vocês dizem que eu sou?

"E vocês?", perguntou ele. "Quem vocês dizem que eu sou?" Pedro respondeu: "Tu és o Cristo."

Marcos 8.29

Existem pessoas que não concordam com a forma como vivemos a nossa fé. Alguém provavelmente fixa os olhos em você porque você se diz uma seguidora de Jesus em vez de uma cristã, ou porque você está jejuando e elas estão falando em línguas, ou porque você levanta as mãos e elas têm tatuagens, ou porque você estuda a Palavra e elas estão no mundo salvando pessoas. Como quiser.

A questão não é como nós somos diante dos outros. É quem nós dizemos que Jesus é. Ele perguntou a seus discípulos: "Quem o povo diz que eu sou?" (Marcos 8.27). E as pessoas estavam dizendo todo tipo de coisas que não o incomodavam, porque ele sabia quem ele era e seu coração estava sabendo que só depois os seus discípulos creriam.

A coisa corajosa e bela a fazer, então, é deixar que a verdade apenas surja naturalmente nos nossos debates e desgostos. Porque para aqueles de nós que usam o nome de Cristo, que declaram que ele é o Filho do Deus vivo e Salvador do mundo, é normal discutir cultura cristã, mas nunca está tudo bem ser outra coisa senão uma bondosa e graciosa resposta para a pergunta que tem atravessado os séculos: "Quem é Jesus?"

O que mudaria na sua comunidade se você e outros permitissem que o caráter de Cristo em vocês, superasse as diferenças que vocês têm uns com os outros?

Jesus, tu és o Messias. Ajuda-nos, como teus filhos, a lembrar disso em cada discussão acalorada e em cada silêncio frio. Amém.

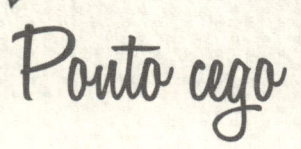

Ponto cego

> "...para abrir-lhes os olhos e convertê-los das trevas para a luz, e do poder de Satanás para Deus, a fim de que recebam o perdão dos pecados e herança entre os que são santificados pela fé em mim."
>
> *Atos 26.18*

Todo mundo tem um ponto cego real: é o ponto de entrada do nervo ótico na retina. Aquele ponto é insensível à luz.

Todos nós temos pontos cegos na personalidade também: são áreas onde a verdade sobre nós mesmos é obstruída. A coisa fantástica na noção de comunidade é que Deus nos dá amigos próximos e guerreiros de oração que veem coisas que não podemos fazer e nos ajudam. Não há um de nós que não precisa da ajuda e da compreensão dos outros.

Pontos cegos também podem obstruir nossa visão da igreja. Alguns querem fazer uma igreja de acordo com suas ideias e vontades, com uma mensagem que vá ao encontro de suas necessidades, desejos e preferências.

Quando paramos de ver o que a igreja é realmente – o espaço para nosso encontro com os outros, a fim de, juntos, edificarmos nossa fé, adorarmos ao Senhor e anunciarmos o evangelho ao mundo –, começamos a andar no rumo certo. Quando nosso foco está somente em Jesus, somos capazes de ver como espaçosa nossa comunidade é e quanto espaço há ali para uma diversidade de personalidades.

Alguma vez você já pediu a alguém que a conhece bem para dizer-lhe o que seus pontos cegos são?

Deus, ajuda-me a deixar que os outros me ajudem a me ver. Amém.

Conheça o seu tipo

> Nada façam por ambição egoísta ou por vaidade, mas humildemente considerem os outros superiores a vocês mesmos.
>
> Filipenses 2.3

Sua personalidade, mais do que interesses ou experiências compartilhadas, é possivelmente o fator que pode determinar quão bem você lida com os outros. Dentro da comunidade, há uma boa oportunidade para entender se você é expansiva ou reservada, cooperativa ou competitiva, ativa ou apática. Cada um desses traços pode conduzi-la a um desastre relacional se for mal-entendido ou mal administrado. Se você sabe quem é e como é, será capaz de temperar seu relacionamento de forma mais realista e com maior êxito. Você também vai entender melhor os outros.

Conhecer o seu tipo de personalidade a torna mais consciente de que, se alguém a irrita, você pode ser muito positiva e não deixar nada perturbá-la. Mantenha perto um pouco de realidade e continue a se autoavaliar sempre. Isso nos mantém gentis, tolerantes e perdoadoras.

Mas, seja consciente: você não é responsável pela felicidade de ninguém, muito menos alguém é responsável pela sua. Se você se sente encurralada e desencorajada a servir, é porque o seu tipo de personalidade não se encaixa no contexto que você está vivendo – portanto, verifique o seu coração e as suas motivações. Perscrute seu coração em busca de pecados não confessados. Depois desse autoexame da alma, vá em frente e sirva, com um espírito forte e um coração suave.

Como ser introvertida ou extrovertida tem influenciado a forma como você se relaciona com colegas, familiares, amigos ou outras pessoas em sua comunidade da igreja?

Deus, tu criaste minha personalidade.
Ajuda-me a usá-la para tua glória. Amém.

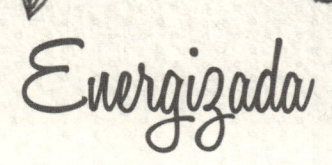

Energizada

Irmãos, vocês foram chamados para a liberdade. Mas não usem a liberdade para dar ocasião à vontade da carne; ao contrário, sirvam uns aos outros mediante o amor.

Gálatas 5.13

Se nós já rendemos nossa vida a Jesus, então somos chamadas a servir como ele fez: para aproveitar tudo de nós mesmas para o bem dos outros, de todas as maneiras possíveis.

E ainda assim a igreja está cheia de gente cansada, descontente, desiludida, usada e que não se sente reconhecida. Pessoas que sempre se colocaram à disposição para se comprometer com todos os grupos e equipes possíveis na igreja; pessoas que se autoinduzem ao martírio e não atraem ninguém para o evangelho. Pessoas que acreditaram na mentira de que o cansaço e a ocupação são iguais à piedade ou ao sucesso.

E ainda quando ficam perto de Deus, lendo, se arrependendo, orando, ouvindo, e quando nos inclinamos para a emoção que sentimos em uma oportunidade de servir, então somos *energizadas* por servir, e não por nos esforçarmos de maneira sobre-humana.

Se você não tiver certeza de que tipo de ministério irá se encaixar melhor na sua personalidade, defina se você é a favor de alto ou de baixo risco, pessoas ou projetos, seguir ou liderar, trabalhar em equipe ou fazer carreira solo, de rotina ou variação. Steve Jobs teria lhe perguntado: "O que faz o seu coração cantar?" Saiba que só isso já irá ajudá-la a lavar os pés direito, enquanto você descobre ou cria oportunidades para servir de maneira excelente.

Que oportunidades de ministério fazem você pensar: "Agora, o que eu poderia fazer?"

Pai, mostra-me onde minha paixão e minha aptidão podem convergir para a tua glória. Amém.

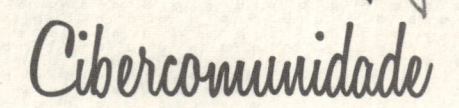

Cibercomunidade

O que foi tornará a ser, o que foi feito se fará novamente; não há nada novo debaixo do sol.

Eclesiastes 1.9

Fazer parte de uma comunidade na terra de ninguém das mídias sociais pode ser difícil. Corremos o risco de sermos atingidas por estilhaços de quem corre de forma solta e estúpida através de campos minados virtuais.

Para sermos valentes e belas mulheres de Deus, precisamos saber como navegar de forma segura no aparato da pós-modernidade, aproveitando o seu poder e detectando seus perigos. Aparelhos tecnológicos têm mudado a nossa forma de planejar, processar e cultivar relacionamentos. Conexões com milhares de amigos virtuais acabam nos isolando.

No entanto, existe graça para a nossa geração e para as que virão depois de nós. Graças à mídia social, nunca na história foi mais rápido e fácil espalhar esperança. Todavia, precisamos ser corajosas o suficiente para, no universo do ciberespaço, semear honestidade e responsabilidade. Precisamos ser corajosas o suficiente para sermos cristãs dispostas a participar e a *ouvir* pessoas acostumadas ao isolamento diante do universo na tela do smartphone. A finalidade dos meios de comunicação é estimular e nutrir relacionamentos – e esse é um belo meio de sermos todas as coisas para todas as pessoas (1Coríntios 9.22).

A palavra grega para *ícone* significava mais do que imagem ou foto: significava uma janela. Quando alguém clica no ícone de sua vida, é aberta uma janela com vista para Jesus?

Jesus, deixa que meus valores online e offline sejam consistentes com a tua verdade. Amém.

Variedade para a vitória

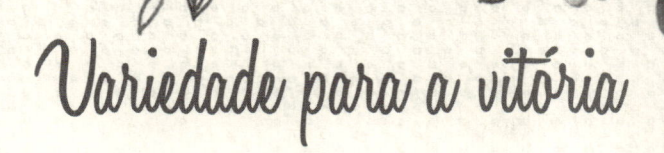

Quantas são as tuas obras, SENHOR! Fizeste todas elas com sabedoria! A terra está cheia de seres que criaste.

Salmo 104.24

O *primeiro versículo* da Bíblia diz: "No princípio Deus criou os céus e a terra." O termo hebraico *Elohim*, que no original é usado para "Deus", é plural, mas a ação divina criativa (*bara*) é singular. Então, o Criador é um plural e, ao mesmo tempo, único ser. A variedade é parte de sua essência.

Quando se trata de pessoas, Deus mostra sua multiplicidade criativa fazendo humanos inspiradores, artistas, executivos, visionários e centenas de outros tipos de personalidades dentro de uma grande variedade de povos e etnias, culturas e esferas socioeconômicas. Ele faz todas essas pessoas no multicolorido deslumbrante de sua imagem, porque sua imagem espelhada em sua gloriosa obra o glorifica.

Pode-se dizer que é difícil entender todas essas variadas personalidades, não importando sobre se dar bem com as pessoas que interpretam a vida de forma diferente de nós. No entanto, o salmista diz: "Na sabedoria, tu fizeste todos eles." Um Deus sábio fez as pessoas que você acha que são estranhas. E, para mostrar a glória do Senhor, precisamos ser parte de uma comunidade plural, abraçando nossas diferenças pessoais em vez de aprofundá-las. As diferenças são necessárias para refletir a complexa magnificência de Deus. Ele tem prazer em tudo o que tem feito. Isso vale para a sua personalidade e para a de todos os outros também.

Você vê evidências da criatividade de Deus no temperamento de alguém?

Criador de átomos e galáxias, assim como de pessoas introvertidas e extrovertidas, obrigada por mostrares tua glória por meio dessa rica diversidade. Amém.

OUTUBRO

Luzes noturnas e canções de ninar

"Não há 'se' no mundo de Deus. E não há lugares que são mais seguros do que outros lugares. O centro da sua vontade é a nossa única segurança... Oremos para que possamos sempre saber disso!"

– Corrie ten Boom

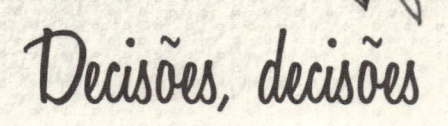

Decisões, decisões

> Elias dirigiu-se ao povo e disse: "Até quando vocês vão oscilar para um lado e para o outro? Se o SENHOR é Deus, sigam-no; mas, se Baal é Deus, sigam-no." O povo, porém, nada respondeu.
>
> *1Reis 18.21*

Elias estava prestes a pedir que descesse fogo do céu para provar que Deus era Deus, e não Baal. Ele estava comprometido, encorajado, dedicado e decidido. Seu comportamento estava em nítido contraste com o das pessoas que ele abordava, que vacilavam e hesitavam entre suas crenças conflitantes.

A vida é uma série de decisões. Temos que decidir o que fazer sobre o que nos aconteceu, assim como o que não aconteceu. Temos que decidir fazer com que certas coisas aconteçam para evitar que outras aconteçam. No entanto, nunca sabemos o que vai acontecer no futuro, nem mesmo com todos os planejamentos de cenários possíveis.

São decisões que envolvem o coração tanto quanto a cabeça. E se o coração está perturbado pela dúvida, confusão ou pesar, tomar boas decisões, ou quaisquer decisões, não será fácil. Nós perdemos tempo e oportunidades. Como Elias, que sabia a verdade sobre Deus e apostou nisso, é preciso pesar as coisas com sabedoria e se comprometer corajosamente.

Você está lutando para tomar uma decisão? Você tem o controle de todos os fatos? Se não, você acredita que Deus age?

Deus, quando for a hora certa, ajuda-me a ser decisiva e dependente de ti para usar a sabedoria. Amém.

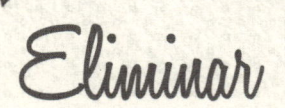

Eliminar

Se algum de vocês tem falta de sabedoria, peça-a a Deus, que a todos dá livremente, de boa vontade; e lhe será concedida. Peça-a, porém, com fé, sem duvidar, pois aquele que duvida é semelhante à onda do mar, levada e agitada pelo vento.

Tiago 1.5-6

Às vezes, as decisões são óbvias. Outras ocasiões, contudo, são complicadas e envolvem as emoções. Pode haver uma série de razões convincentes e bem pensadas, que suportam cada lado de um argumento sobre se devemos decidir por algo ou não. Às vezes, a decisão nem é errada em si. Podemos convencer-nos de quase qualquer coisa.

Então, nós nos preocupamos: O que está certo? Qual é a vontade de Deus?

Quando tínhamos um pequenino bebê que chorava à noite, eu o levava para um local com mais luz. No brilho da passagem para uma área iluminada, eu mentalizava um processo de eliminação. Será que ele estaria com fome? Molhado? Sentia frio? Iria vomitar? Sem saber exatamente o motivo do choro, eu alimentava a criança, trocava a fralda, dava um banho ou levava até a emergência do hospital mais próximo, dependendo da evidência. Se parecia que aquilo não era nada, eu fiz o que me parecia correto e sábio naquele momento. Eu iria balançá-lo, acalmá-lo ou mantê-lo perto do meu peito até o medo passar – o dele e o meu.

Em momentos de decisões, ligue a luz da Palavra de Deus. Passe pelo processo de eliminação. Comandos claros? Princípios óbvios? A verdade nos liberta do medo e a liberdade nos dá a coragem de escolher melhor.

A Palavra de Deus não diz nada, especificamente, sobre a decisão que você precisa tomar?

Senhor, dá-me sabedoria para saber quais as opções que devo eliminar. Amém.

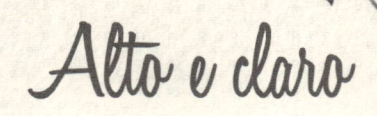

Alto e claro

A sabedoria clama em alta voz nas ruas,
ergue a voz nas praças públicas.

Provérbios 1.20

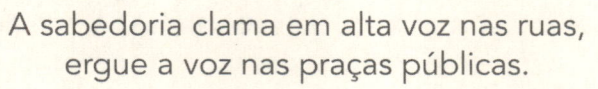

A Palavra de Deus não tem um comando do tipo "Faça isso" ou "Faça aquilo" para cada situação. Felizmente, a sabedoria está gritando nas ruas. Ela está disponível e audível, se apenas a ouvirmos. E esse tipo de sabedoria do senso comum analisa a forma como o mundo funciona de maneira previsível por meio de evidências de padrões de causa e efeito, usando-os para tomar decisões. A grande pergunta que se faz é: "À luz das minhas experiências passadas e das minhas circunstâncias atuais, meu futuro, minhas esperanças e meus sonhos, qual é a coisa sensata a fazer?"

Partindo do senso comum, volte para a Palavra de Deus. Deixe a sabedoria de Paulo tranquilizar você. Ele nos lembra de que não devemos ficar obcecadas por buscar a vontade de Deus, porque não estamos perdidas. Por isso, o apóstolo escreveu: "Não se amoldem ao padrão deste mundo, mas transformem-se pela renovação da sua mente, para que sejam capazes de experimentar e comprovar a boa, agradável e perfeita vontade de Deus" (Romanos 12.2). Ele passou a dizer: "Pois o Reino de Deus não é comida nem bebida, mas justiça, paz e alegria no Espírito Santo" (Romanos 14.17).

A Palavra de Deus lhe dá algumas opções. A decisão que você está tomando é boa, agradável e perfeita? Ela irá resultar em bondade, paz e alegria?

Obrigada, Deus, pelo senso comum e pela verdade concreta. Dá-me clareza, percepção, discernimento e compreensão. Ajuda-me a ouvir a verdadeira sabedoria. Amém.

Nem aqui nem lá

O SENHOR é a minha luz e a minha salvação;
de quem terei temor? O SENHOR é o meu
forte refúgio; de quem terei medo?

Salmo 27.1

Quando você se depara com uma decisão que poderia escolher ir para a esquerda ou para a direita, com nenhuma maldição gritante ou bênçãos abundantes, pode ser necessário para resolver o seu medo, uma tomada de decisão com Deus. Quando houver razões convincentes a favor e contra uma decisão, lute, ore, leia, pense, fale e ouça até que a paz resultante, ou a turbulência, deixe claro que Deus está guiando você para determinada opção.

E se você, realmente, não sentir nem a paz nem a turbulência, sem ouvir ou entender uma orientação clara, faça o que parece bom, certo e sábio. Ore para ter a coragem de fazer a próxima coisa certa e confiar em Deus para ajustar seu curso, se você estiver, porventura, indo na direção errada. Ele ama você. Se você o está buscando e se o desejo do seu coração é querer o mesmo que ele quer para você, então você tem que crer absolutamente que ele não vai deixá-la se desviar.

Você será corajosa o suficiente hoje para tomar uma decisão que precisa ser tomada, de uma forma ou de outra, e confiar que Deus está guiando seus passos?

Deus, eu estou inclinada fortemente em ti para ter a paz e a segurança enquanto enfrento essa incerteza. Dá-me a confiança que preciso para dar o próximo passo. Amém.

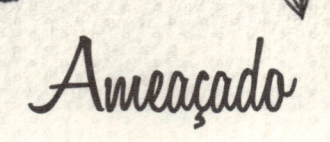

Ameaçado

> Misericórdia, ó Deus; misericórdia, pois em ti a minha alma se refugia. Eu me refugiarei à sombra das tuas asas, até que passe o perigo.
>
> *Salmo 57.1*

Às vezes, o medo pergunta: "E se eu não sou boa o suficiente?" Esse tipo de medo a impede de alcançar o seu pleno potencial. Mais ainda: ele a impede de fazer algo bom. Ele é construído sobre a dúvida que sobe de nosso próprio coração e faz com que nos sintamos *perdedoras*.

Estranhamente, é também o medo que pode provocar o preconceito, que é, frequentemente, o resultado de insegurança. (Pense no nazismo e no *apartheid*, além da maior parte da história humana.) Se não sabemos o suficiente sobre uma pessoa ou um grupo de pessoas, ou nos sentimos ameaçadas por elas, nós as oprimimos ou as prejudicamos injustamente.

O caminho para superar esse medo é saber quem somos em Cristo. Não havia muito para Deus quando ele deu seu filho para comprar nossa liberdade. E ainda, ele nos redimiu, recebendo-nos em cortes reais como herdeiros – mesmo não tendo nós qualquer justiça própria – renovados e limpos. E ele fez planos para nós e nos presenteou. Sua força se aperfeiçoa na nossa fraqueza. Seus comandos nos fortalecem.

Esse tipo de verdade comovente tem o poder de erradicar de sua vida a autodúvida e a insegurança. E nos dá coragem.

Você está protelando uma decisão porque está preocupada de não ter o que é preciso?

Pai, obrigada pela tua misericórdia e proteção.
Eu não vou temer. Amém.

Orientação e intuição

Mas, quando o Espírito da verdade vier, ele os guiará a toda a verdade. Não falará de si mesmo; falará apenas o que ouvir, e anunciará a vocês o que está por vir.

João 16.13

O Espírito Santo nos traz clareza para a tomada de decisões por intermédio da sabedoria de amigos, familiares e mentores que conhecem nossos pontos fracos. Apesar dessa verdade, escolha seus conselheiros cuidadosamente. E não peça conselhos apenas àqueles que você sabe que vão dizer o que você quer ouvir. Procure pessoas honestas e maduras, que andem intimamente com Deus e que a amem o suficiente para serem verdadeiras e racionais.

Além disso, permita que o Espírito de Deus ilumine as suas motivações. A decisão em questão se refere apenas a você? É algo sobre o seu conforto ou falta de confiança? Existe, de alguma forma, motivação que honra a Deus para uma decisão? Peça ao Senhor que ilumine seu coração. Onde está a sujeira? Que nuances de pecado ou egoísmo você está escondendo? Peça a ele que coloque os desejos dele em seu coração, mesmo que você saiba que pode não gostar deles. Peça-lhe que a ajude a querer o que ele quer para você. E preste atenção, de forma honesta, ao seu interior.

Você reconhece a inspiração do Espírito Santo? Você está disposta a agir por ele?

Espírito Santo, obrigada por sua presença constante e seu poder e por me guiar pela verdade perfeita. Confio em ti para me fazer sensível à tua direção, de modo que eu possa ficar longe do perigo e tenha a coragem de agir para o bem. Amém.

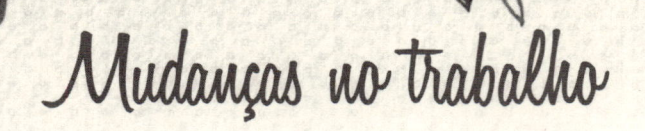

Mudanças no trabalho

Não andem ansiosos por coisa alguma,
mas em tudo, pela oração e súplicas, e com ação
de graças, apresentem seus pedidos a Deus. E a paz
de Deus, que excede todo o entendimento, guardará
o coração e a mente de vocês em Cristo Jesus.

Filipenses 4.6-7

Mudanças em sua vida profissional podem ser seriamente desconcertantes. As expectativas que os outros têm a seu respeito podem mudar, assim como as que você tem acerca de si mesma. Se você foi promovida, rebaixada, deixada de lado ou demitida, uma mudança no trabalho significa, necessariamente, encontrar um novo ritmo, e muitas vezes isso significa cavar fundo para exercer novas habilidades e encontrar uma nova direção, para mover sua mente em torno de um novo caminho a seguir.

As instruções de Paulo aos cristãos de Filipos são claras: não se preocupem. Jesus disse a mesma coisa (Mateus 6.25-34). A paz é sempre o subproduto de oração, e trazer as suas necessidades diante de Deus, confiando que ele conhece suas necessidades e agradecendo-lhe por ele sempre tê-las reconhecido no passado, sim, isso irá resultar em uma paz sobrenatural, que você jamais vai encontrar em sua caixa de entrada de e-mail ou nas rodadas de bebida entre amigos.

Ter mudanças no trabalho perturbou a sua mente? Diante disso, você tentou um encontro com Deus ou apenas uma reunião com seu chefe?

*Jesus, tu sabes de tudo o que eu preciso e os desejos
do meu coração. Sejas a minha paz. Amém.*

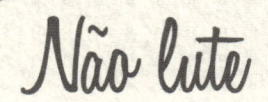

Não lute

"O SENHOR lutará por vocês; tão somente acalmem-se."

Êxodo 14.14

Moisés disse essas palavras aos israelitas pouco antes de conduzir seu povo para o mar Vermelho. Isso é, certamente, um tipo de intervenção divina. E o mesmo Deus que lutou pelos israelitas quando eles ficaram calmos, está combatendo por você.

Tomar decisões grandes e assustadoras pode fazer você se sentir como que se estivesse derrubando gigantes. Alguns desses gigantes possuem pesadas armaduras, lanças afiadas e escudos impenetráveis. Eles são desafiadores. Eles são poderosos. Eles são temíveis.

Os gigantes espreitam sua mente quando você está tentando fazer boas escolhas e são obstinados em se colocar no seu caminho, dando a entender que você não tem condições de passar por eles rumo ao seu alvo. Muitas vezes, a tática que usam é colocar você para baixo com mentiras e ameaças – exatamente como Golias tentou fazer com Davi. E você pode até ficar com algum tipo de pânico.

Amiga, a bela verdade é que há alguém que briga por você. Apenas fique calma.

Você vai deixar Deus ser seu guerreiro na luta que você enfrenta?

Pai, obrigada por eu não ter que descobrir uma estratégia de batalha apenas por minha conta. Mantém-me calma e confiante em ti. Amém.

Não apenas um rosto bonito

O prudente percebe o perigo e busca refúgio;
o inexperiente segue adiante e sofre as consequências.

Provérbios 22.3

Salomão observa que um tolo é alguém que sabe que o que está fazendo é errado ou imprudente, mas ele vai em frente e o faz de qualquer maneira.

Como crentes, temos o Espírito de Deus para nos guiar. Temos a Palavra de Deus para nos instruir, advertir, dirigir e nos livrar da nossa própria idiotice. Temos a comunidade do povo de Deus para nos responsabilizar e incentivar e nos inspirar a caminhar com sabedoria. O que não temos, realmente, é uma desculpa para sermos tolas.

Se você sabe o que a está fazendo tropeçar ou pecar e, ainda assim, mantém uma posição que a guia para baixo, de forma desordenada, por caminhos tortuosos que a conduzem ao mesmo erro de sempre e com as mesmas pessoas, Salomão, provavelmente, a chamaria de tola. Isso dói, não? A grande notícia é que você pode pegar a próxima saída já. Se você é uma mulher salva, que se rendeu a Jesus, então não tem que se manter andando por estradas enganosas. Há um caminho mais excelente.

Você está disposta a confiar em Deus para lhe dar sabedoria para saber o que fazer e a coragem de fazer o que ele diz?

Deus da graça, eu não quero ser uma tola. Mostra-me onde estou sendo teimosa ou ingênua. Amém.

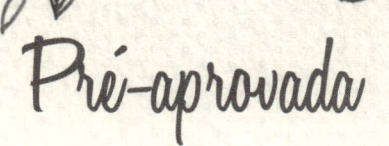

Pré-aprovada

Acaso busco eu agora a aprovação dos homens ou a de Deus? Ou estou tentando agradar a homens? Se eu ainda estivesse procurando agradar a homens, não seria servo de Cristo.

Gálatas 1.10

É difícil tomar decisões confiantemente quando você foi desrespeitada. Na verdade, não ser levada a sério pode levar a um medo paralisante.

O medo de ser ignorada pode ter menos a ver com orgulho (embora seu orgulho provavelmente esteja envolvido também) e tem mais a ver com inseguranças profundas que você de alguma forma reuniu e guardou. E assim, talvez, muito do que você sempre buscou para si mesma, foi na tentativa de provar que o mundo está errado. Se você sabe que tem que ser a melhor em alguma coisa, não pare até que tenha feito isso, e é por isso que as pessoas vão ver e confirmar. Você estuda profundamente para que sempre tenha algo a acrescentar à conversa na sua empresa ou no estacionamento da escola. Além disso, trabalha incrivelmente duro para ser incrivelmente fina, brilhante, engraçada ou bela como você possivelmente pode ser, porque as pessoas incrivelmente surpreendentes sempre são respeitadas.

Amiga, pare! Seus esforços nunca irão comprar toda a aprovação que você está esperando. Você nunca vai encontrar o padrão imaginário da perfeição que acredita que outros estão procurando em você. Você nunca vai ser levada a sério pelos outros até que perceba quão seriamente Deus a leva a sério.

O que está realmente fazendo você se esforçar para ganhar a aprovação das pessoas?

Obrigada, Jesus, que a tua redenção me declare pré-aprovada. Amém.

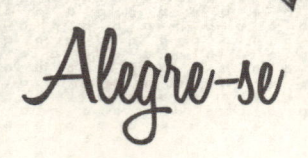

Alegre-se

O SENHOR, o seu Deus, está em seu meio, poderoso para salvar. Ele se regozijará em você; com o seu amor a renovará, ele se regozijará em você com brados de alegria.

Sofonias 3.17

Essa parte das Escrituras contém uma esplêndida verdade, que muda vidas, para celebrarmos. Deus lhe dá a vitória sobre o destrutivo medo de ser presa em um quadro imutável de identidade. Seu amor tem o poder de acalmar seus medos, de modo que eles já não precisem afetar seus relacionamentos e decisões.

Regozijar-se sobre o quanto Deus se alegra com você traz alívio profundo e mudança. Do lado de fora de sua vida, as coisas podem até não mudar muito, e você precisa ter isso em mente. A mudança vem da sutil e crescente percepção de que não importa muito mais quem lhe agrada ou não. Muito menos, o peso da opinião dos outros. Quando se livrar dessas amarras, você vai ser capaz de ficar livre e ver claramente a verdade de quem você é para Deus – e o que pode ser para os outros.

Você poderia tirar apenas cinco minutos hoje para descansar e apreciar a verdade de que Deus se alegra com você?

Poderoso Salvador, teu amor revolucionou minha vida e minha identidade. Obrigada! Amém.

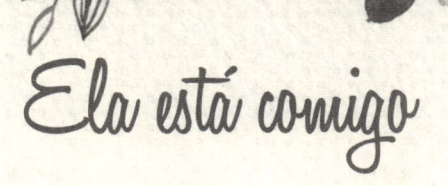

Ela está comigo

12 DE OUTUBRO

Se vivemos, vivemos para o Senhor; e, se morremos, morremos para o Senhor. Assim, quer vivamos, quer morramos, pertencemos ao Senhor.

Romanos 14.8

Se você está preocupada com os seus níveis de cobrança contra si mesma, relaxe. Você não vai precisar levar muito a sério, e vai se importar muito menos sobre como os outros a veem quando começar a entender como Deus a vê.

Imagine que você é um ninguém andando em uma sala cheia de "alguéns". O Rei está lá, também. E ele cumprimenta você, chamando-a pelo nome e perguntando como você vai, com genuíno interesse. Diante disso, você ainda se importa se todos os "alguéns" ainda acham que você é um ninguém? Absolutamente, não! É mais do que suficiente Deus levar você tão a sério que, por isso, tenha escrito uma história de amor na eternidade e tenha enviado seu Filho para realizar uma operação de resgate sobre sua vida. Ele pagou o mais alto preço da história para comprá-la de volta, tomando sobre si toda a punição que era legitimamente sua – e não porque esteja lhe devendo alguma coisa ou porque você fosse digna disso, mas sim pela graça do Senhor, que o levou a tomar sobre si o seu pecado e a sua indignidade. Ele mapeou sua vida desde a eternidade passada e formulou seu DNA assim. Você é linda!

Por onde você pode andar mais confiadamente, sabendo que caminha sempre com o Pai ao seu lado?

Deus, é um alívio não ter que viver apenas para algo tão pequeno como eu. Amém.

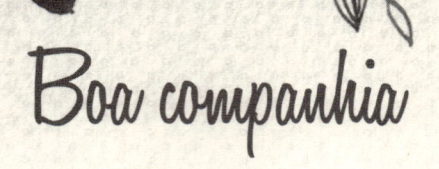

Boa companhia

"Se o mundo os odeia, tenham em mente que antes me odiou."

João 15.18

Para melhor ou para pior, temos a sensação de segurança advinda de outras pessoas. Se um casal, em particular, acha que determinada escola é boa o suficiente para *os filhos*, você se sente confiante em enviar *os seus* para lá também. Se suas amigas mudaram de cidade ou de igreja, ou trocaram de ginecologista ou supermercado, você pode até se sentir inclinada a mudar também. É bom fazer o que a multidão faz.

Falar dessa maneira pode parecer algo louco e até embaraçoso, certo? Sabemos que, em teoria, não devemos ser tão facilmente influenciadas por outros. Ser e fazer, de acordo com os outros, em vez de fazer como Jesus, não faz sentido. Por outro lado, seguir a liderança de Jesus e lhe permitir viver a sua vida por meio de nós, *isso* sim é sábio. Nós precisamos ter mais fé na capacidade do supremo Pastor nos conduzir, em vez de confiar apenas em nossa própria capacidade de segui-lo.

Claro que ser conduzida por Jesus significa, também, que você vai sofrer. Afinal, ele também sofreu. Portanto, se você quer tudo de Jesus, isso também é parte do pacote. Mas ele garante: tudo vai ficar bem.

Você está contente por agir como Jesus agiria na mesma situação, mesmo que isso signifique que você vai receber críticas dos outros?

Jesus, obrigada porque, se eu sofrer por amor a Deus, então estarei na boa companhia de meu Rei. Amém.

Medicada

Ouvindo isso, Jesus lhes disse: "Não são os que têm saúde que precisam de médico, mas sim os doentes. Eu não vim para chamar justos, mas pecadores."

Marcos 2.17

A competitividade pode nos levar a más escolhas porque nós escolhemos conquistar em vez de obter sabedoria. Mas, para curar o nosso lado que estimula a competitividade, podemos, provavelmente, aguardar a única esperança de remissão que vem a longo prazo.

Ainda assim, um tratamento para quem sofre com o excesso de ambição é o choque de realidade. E isso não é apenas sobre você. Seja qual for a sua linha de ambição, canalize-a para propósitos do Reino. Você não é nada mais do que transitoriedade de pó. Portanto, qualquer impacto duradouro que você espere ter, que seja apenas em refletir a glória de Deus. Aprecie diariamente o agora e o presente. Não anseie apenas pelos futuros possíveis (ou impossíveis) sucessos.

Ame o trabalho que faz hoje e não somente o seu resultado, e espere plenamente pelo amanhã. Comemore o processo. Com o agora, tome uma dose dupla de confiança. Deus sabe o que quer fazer com os talentos que lhe deu. Deixe isso para ele e elimine de sua vida todas as formas de preocupação. Não deixe que ele chegue até você quando as pessoas estiverem desvalorizando-a. E não se estresse sobre provar ou se defender. Deus vai lutar por você (Êxodo 14.14). Quando for a hora certa, ele vai mostrá-la, para a glória dele, e não a sua.

Qual desses tratamentos você mais precisa fazer?

Deus, ajuda-me a escolher diariamente uma forma de colocar as coisas certas em meu coração e em minha mente, para que eu possa ser espiritualmente saudável. Amém.

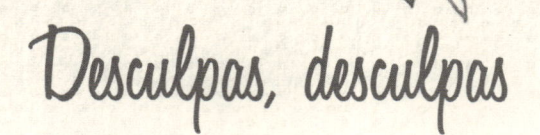

Desculpas, desculpas

Quanto a mim, os meus pés quase tropeçaram; por pouco não escorreguei. Pois tive inveja dos arrogantes quando vi a prosperidade desses ímpios. [...] Do seu íntimo brota a maldade; da sua mente transbordam maquinações. [...] Certamente me foi inútil manter puro o coração e lavar as mãos na inocência.

Salmo 73.2-3, 7, 13

A comparação constrange você a dar desculpas do tipo: "Como é que eu vou chegar à frente, fazendo a coisa certa? Olhe para ela. Ela desconsidera totalmente a Deus e faz o que bem entende – e, ainda assim, prospera."

Se você se comparar com os outros, você sempre pode dar desculpas que paralisam ou a deprimem. Porém, caso compare-se *a si mesma*, perguntando à sua própria pessoa como está enfrentando a carreira proposta a você, então aí vai acontecer o progresso em sua vida.

Os maus realmente prosperam? Às vezes, sim, por um tempo. Por vezes, para toda a vida. Às vezes, mas não todos. Eles estão em suas próprias aventuras solitárias. Você pode confiar que Deus vê todas as obras e todos os erros deles e os julga justamente. Tentar compreender a aparente opulência dos outros, só vai cegá-la em relação às suas próprias riquezas deslumbrantes e surpreendentes.

Você conhece algumas pessoas poderosas que parecem ganhar em tudo? Será que isso a confunde ou a enfurece?

Deus, eu quero fazer progressos, e não dar desculpas. Ajuda-me a não lamentar sobre o que está acontecendo com outras pessoas, mas a agradecer pelo que está acontecendo na minha vida. Amém.

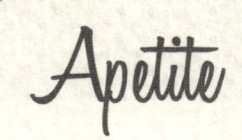

Apetite

16 DE OUTUBRO

Contudo, foi da vontade do SENHOR esmagá-lo e fazê-lo sofrer, e, embora o SENHOR tenha feito da vida dele uma oferta pela culpa, ele verá sua prole e prolongará seus dias, e a vontade do SENHOR prosperará em sua mão.

Isaías 53.10

Jesus experimentou a maior das rejeições. Seu próprio Pai Celestial o abandonou no momento de sua morte na cruz (Mateus 27.46), sem contar seus amigos mais próximos (Lucas 22.57). Certamente, esse tipo de sentimento é terrível.

Incrivelmente, quando a traição era iminente – e Cristo sabia plenamente suas horas de agonia e sofrimento físico e emocional –, ele comeu com os discípulos. Imagine: prestes a ser morto de maneira horrenda e traído por um de seus discípulos, ele *foi capaz* de fazer uma última refeição com eles.

Quando eu estou ciente de me aproximar de alguma dor, não consigo comer. E, no entanto, Jesus estava tão convencido de que Deus tinha um plano e confiava tão plenamente que o Pai estava no controle, que ele, apesar de tudo isso, ainda tinha apetite. Ele tinha aceitado a soberania de Deus sobre seu sofrimento e sua rejeição – e, aparentemente, isso se instalou no seu interior. E ele ainda orou e pediu a Deus que tirasse sua dor, sua rejeição e sua humilhação (Lucas 22.42), sabendo ainda que era o amado de Deus para enfrentar tudo aquilo.

Que verdade pode acalmar seus nervos hoje, mesmo que você esteja lidando com uma mágoa doentia ou o medo?

Pai, dá-me um estômago forte para enfrentar minhas dificuldades. Acalma as ondas de minha angústia com a certeza de tua sabedoria, de teu amor e de teu poder. Amém.

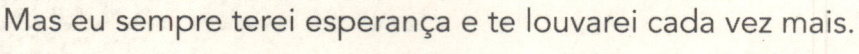

Descascar a cebola

Mas eu sempre terei esperança e te louvarei cada vez mais.

Salmo 71.14

A maioria dos seres humanos normais tem sofrimentos de longo prazo em sua vida, e que não vão desaparecer tão cedo – como uma difícil situação familiar, uma deficiência física ou a consequência decorrente de uma má decisão. Felizmente, você aprendeu a viver contente, apesar de todo o espinho que a incomoda (2Coríntios 12.7), mas, provavelmente, o sofrimento dói de vez em quando. Você vai querer chutar a si mesma porque não tem conseguido lidar com isso? Como você pode estar lutando *novamente* para processar essa dor?

Sofrimento a longo prazo é um pouco como descascar uma cebola: não apenas porque faz você chorar, mas porque você vai continuar a ser confrontada com o sofrimento, como uma realidade que surge em diferentes circunstâncias. A má notícia é que você vai ter que colocar em sua cabeça e em seu coração tudo de novo em torno disso. Mas, a boa é que, enquanto você continua a descascar a cebola, Deus aperfeiçoa o seu caráter. Camada por camada, ele amolece seu coração, enquanto você se rende novamente a ele. Camada por camada, há a suficiente graça.

Que decisões boas você tomou para passar a última camada de sofrimento que atravessou?

Senhor, eu quero ser uma aprendiz eficiente das lições que tu estás me ensinando. Amém.

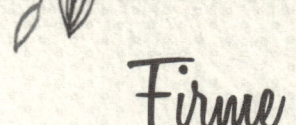

Firme

18 DE OUTUBRO

Quanto a vocês, irmãos, nunca se cansem de fazer o bem.

2Tessalonicenses 3.13

Talvez, para vencer o medo que pode entorpecê-la e impedi-la de fazer boas escolhas, seja preciso ter uma visão que a mantenha firme. Peça a Deus um texto bíblico, como este de hoje, para ser seu filtro na tomada de decisões e seu incentivo quando a dúvida e o temor tentarem tomar conta de sua mente.

Uma visão ajuda a mantê-la na direção certa, lembrando que tudo vai ficar bem. Isso vai ajudá-la a olhar em frente, com esperança. Você pode tentar escolher um ponto no futuro – quem sabe, um prazo de um, cinco ou dez anos a partir de agora –, definindo um tema que vai ajudá-la a manter o curso proposto inicialmente. Talvez você vai ser mãe ou avó de crianças e adolescentes em dez anos... E não se iluda, os anos passam tão rápido, que isso acontecerá logo. O que você precisa é se decidir e manter o coração, a mente e a alma fortalecidos.

Existe algo que você poderia memorizar ou colocar em lugar de destaque, seja um versículo, uma oração ou algumas palavras, que poderá mantê-la concentrada e livre de todo medo?

Pai, por favor, coloca em meu coração uma visão clara ou uma ideia de tua Palavra, que vai me ajudar a vencer meu medo e me ajudar na tomada de decisões, daqui para frente. Amém.

Não tenha medo do inimigo

Mas o fruto do Espírito é amor, alegria, paz, paciência, amabilidade, bondade, fidelidade, mansidão e domínio próprio. Contra essas coisas não há lei.

Gálatas 5.22-23

Quando o mal tentar atingir sua vida, não tenha medo. Falando seriamente, Satanás é poderoso e devemos estar em guarda contra suas ciladas (1Pedro 5.8). Mas um amigo me lembrou, certa vez, de que o fruto do Espírito é a *paciência*. Nós temos o Espírito Santo, e por isso temos paciência. Fique firme no texto de Efésios 6.11. Eventualmente, a paciência do inimigo se esgotará e ele vai desistir de tentar fazer você desistir, porque sabe bem que maior é aquele que está em você do que aquele que está no mundo (1João 4.4).

Também não há bondade no inimigo, mas pela graça transformadora de Deus, há muita em você. Paulo escreveu: "Não se deixem vencer pelo mal, mas vençam o mal com o bem." (Romanos 12.21). Você não tem nenhuma razão para ter medo, porque tem tudo o que é preciso para ser uma guerreira valente e valiosa.

Você está disposta a ir para a batalha, orando por paciência?

Deus, obrigada porque estou marcada como sendo tua e ninguém pode me levar para longe de ti. Dá-me a coragem para me manter firme, a paciência para suportar e a paz de saber que tu és meu protetor. Amém.

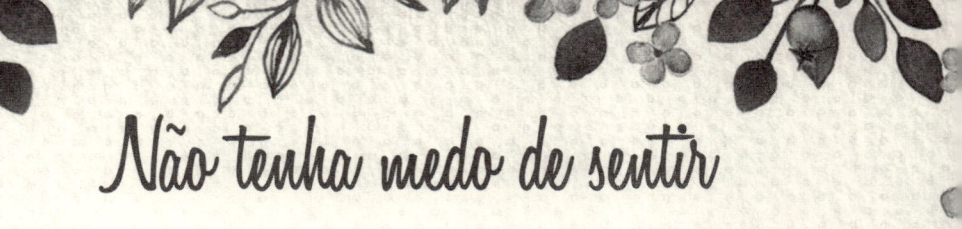

Não tenha medo de sentir

Jesus chorou.

João 11.35

Esse é um versículo muito famoso porque é o mais curto na Bíblia. Porém, o que realmente chama a atenção é que ele nos mostra o coração do nosso Salvador. Jesus sentia todos os sentimentos que sentimos – mesmo assim, ele não tinha medo de senti-los.

Uma noite, meu filho de quatro anos de idade gritou para mim, do banho: "Mãe, como é que está seu coração diante de Jesus?" Aquilo foi o ponto alto do meu dia. Eu quero que ele continue me perguntando a mesma coisa e também questionando a si mesmo. Sim, quero que ele entenda que o pecado rompe relações e que precisamos aceitar nossos sentimentos, encontrando um ao outro nos círculos fortemente macios de misericórdia. Não importa que às vezes, como mãe e filho, nós tenhamos problemas um com o outro – ainda assim, precisamos continuar a nos fazer as perguntas difíceis. Portanto, continue pedindo perdão. Continue perdoando. Continue sentindo.

Quando foi a última vez que você entregou todas as suas emoções ao Deus que as criou?

Senhor, ajuda-me a aceitar, humildemente, as invasões emocionais que tu permites que eu passe, mas protege-me das mágoas desnecessárias. Dá-me graça e delicadeza para que eu possa abençoar outros e para chorar com os que choram, bem como me alegrar com os que se alegram. Amém.

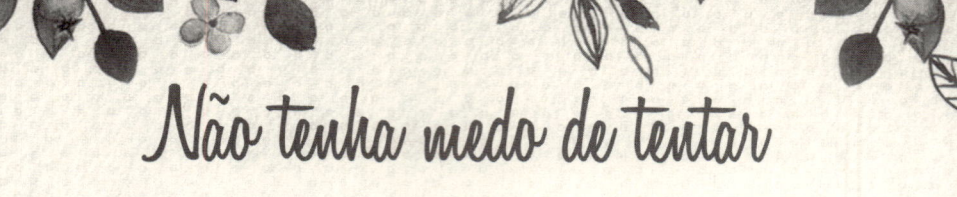

Não tenha medo de tentar

Tudo posso naquele que me fortalece.

Filipenses 4.13

"Eu vou tentar determinada coisa apenas uma vez", você ouve as pessoas dizerem. Eu tendo a concordar. Como crentes, devemos realmente ser reconhecidas por sermos entusiastas. Como quando você vê uma necessidade, intervém e serve. Você pode não gostar e pode não ser a melhor pessoa para determinado trabalho, mas, talvez, os esforços atabalhoados de alguém tentando ajudar, sejam melhores do que nada.

Você não tem que amar tudo na vida. E não tem que amar multidões, ou o barulho, ou mesmo as coisas novas, ou livros, concertos ou comida tailandesa. Mas, às vezes, você tem que tentar de qualquer maneira. Quando o toboágua é muito alto e você, realmente, não quer descer, às vezes tem que deslizar de alguma maneira até chegar lá embaixo. Experimente, pelo menos uma vez. O seu deslizar, ainda que seja inseguro, pode levar a uma descoberta pessoal surpreendente. Você pode se surpreender com quem está se tornando.

O que vem à sua mente enquanto você lê este texto? Existe algo que você esteja colocando de lado e desistindo? Você está disposta a dar uma chance a si mesma? Qual a pior coisa que poderia acontecer?

Jesus, faz-me ter coragem para tentar, pelo menos, uma vez. Amém.

Não tenha medo de liderar

"Seja forte e corajoso! Não se apavore nem desanime, pois o SENHOR, o seu Deus, estará com você por onde você andar."

Josué 1.9

Acredite: os líderes, aquelas pessoas que nos acostumamos a ver como fortes e confiantes, são os que mais sentem medo. Porque algo pode ser aterrorizante quando você é a única a estar empurrando algo, para além dos limites estabelecidos. É preciso coragem para amar os outros de forma consistente e dizer coisas difíceis, que as pessoas não querem ouvir, mas que, às vezes, precisam ser ditas. É preciso coragem para tomar as decisões difíceis que ninguém quer tomar, mas que, às vezes, precisam ser tomadas.

Amiga, se você quer exercer boa influência entre as pessoas que estão ao seu lado, enfrente seus medos. Não se encolha tão facilmente diante de um desafio ou desconforto. Saiba que aqueles que fazem os maiores avanços enfrentam os piores medos – e aqueles que têm medo, são suscetíveis a viver no limite, que é o lugar mais fértil para cultivar a fé.

Que tipo de espaços de vida você acha particularmente assustadores para guiar os outros ou dar exemplo?

Deus, eu te entrego meu medo de ser uma líder.
Quero me tornar disponível para que tu me uses de
todas as maneiras que te aprouverem. Amém.

Não tenha medo de ter esperança

> Ele lhes perguntou: "Filhos, vocês têm algo para comer?" Eles responderam que não. Ele disse: "Lancem a rede do lado direito do barco e vocês encontrarão." Eles a lançaram e não conseguiam recolher a rede, tal era a quantidade de peixes.
>
> *João 21.5-6*

Jesus tinha alguma preferência por peixes. Ele desenvolveu seu círculo próximo de amigos com homens que viviam do pescado e os ensinou como pescar almas (Mateus 4.19). Ele multiplicou peixes numa montanha (Mateus 14.19) e pagou seu imposto com a moeda tirada da boca de um... peixe (Mateus 17.27). Após uma noite de fracasso no trabalho, seus discípulos puderam encher as redes após terem sido orientados por Jesus sobre onde estavam os cardumes. Por fim, já ressuscitado, assou um peixe na praia, compartilhando-o com seus discípulos (João 21.9).

Jesus estava ordenando o arremesso das grandes redes de pesca, para que os discípulos as puxassem, mesmo que pesadas, e de forma ininterrupta.

Aqueles primeiros discípulos não sabiam se as redes voltariam cheias; contudo, lançaram-na pela fé, confiando no Deus provedor. Como eles, nós poderíamos oferecer arremessar as cordas costuradas e remendadas que temos e *confiar* em Deus para a pesca. Ele faz todas as coisas para o nosso bem (Romanos 8.28), mesmo diante das decepções temos que lutar para estarmos de volta ao barco. E o que transborda de nossa vida, se nós confiamos e obedecemos, é tudo de bom.

Você vai puxar de volta para a praia as redes cheias dos minutos brilhantes de hoje, para se maravilhar com as misericórdias da pesca de hoje?

Deus, obrigada porque amanhã haverá novamente tempo e graça suficientes para arremessarmos as redes e a esperança. Amém.

Tanto faz

Deleite-se no SENHOR, e ele atenderá
aos desejos do seu coração.

Salmo 37.4

O salmista não está dizendo que Deus vai dar a ele o que quiser e quando quiser. Ele não está dizendo que podemos fazer o que queremos, quando queremos e com quem queremos. O que ele está dizendo é que, se estamos tendo prazer em nosso Rei, amigo e redentor, e se estamos nos deleitando com o nosso relacionamento com ele, então suas melhores ideias serão também as nossas – assim, vamos querer o que ele quer. Seus desejos se tornarão nossos desejos; nesse caso, *faremos o que quisermos*.

Você e eu poderíamos ser mais deliberadas sobre nos colocarmos habitualmente na rota da graça de Deus, para que ele possa trabalhar em nós. Os intrincados e rastreáveis padrões de nossa vida poderiam refletir um desejo de andar intimamente com ele. Esse tipo de vida bela e corajosa significa que o "tanto faz" em nosso vocabulário não será acompanhado por uma atitude e resignação de descontentes. Nós vamos ser capazes de dizer "*Tanto faz*" com êxtase e a liberdade sem medo de viver para Cristo.

Você está disposta a permitir que Deus ponha os desejos dele em seu coração?

Deus, obrigada por me salvares e me encheres com o teu Espírito. Quero assumir o compromisso de me santificar. Eu me submeto e estou disposta a sofrer por ti. Obrigada por eu poder ser, fazer e decidir aquilo que tu estás colocando em meu coração. Amém.

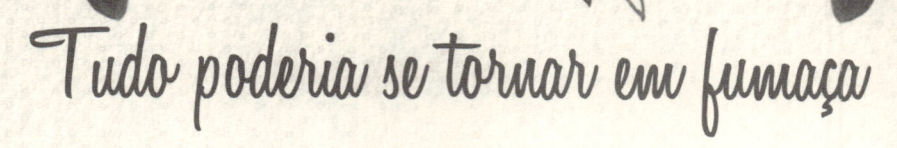

Tudo poderia se tornar em fumaça

Sim, tu és a minha rocha e a minha fortaleza;
por amor do teu nome, conduze-me e guia-me.

Salmo 31.3

Em uma tarde quente de primavera, quando nosso filho mais velho tinha três anos de idade, ele ligou um aquecedor apenas por diversão. Depois, deitou-se com o aparelho, e a cama, quase que instantaneamente, pegou fogo. O menino subiu alegremente as escadas, alheio ao perigo de sua travessura. Algo fez meu marido ir lá no quarto do menino, sem motivo aparente, apenas para verificar. Foi o que evitou que nossa casa fosse destruída pelas chamas.

Nesse mesmo dia, ouvi de um amigo que seus pais estavam se separando – isso, depois de quarenta anos de vida em comum e filhos com um futuro brilhante pela frente. Nós nos sentimos como que levando um soco no estômago. Ficamos calados e muito tristes.

O incidente da cama queimando nos deu um alerta sobre a fragilidade da *vida*. Tudo poderia, de fato, virar fumaça. Repentinamente e a qualquer momento. Portanto, escolha sempre valorizar as coisas que realmente importam.

A notícia do casamento desfeito também nos deu um alerta sobre fragilidade nos relacionamentos, mesmo os mais, aparentemente, sólidos. Um casamento também pode virar fumaça repentinamente. Mesmo as pessoas mais fortes e mais piedosas estão a apenas uma decisão ruim para arruinar a vida delas. Precisamos fazer a escolha corajosa de ficar perto de Jesus e uns dos outros, todos os dias.

Você sente cheiro de fumaça? Onde você precisa depender mais de Deus para decisões diárias que mantenham seguras responsabilidades tangíveis e intangíveis?

Deus, obrigada por tua graça sustentadora. Mantém-me livre de ser complacente sobre a vida ou sobre o amor. Amém.

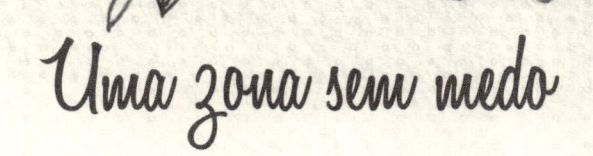

Uma zona sem medo

O meu povo viverá em locais pacíficos, em casas seguras, em tranquilos lugares de descanso.

Isaías 32.18

O contexto desse texto bíblico é a libertação final de Israel, mas nos dá uma imagem do tipo de casa que você e eu podemos estar construindo. O versículo anterior diz: "O fruto da justiça será paz; o resultado da justiça será tranquilidade e confiança para sempre" (Isaías 32.17).

Tire um momento para pensar sobre como o mundo mudaria se nós, como crentes, construíssemos casas como essas?

Nossas casas podem e devem ser simples e seguras, aconchegantes, acolhedoras, limpas, arrumadas, belas e sempre abertas a qualquer um que Deus escolher nos trazer. Um refúgio onde nós e os outros seremos livres para descansar e lutar, enquanto Deus nos prepara para sermos as pessoas que ele nos fez para sermos. Um lugar onde a névoa de medo pode ser limpa e as decisões são tomadas de uma maneira mais fácil. Um lugar de paz, onde Cristo é Rei.

Você se sente completamente à vontade em sua própria casa? Como você poderia erradicar o medo e construir um espaço que seja seguro para todas as idas e vindas que pode precisar fazer para tomar suas grandes decisões?

Pai, fervorosamente e com expectativa, eu oro para que tu venhas transformar minha casa com a sensação tangível de tua presença, de tua paz e de teu grande amor. Amém.

Parar

O homem sábio é poderoso, e quem tem
conhecimento aumenta a sua força.

Provérbios 24.5

Você já ouviu o velho conselho de que, antes de tomar qualquer decisão, grande ou pequena, você deve se preparar adequadamente por um tempo, a fim de não dar qualquer passo se estiver triste, irritada, solitária ou cansada? (Você também não deve ir ao supermercado fazer compras se estiver com muita fome, pois a possibilidade de comprar guloseimas ou itens desnecessários é enorme.)

Provavelmente, você pode olhar para trás sobre uma decisão que tomou determinada vez, quando estava em um desses quatro estados físicos ou emocionais. Pode ter sido uma decisão de que você se arrependeu por completo ou, pelo menos, poderia ter esperado e resolvido em um melhor estado de corpo e espírito. Com certeza, as consequências dessa decisão teriam sido diferentes.

Para tomar a melhor decisão possível, você precisa cuidar do seu coração e de sua mente, sem deixar de lado o corpo. Assim, você estará devidamente preparada para ser a mais sábia possível. Isso pode significar não enviar o texto ou não passar o cartão de crédito até que você durma, coma, limpe os seus pensamentos e se acalme completamente. Também pode significar dizer não a distrações atrativas, em favor de um bem maior que Deus o chamou para ser ou fazer.

Você está comendo e dormindo o suficiente? Passa tempo de qualidade com as pessoas que são amáveis e corajosas?

Jesus, por favor, protege-me da tomada de decisões estúpidas, porque não estou em um bom momento. Protege-me de mim mesma e me ajuda a zelar pela minha saúde física, psicológica e espiritual. Amém.

Tempo ao longo do tempo

"Pois aqueles que desprezaram o dia das pequenas coisas terão grande alegria ao verem a pedra principal nas mãos de Zorobabel."

Zacarias 4.10

Nós já meditamos, este ano, sobre a forma como os pequenos depósitos de tempo, o tempo todo e ao longo do tempo, se somam ao que é crítico. Assim, você pode tomar a decisão de não ir para onde quer ir. Na estrada para o nosso destino desejado, nosso modo de transporte deve ser decisão após a decisão – mesmo quando cada uma dessas decisões parece ser tão pequena e insignificante. Ora, não são situações normais e momentos comuns que movem o mundo, você pensa. E está certa – esses momentos e decisões não movem o mundo. Hoje, não. Provavelmente, nem mesmo amanhã. Mas, talvez (apenas talvez), sejam algo que vão mover o mundo, no futuro.

Precisamos aprender o valor imensurável de fazer as coisas com propósito, ainda que isso pareça algo pequeno, à primeira vista. Viver a vida como um culto permanente ao Senhor é como uma ampulheta, na qual os grãos vão se acumulando ao longo do tempo. Talvez daqui a uma vida inteira a partir de agora, quando nossos filhos já estiverem crescidos, eles vão ver como essas pequenas coisas diárias começaram neles o grande dia de saber quem eles são, porque saberão como foram amados.

Você pode decidir, hoje, continuar a fazer as pequenas coisas, cruciais, que irão manter sua vida sempre indo na direção certa?

Deus, abre os meus olhos para que, mesmo quando nada parece extraordinário, eu possa enxergar algo maior naquilo que parece ser comum o tempo todo. Por sua graça, isso está lá, no dia bom – e no dia aparentemente mau também. Amém.

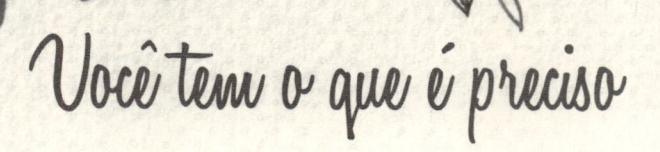

Você tem o que é preciso

"Este dia é consagrado ao nosso SENHOR. Não se entristeçam, porque a alegria do SENHOR os fortalecerá."

Neemias 8.10

Você tem que começar a acreditar que tem o que é preciso para tomar uma decisão sábia, *acredite* ou não. Você já é forte o suficiente!

No momento em que entregou a sua vida a Jesus Cristo, o seu Espírito encheu você (Romanos 8.9). Por isso, à medida que você continuou a andar com ele, o Espírito tem crescido e evidenciado em você os frutos como o amor, a alegria, a paz, a paciência, a amabilidade, a bondade, a fidelidade, a mansidão e o domínio próprio (Gálatas 5.22-23).

Neemias lembrou a seu povo que é a alegria recebida do Senhor que nos dá a nossa força. Nossa alegria é igual à nossa energia. Quanto mais você deliciar-se com ele, e quanto mais se contentar em sua paz e presença, grata pelos dons que existem neste planeta, mais forte você se tornará – forte o suficiente para tomar as decisões que tem tanto medo de tomar.

Você conhece alguém que esteja "abatida e triste" neste momento? Como pode incentivá-la a permitir que a alegria do Senhor seja a força dela?

Pai Celeste, agradeço pela simples, porém sustentadora, força que tu tens me dado quando me alegro em ti. Amém.

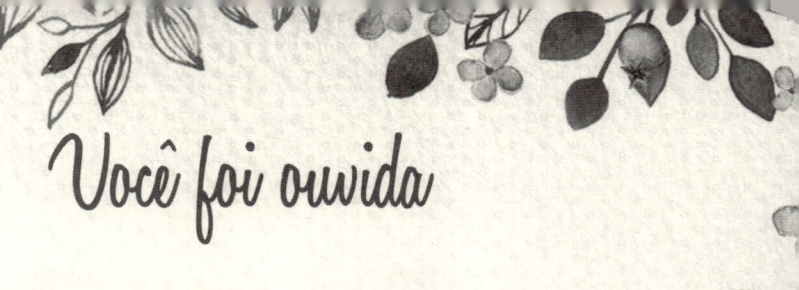

Você foi ouvida

E ele prosseguiu: "Não tenha medo, Daniel.
Desde o primeiro dia em que você decidiu buscar
entendimento e humilhar-se diante do seu Deus, suas
palavras foram ouvidas, e eu vim em resposta a elas."

Daniel 10.12

Muitas vezes, ficamos desiludidas porque, a partir de onde estamos paradas, parece que Deus está nos ignorando. Nós trazemos diante dele nossas dores, necessidades e inseguranças, e somos recebidas como que com uma indiferença silenciosa. Daniel deve ter sentido o mesmo. Três semanas de jejum e oração se passaram, sem nenhum resultado aparente. Outros, em toda as Escrituras, em toda a história e em nosso mundo de hoje, esperam *anos* para obter respostas ou soluções da parte de Deus. Muitos – talvez até mesmo você – ainda estão à espera.

Mas o anjo que aparece a Daniel traz algo como a perspectiva e a paz cósmica: "Desde o primeiro dia em que você decidiu buscar (...) Suas palavras foram ouvidas."

Independentemente de que esteja você experimentando respostas da parte de Deus ou não, aceite a verdade de que nenhuma oração saída de seus lábios ou do silêncio da sua mente jamais deixou de chamar a atenção de Deus. Ele deseja ouvir algo de você, e embora não possa sempre responder da maneira ou no momento em que você pensa que deveria, ele está trabalhando para o seu bem e para a glória dele, em todo o tempo.

O que a vida tem apresentado a você para derrubá-la?
Comprometa-se a se humilhar e orar por entendimento,
confiando que cada uma de suas orações é ouvida.

Deus, obrigada por me ouvires. Amém.

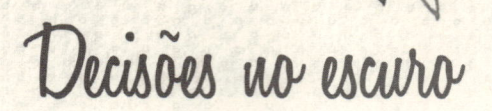

Decisões no escuro

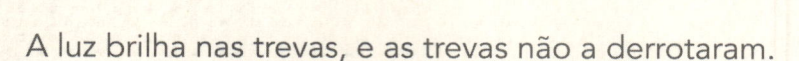

A luz brilha nas trevas, e as trevas não a derrotaram.

João 1.5

Quando meu filho perguntou no café da manhã sobre como o esperma se torna ovo, eu respondi. Ele estava bastante perturbado. Dava enormes colheradas no prato de cereal. De fato, ele não conseguia entender plenamente os meandros do que acontece de uma forma milagrosa entre duas pessoas e transformam isso em vida, mesmo antes de essas duas pessoas saberem disso.

E, realmente, Deus dá à luz toda vida dessa forma. Nós somos os últimos a ver o que ele tem feito de forma secreta por dias e décadas, desde a eternidade. Ele manobra esse maravilhoso mistério, embora nem sempre estejamos plenamente cientes das implicações disso. Há vida nascendo em torno de nós o tempo todo e quase não notamos, a menos que cruze a nossa realidade de uma forma óbvia, irônica ou acidental. Deus trabalha na escuridão o tempo todo, e quando é muito escuro para vermos o que ele está fazendo, seria sábio da nossa parte *ouvirmos* o que o Senhor diz, porque sua voz é tudo o que temos para seguir em frente.

Você pode até descobrir que ouve *melhor* no escuro, porque o barulho da vida agitada pode abafar o que está sendo realmente dito. E, no escuro – seja o da depressão, das decisões difíceis ou de um relacionamento doloroso –, você não pode ver nada, a menos que seja obediente e corajosa. Se ficar atenta à voz do Senhor, você encherá a sua vida de esperança.

Você está ouvindo?

Deus, ajuda-me a ouvir tua voz no escuro e a confiar que é o suficiente para seguir em frente. Amém.

NOVEMBRO

Os pés primeiro

"O que está por trás de nós e o que está diante de nós são coisas pequenas comparadas ao que está dentro de nós."

– *Ralph Waldo Emerson*

Você vai ser lembrada para novembro

Combati o bom combate, terminei a corrida, guardei a fé.

2Timóteo 4.7

"Você vai ser lembrada para novembro." É o que uma amiga me disse em um mês de novembro, alguns anos atrás, e eu já disse isso a mim mesma e a quem quiser ouvir todo mês de novembro desde então. E por que novembro? Porque neste mês, às portas do período mais festivo do ano, é o momento mais crucial, frenético e estressante do ano. Avaliações de desempenho; atividades de fim de ano; a logística do Natal da família; planejamento estratégico. Nervos em frangalhos, fusíveis com curto e paciência no limite. Fadiga.

É tarde demais para permanecer forte até dezembro. E, mais ainda, então, pelo novo ano. As pessoas estão comendo, curtindo ou viajando em férias. Todos os anos, quando se aproxima novembro e a estação do estresse chega, temos de entender que é preciso ter cobertura de oração, porque a nossa própria força não é suficiente para terminar o ano bem. Não importa quão bem você tenha feito tudo de janeiro a outubro. Uma observação grosseira feita a alguns colegas durante um cafezinho? Uma decisão estúpida, tomada no momento em que você se sentiu cansada, irada ou solitária? Essas são as coisas das quais as pessoas vão se lembrar.

Há uma maneira melhor e mais bonita para terminar bem o ano.

Como você vai terminar este ano bravamente e bem, por ter combatido o bom combate, completado a corrida e permanecido fiel?

Deus, eu quero terminar o ano forte! Amém.

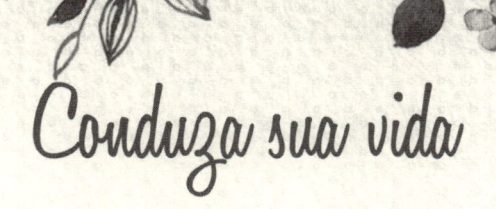

Conduza sua vida

Em tudo seja você mesmo um exemplo para eles, fazendo boas obras. Em seu ensino, mostre integridade e seriedade.

Tito 2.7

Quem quer mudar o mundo, geralmente, é um líder – e é isso que faz com que você e eu sejamos líderes, amiga. A liderança é, simplesmente, *influenciar outros*. É sempre sobre os outros, e nunca sobre você.

Se você tem um desejo de mudar alguma coisa e influenciar quem quer que seja, de qualquer forma em tudo, então você é uma líder. Mães e pais são líderes. Pequenas pessoas olham para nós. Professores, arquitetos, empresários, fisioterapeutas, jardineiros, contadores e amigos são líderes. Qualquer um que é apaixonado por maximização do tempo e do potencial de provocar influência para o Reino, é um líder.

E se você estiver convencida de que não é tão líder? Ora, você está guiando uma vida: a sua própria. Então, isso faz de você uma líder! Todos os seus dias, você estará colocando um pé na frente do outro – e, se fizer isso bem, e se a sua vida é uma despesa pródiga de seu tempo e seu potencial dentro do contexto em que Deus a criou, olhe para trás e você verá um monte de gente seguindo você.

Se é verdade que você está guiando uma vida e que os outros estão assistindo, para onde é que eles veem que você vai com eles?

Deus, tu me deste esta vida para liderar. Peço-te que me dês sabedoria, discernimento, força e integridade para conduzir bem esse processo, sempre para a tua glória. Amém.

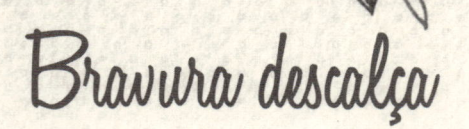

Bravura descalça

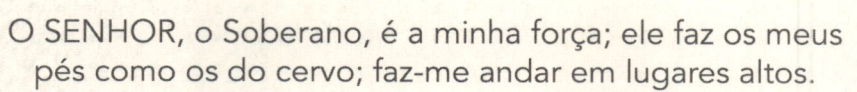

O SENHOR, o Soberano, é a minha força; ele faz os meus pés como os do cervo; faz-me andar em lugares altos.

Habacuque 3.19

Cada verdade sobre liderança demanda que você seja corajosa, porque a alma do líder é a coragem. É claro – vale lembrar que coragem não é a ausência de medo, mas é estar simplesmente agindo *apesar* do seu medo.

É preciso coragem para liderar porque os líderes são iniciadores e pioneiros. Liderar requer andar na frente, pulando os obstáculos mal interpretados ou inesperados porque nós somos as primeiras a chegar até eles.

Realmente, ser um líder de sucesso é ser corajoso o suficiente para colocar um pé na frente do outro. Esquerda, direita; esquerda, direita; amor, justiça; amor, justiça. Não importa qual seja o novo, assustador ou rotineiro desafio de liderança que esteja enfrentando, você pode sempre sentir como se houvesse olhos críticos sobre si. Há pessoas assistindo; algumas torcendo pelo seu sucesso e outras esperando que fracasse. Saiba, porém, que Deus irá proteger, sustentar e premiar você. Deixe essas três palavras serem o seu esteio em dias difíceis. Que a verdade de que o Senhor está à sua volta para guardá-la, seja suficiente para você liderar corajosamente e sem medo de recriminação. Deus está cuidando de você! Seus pés estão sobre a rocha, e você está estabelecida firmemente. E ele tem o poder e a sabedoria para escondê-la ou para exibi-la como bem lhe parecer.

Você vai tirar seus sapatos e adorar a Deus em terra santa, confiando que ele irá levá-la para o caminho certo?

Jesus, escolhe cuidadosamente cada passo que eu der. Amém.

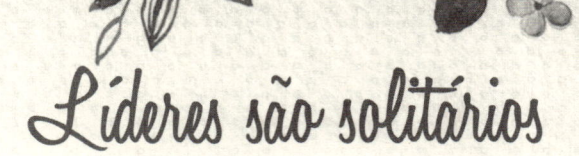

Líderes são solitários

Mas o SENHOR estava com ele e o tratou com bondade,
concedendo-lhe a simpatia do carcereiro.

Gênesis 39.21

José era solitário. Como escravo, servindo a uma família da aristocracia egípcia, e na prisão, ele não se encaixava nisso tudo. Sobre sua situação, o salmista escreve: "Até cumprir-se a sua predição e a palavra do SENHOR confirmar o que dissera" (Salmo 105.19). Então, quando o tempo finalmente chegou, José foi promovido. Deus escolheu sua posição, mesmo que ele não tivesse as qualificações necessárias em seu currículo pessoal. E José foi usado poderosamente, na sua própria geração e para além dela.

Nós servimos ao mesmo Deus a quem José serviu. O Deus da eternidade e de todos os dias; o Deus que dividiu o mar Vermelho e que pode reescrever a sua trajetória e proteger a sua reputação. Este é o Deus que está com você em sua empresa, comunidade ou família e é o Deus que vai ao seu lado enquanto você caminha, decide e permanece com ele.

Há confiança em saber que Deus é o seu promotor na carreira e na comunidade, nas amizades e na família. Grupos corporativos e círculos fechados não são nada para o Senhor, e ele vai colocá-la onde ele quiser, para o seu bem e para a glória dele. Você não precisa arcar com a necessidade de destacar o seu nome para conseguir ser aprovada para fazer algo; apenas seja fiel para dar o seu melhor diante das circunstâncias em que você se encontra.

Quando você se sente particularmente solitária?

*Senhor, quando eu estiver no limite para tomar uma decisão,
lembra-me de que eu nunca estou sozinha.* Amém.

Pés de barro

...Não se orgulhe, mas tema.

Romanos 11.20

Meus pés não são bonitos. Eu tinha um namorado que pensava que seria engraçado citar o Salmo 139 para mim: "Você foi terrível e maravilhosamente formada", disse ele. "Mas seus pés, eles foram temerosamente feitos."

No entanto, eu acabei aceitando meus pés ao longo dos anos. Eles são os pés que Deus escolheu fazer para mim; são os que me levam para as compras, a igreja, a praia e a montanha; e eles me mantêm humilde. Assim, tenho uma visão melhor e mais realista dos meus pés para que, quando eu chegar a ficar orgulhosa, um só vislumbre deles me traga de volta à realidade...

Meus pés não tão bonitos também me lembram de que fui formada a partir do pó da terra. Como os pés da estátua do sonho de Nabucodonosor (Daniel 2), eles expressam destruição, se pensarmos que podemos liderar sozinhas. No momento em que começarmos a ficar orgulhosas e pararmos de depender diariamente de Jesus para introspecção e orientação, e no momento em que deixarmos de limpar o pecado que se acumula em nosso coração, a nossa liderança se torna ineficiente, ineficaz e prejudicial para aqueles que estão nos seguindo.

Você já se sentiu invencível em alguma área de sua vida? Valeria a pena fazer uma verificação da realidade para reorientar a sua crença na força e na bondade de Deus, em vez de em si própria?

Senhor, tu sabes melhor do que ninguém que eu estou apoiada sobre pés de barro. Qualquer excelência ou beleza que há em mim vem direto de ti. Não me deixa esquecer disso! Amém.

Estar em seus próprios dois pés

Portanto, meus amados irmãos, mantenham-se firmes, e que nada os abale. Sejam sempre dedicados à obra do Senhor, pois vocês sabem que, no Senhor, o trabalho de vocês não será inútil.

1Coríntios 15.58

Quando eu estava à frente do Departamento de Inglês de uma escola secundária, minha mãe costumava me lembrar de que se todo mundo gostasse de mim, provavelmente, eu não estava fazendo meu trabalho como deveria.

A verdade é que um líder precisa de pés firmes. Ele precisa saber exatamente onde firmar os pés, e o porquê. O líder tem de acreditar no valor da sua causa, da sua mensagem ou da sua missão para ser corajoso o suficiente, para promover suas crenças em um mundo que pode ignorá-las. Ele precisa se sentir confortável com a ideia de tomar uma posição e ali permanecer firme por tanto tempo quanto for preciso.

E quando se trata de firmar os pés em determinada direção, um líder deve ter cuidado onde pisa. Ele deve estar certo do que faz e dar passos com cuidado e muito tato, lembrando que a vida é um grande ato de equilíbrio.

Você é corajosa o suficiente para se levantar em prol de uma causa ou um movimento e para enfrentar aqueles que podem discordar, e ainda assim, ter força e bravura para permanecer firme e de pé?

Jesus, eu quero ser o tipo de pessoa corajosa que tu capacitas, liderando com paixão resoluta e compaixão infinita. Amém.

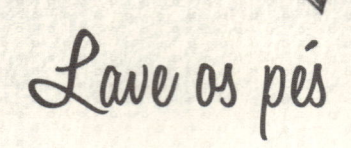

Lave os pés

Depois disso, derramou água numa bacia e começou a lavar os pés dos seus discípulos, enxugando-os com a toalha que estava em sua cintura.

João 13.5

Mais importante do que erguer-se sobre nossos próprios pés, é lavar os pés do outro. Foi assim que Jesus fez. Ele, o Criador de tudo, sujeitou-se a limpar o pó. Cristo agiu como servo humilde. No cenáculo, com os discípulos, enquanto sua morte já se desenhava, Jesus nos deu uma lição surpreendente sobre liderança. Ele sabia que o Pai lhe dera autoridade sobre tudo e que ele viera de Deus e estava prestes a voltar a ele. Então, levantou-se da mesa, tirou o manto, enrolou uma toalha na cintura e colocou água numa bacia. Em seguida, lavou e secou os pés dos seus amigos.

Então, Jesus descansou na verdade de que todo o poder era dele. E a próxima coisa que ele fez foi levantar e lavar os pés deles. O Deus encarnado disse, naquela mesma noite: "Eu estou entre vocês como quem serve" (Lucas 22.27).

O Reino de Deus é sempre inusitado, belo e oposto àquilo que o mundo considera como poder e preeminência. Como líderes, qualquer que seja a nossa capacidade e quanto mais poder tivermos, mais devemos estar servindo. Esse tipo de liderança é aquela que poderia mudar o mundo.

O que você poderia fazer por alguém hoje, sabendo que não há nada nele para você?

Jesus, humilha-me, para que eu possa influenciar as pessoas do jeito que tu fizeste. Amém.

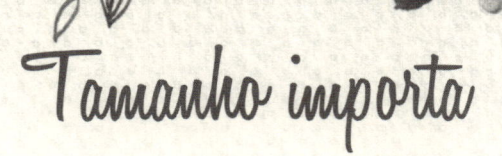

Tamanho importa

"E isso tudo é apenas a borda de suas obras! Um suave sussurro é o que ouvimos dele. Mas quem poderá compreender o trovão do seu poder?"

Jó 26.14

Como líderes, nossa batalha contra o orgulho, provavelmente, vai sempre permanecer diante de nós. Temos que nos manter firmes no combate porque, como disse Salomão, "o orgulho só gera discussões" (Provérbios 13.10). Devemos, ainda, ser mansos de coração e manter a harmonia em tudo. Assim, os maus hábitos são derrotados pelas boas práticas, e há algumas coisas que podemos fazer para afastar o orgulho de nossa vida.

Comece cada dia dizendo a si mesma que *tamanho importa*, sim. Quando vivemos tendo em mente quão incompreensivelmente grande é nosso Deus, automaticamente nos lembramos do quão infinitamente somos pequenos. A grandeza do mundo nos ajuda a sentir a nossa pequenez – e, no entanto, mesmo este planeta de alturas surpreendentes e profundidades imensuráveis não passa de apenas uma partícula de poeira em um universo vasto e sem limites. Quando voltarmos nossos pensamentos a esse assunto, já não iremos nos iludir de que Deus precisa de nós.

Mas você e eu sabemos que somos inconstantes e rápidos para esquecer. Sempre que acontece algo que nos humilha ou desgasta, reduzimos o tamanho de Deus novamente, relegando-o à nossa conveniência e às nossas pobres agendas ocupadas.

As menores pessoas, que exercem a mais bela influência, são, na verdade, aquelas que servem a um enorme Deus.

Quão grande é seu Deus?

Deus, eu não tenho como imaginar tua magnitude.
Simplesmente te adoro. Amém.

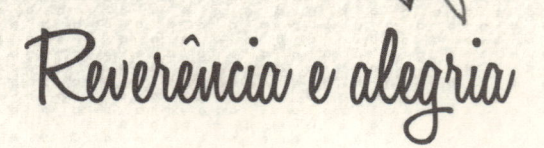

Reverência e alegria

Adorem o SENHOR com temor; exultem com tremor.

Salmo 2.11

Textos bíblicos como este colocam em uma boa perspectiva o orgulho que tantas vezes nos faz tropeçar. Eu gosto de ver como o rei Davi, cujo heroísmo como líder está esculpido de forma indelével na história de seu povo, entendeu a postura de uma vida piedosa.

Ele entendeu que nossa humildade diante de Deus não é um terror servil, mas sim uma alegre e despretensiosa rendição à sua grandeza. Quando estamos focados no esplendor do Senhor da glória, nosso orgulho se derrete, ridículo e irrelevante.

O salmista também entendeu que uma inclinação da vida para servir a Deus é um paradoxo. Você deve andar de pé na confiança de que é uma das filhas do Rei, vestida com as vestes reais de justiça. E você deveria se curvar muito baixo, porque o seu valor e a sua beleza aos olhos de Deus são seus dons concedidos, para a glória dele.

Você está sempre confusa ou assustada pelo conceito errado de temer a Deus, tremendo diante de sua grandeza, ou o vê como uma fonte de grande alegria, o que lhe dá poderes como uma líder?

Pai, obrigada por transmitires tanto valor a mim, uma simples serva tua. Amém.

Esqueça

Cada um exerça o dom que recebeu para
servir os outros, administrando fielmente a graça
de Deus em suas múltiplas formas.

1Pedro 4.10

Quando estou lutando contra o orgulho, tento esquecer a humildade, porque tentar ser humilde pode me fazer sentir um pouco como que procurando por amor – da mesma forma que você raramente encontra o homem dos seus sonhos quando está procurando por ele. Normalmente, o amor chega a você vindo repentinamente, de maneira amorosa, quando você menos espera e... justamente no dia em que você deveria ter lavado e preparado o seu cabelo!

Se eu estou tentando ser humilde, então continuo checando como estou fazendo e como faria se estivesse tentando conseguir alguma coisa. Se estou verificando minha humildade, então o ego invariavelmente vai ao limite máximo, até me deixar arrogante. Então, tento esquecer. Isso não é realmente tão impossível quanto parece, especialmente quando lembramos que a liderança é sempre sobre os outros e nunca sobre nós. Meus pensamentos me conduzem rápida e facilmente para longe de mim mesma à medida que eu os defino como comprometidos com o próximo e com Deus. É difícil ser obsessiva ou tripudiar de si mesma quando tenho em minhas mãos uma causa maior do que eu.

De que maneira você pode se distrair, hoje, por servir a Deus e aos outros, de modo que esqueça um pouco sobre quão fantástica você pensa ser? Que tal, em vez disso, se concentrar na magnificência de Deus?

Deus, dá-me algumas boas ideias de coisas com as quais posso me envolver para glorificar a ti e participar da expansão do teu Reino. Amém.

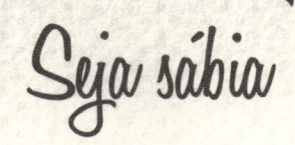

Seja sábia

> Pois a sabedoria é mais preciosa do que rubis;
> nada do que vocês possam desejar compara-se a ela.
> "Eu, a sabedoria, moro com a prudência, e tenho o
> conhecimento que vem do bom senso."
>
> *Provérbios 8.11-12*

Outra maneira pela qual podemos ser excelentes líderes e combater o orgulho é buscar desesperadamente por sabedoria. Em primeiro lugar, porque ninguém que sabe o que é bom para sua própria vida, vai seguir a um tolo. Em segundo lugar, porque a sabedoria gera humildade, e ninguém quer seguir um tolo arrogante.

Precisamos orar por sabedoria diariamente, porque Deus nos promete dá-la, se a pedirmos (Tiago 1.5). Temos que olhar para ela, ouvindo-a gritar nas ruas (Provérbios 1.20), fazendo anotações em nossos smartphones e agarrando-a com todas as forças.

Quanto mais sabemos quão pequenas somos, mais isso nos dá a real perspectiva de nosso tamanho. Ao nos sentirmos pequenas e frágeis, teremos a verdadeira dimensão da grandeza onisciente de nosso Deus.

A sabedoria também nos mostra que o mundo não gira em torno de ninguém, nem do mais influente dos líderes. Nós somos, todos, apenas uma pequena gota na onda da história, cuja correnteza segue em profundidade e largura, para a glória de Deus.

Você sai do seu caminho para obter mais sabedoria? Encontra maneiras de sair com pessoas sábias? Lê livros que contenham sabedoria? Ouve palavras sábias? Como adquirir sabedoria muda a sua visão sobre Deus?

Jesus, eu desejo uma sabedoria que me diminua e que encha a minha mente com tua magnitude. Amém.

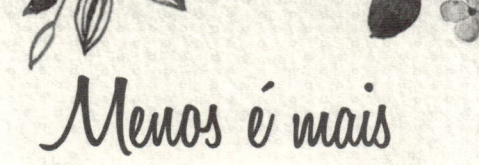

Menos é mais

É necessário que ele cresça e que eu diminua.

João 3.30

Menos pode ser mais. Na verdade, menos é quase sempre mais.

Às vezes, *recuar* (na lógica de uma carreira, no relacionamento ou na prosperidade financeira) significa, na verdade, seguir para o *alto*, rumo ao eterno Reino de Deus.

Na maioria dos cenários, você, provavelmente, não vai ver seu impacto eterno até que chegue à eternidade. Acontece que seu impacto terreno pode fazer você se sentir inferior, e isso é difícil de engolir, por causa do orgulho. No entanto, você está no mundo, sem ser do mundo (João 17.16); por isso, não meça a sua vida de acordo com padrões deste mundo.

Como líder, suas escolhas para se afastar de expectativas comuns ou culturais, podem ser vistas pelas pessoas como *menos*, e ainda há aqueles no seu raio de influência que estão assistindo e querendo saber o que está acontecendo, chocados pela forma como você escolheu o verdadeiro significado ao invés do sucesso e sobre quão bem isso fez a você.

Você precisa se lembrar, ou lembrar a alguém próximo, da verdade de que menos pode, realmente, significar mais?

Deus, eu quero mais de ti e menos de mim. Ajuda-me a ver que essa é, realmente, a melhor coisa para minha vida. Amém.

Faça o que tem que ser feito e pronto

"Mas eu digo a vocês que estão me ouvindo: Amem os seus inimigos, façam o bem aos que os odeiam, (...) orem por aqueles que os maltratam. (...) Se alguém tirar de você a capa, não o impeça de tirar também a túnica. Dê a todo aquele que lhe pedir, e se alguém tirar o que pertence a você, não lhe exija que devolva. Como vocês querem que os outros lhes façam, façam também vocês a eles."

Lucas 6.27-31

Se você quer ser alguém que realmente faz diferença, é apenas uma questão de tempo até você ouvir a reverberação dos seus sonhos abatidos. E, no entanto, um líder está sempre entre o pessimismo e o entusiasmo. Assim, apenas *faça o que tem que ser feito*.

Se há alguém que recebeu frieza e acusações, apesar de ter um coração que era puro amor, esse alguém era Jesus. No entanto, ele nunca se escondeu atrás de uma mentalidade de vítima; antes, disse que nos levantássemos, nos superássemos e nos ocupássemos em amar os nossos críticos.

Algumas pessoas pensam que as suas ideias são improdutivas ou estúpidas? Apesar disso, leve-as adiante da sua maneira. Algumas mães fingem que não a veem no estacionamento da escola? Apenas sorria e acene. Há amigas que não retornam sua mensagem de texto? Continue, apesar disso, a se comunicar com elas. Às vezes, você prepara algo especial e convida pessoas que não vão nem respondem? Continue convidando. Você fez uma comida deliciosa e os seus filhos torceram o nariz? Ora, continue fazendo comidas deliciosas, apesar disso. Líderes devem ser corajosos o suficiente para manter a liderança – e o amor.

O que você vai fazer hoje, apesar da reação negativa dos outros?

Jesus, obrigada por teu exemplo de incansável amor desinteressado, mesmo diante de tamanha oposição e incompreensão. Amém.

A autoestima não resolve coisas

Quando contemplo os teus céus, obra dos teus dedos,
a lua e as estrelas que ali firmaste, pergunto: Que é o
homem, para que com ele te importes? E o filho do
homem, para que com ele te preocupes?

Salmo 8.3-4

Autoestima é uma das palavras do momento. Professores, *coachs*, revistas e mentores provavelmente vão lhe dizer que ela é crucial para a felicidade e o sucesso. Parece lógico, também, que uma autoimagem elevada é necessária para nos fortalecer contra as críticas e para liderarmos bem.

Há um elemento de verdade nisso. Porém, o sentimento de autoestima pode ser relativo, na medida em que o que pensamos de nós mesmas seja mera comparação com os outros, ou a um padrão que o mundo estabeleceu. Se você já se comparou a qualquer outra pessoa (e quem nunca fez isso?), vai saber que tal analogia faz você se sentir vulgar ou deprimida. Nem mesmo uma resposta positiva faz de você uma líder melhor.

O segredo é parar de se preocupar tanto com sua própria autoestima, e sim com a *estima de Deus*. Viva na alegria, na graça, na confiança e na segurança, porque ele imputou justiça a você. Sim, o seu Pai celestial a estima como filha e herdeira! E essa verdade permite que a pressão de ser alguém grande se dissipe libertando-a para viver e liderar de forma excelente.

Como está a sua estima perante Deus?

Senhor, ajuda-me a esquecer de como todos os elementos combinados na minha vida me fazem sentir. Ajuda-me a te exaltar com a minha vida serena, equilibrada e protegida em ti. Amém.

Um herói de Hollywood

> Enquanto apedrejavam Estêvão, este orava: "Senhor Jesus, recebe o meu espírito." Então caiu de joelhos e bradou: "Senhor, não os consideres culpados deste pecado." E, tendo dito isso, adormeceu.
>
> *Atos 7.59-60*

Essa é uma das cenas mais dramáticas das Escrituras, que caberia muito bem em um longa de Hollywood, dirigido por Ridley Scott e acompanhado por uma bela e envolvente trilha sonora de Hans Zimmer. Em seus momentos finais, quando ele tem todo o direito de se mostrar amargo por estar sendo morto em decorrência de sua inocência, Estêvão se volta para Deus e se rende ao seu Salvador. Em seguida, antes do último suspiro, ele ora por seus acusadores e pede a Deus que os perdoe.

As pessoas desejam seguir esse tipo de líder, ou seja, um verdadeiro herói altruísta. É com tal nível de heroísmo que você e eu devemos viver e como devemos perdoar, a cada vez que isso nos for exigido. Entregue a Deus seus pensamentos, suas emoções, atitudes e ações e ore pelos seus acusadores. Da mesma forma, ignore, em amor, aquele que fez um comentário sarcástico acerca de você. Sua força arrojada e sua intrepidez destemida vão apontar para um Deus Todo-poderoso, e sua vida começará a influenciar outras de maneira bela.

Você vai confiar em Deus para protegê-la e orar por alguém hoje, para que Deus perdoe e restaure tal pessoa?

Jesus, torna-me mais semelhante a ti. Mesmo sob intensa perseguição e incompreensão, tu não te lamentaste, porque não pensavas somente em ti como sendo tudo. Antes, pensavas nos outros. É esse tipo de herói que eu desejo ser. Amém.

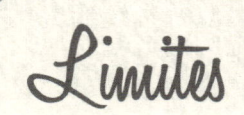

Limites

Mas, quanto a mim, ficarei atento ao SENHOR, esperando em Deus, o meu Salvador, pois o meu Deus me ouvirá.
Não se alegre a minha inimiga com a minha desgraça. Embora eu tenha caído, eu me levantarei. Embora eu esteja morando nas trevas, o SENHOR será a minha luz.

Miqueias 7.7-8

Miqueias, que era profeta e poeta, escreve uma história que honra a Deus por conta de uma desgraça que se tornou esperança. Sua convicção, apesar de condições terríveis que experimentava, demonstra como até mesmo a dor que nos leva para além do nosso limite, pode nos capacitar para liderar.

Sua experiência é crível, porque um limite é um limite – seja um teto, uma cerca, um local fechado ou um alvo distante. Mas um limite também é um marco, uma divisa de um novo começo. É o noivo que leva sua noiva para uma nova vida de amor; é o sangue do cordeiro manchado nas portas das moradias pobres de escravos no Egito, prometendo que, um dia, outro Cordeiro – aquele que viria tirar o pecado do mundo – iria suportar o limiar da dor extrema e dizer: "Está consumado." E então, já na sepultura, levantar-se novamente.

Você é mais corajosa e engenhosa, criativa e comprometida quando, inevitavelmente, tem que ser. Você também é a mais bela. Seja qual for o limite no qual você esteja oscilando, ore por coragem para confiar no Criador de suas capacidades. Ele sabe exatamente quando e como você pode precisar mudar, para que a dor possa fluir por meio do início da beleza.

Qual é o seu limite?

Senhor, transforma a minha dor em confiança irrestrita em ti, para que tu possas me ouvir e me salvar. Amém.

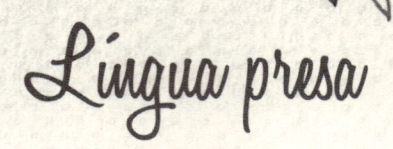

Língua presa

Disse, porém, Moisés ao SENHOR: "Ó SENHOR! Nunca tive facilidade para falar, nem no passado nem agora que falaste a teu servo. Não consigo falar bem!"

Êxodo 4.10

Ante as tentativas de escusa de Moisés ao seu grande chamado, Deus rapidamente o coloca em seu devido lugar, dizendo que lhe dará as palavras necessárias (Êxodo 4.11-12). É uma brilhante ferramenta de liderança: lembre-se de que sua força não vem de você em tudo, mas de Deus, e que refletir a glória de volta para ele leva a atenção para longe de você, o que lhe permite operar de forma mais confiante.

Para levar nossa própria vida de uma maneira bela, e assim influenciar os outros, não precisamos de grande fé. Só precisamos de uma fé simples em um grande Deus. Viver e liderar com essa fé simples significa deixar todas as quedas da vida em um espelho, para refletir as misericórdias do doador da vida.

Não é trivial ou banal se curvar em gratidão por cada nascer do sol, cada lacuna no tráfego, cada sorriso dos filhos, cada refeição na mesa. Não precisamos ter medo de falar muitas vezes, e com segurança, da bondade de Deus, lembrando assim que nós e os outros não somos o centro da história.

Você pode parar de se preocupar em dizer muito ou pouco e apenas falar livre e corajosamente da bondade de Deus?

Senhor, quando as minhas palavras se entrelaçam e eu sentir que não tenho o que é preciso, solta minha língua para assumir a liderança em dar graças a ti acima de tudo. Amém.

Ele disse isso

18 DE NOVEMBRO

> E ele respondeu: "Será que não devo dizer
> o que o SENHOR põe em minha boca?"
>
> *Números 23.12*

O rei Balaque quer que o profeta Balaão seja o portador de notícias que o façam se sentir bem. Então, quando Balaão entrega a mensagem que Deus realmente tem para o monarca, Balaque grita: "Que foi que você me fez? Eu o chamei para amaldiçoar meus inimigos, mas você nada fez senão abençoá-los!" (Números 23.11).

A coragem de Balaão sob tamanha pressão é um exemplo impressionante de como a liderança não é nada mais do que a obediência fiel a tudo o que Deus está dizendo que você faça ou diga. Não é teimosia ou orgulho, mas apenas uma tranquila e imutável deferência à vontade de Deus.

E se você não tiver certeza de qual mensagem Deus está colocando em sua boca, faça, ainda assim, a coisa certa. Faça com coragem e de maneira excelente, onde você está, apenas hoje. Seja uma corajosa e excelente aluna, uma mãe irrepreensível, uma executiva competente, uma ministra dedicada do Senhor ou uma eficiente dona de casa. Crie seus filhos para serem valentes, excelentes cidadãos do mundo e do Reino. Lide com excelência com cada pessoa que cruze sua vida hoje. Em sua esfera de influência, controle o que você puder, com coragem e excelência, e lance-se em direção à misericórdia de Deus para o resto.

O que quebranta seu coração? Você pode se inclinar para essa área hoje e trazer verdade, coragem, excelência e beleza?

Pai Celestial, estou disposta a dizer o que tu queres que eu diga e fazer aquilo que queres que eu faça. Amém.

Desesperado, mas não sem esperança

"Quem fez tudo isso? Quem chama as gerações
à existência desde o princípio? Eu, o SENHOR, que sou
o primeiro, e que sou eu mesmo com os últimos."

Isaías 41.4

Para liderar bem e saber passar o bastão da liderança para aqueles que nos sucederão, precisamos saber que nós e eles fomos atraídos para esse ministério por um tempo como este. Não importa como a escuridão seja avassaladora, há esperança para esta geração e a próxima, porque Deus nos chamou desde o início dos tempos.

Precisamos lembrar uns aos outros que o Senhor ainda está no controle. Ele continua a edificar a sua Igreja, e todos os poderes do inferno não podem prevalecer contra ela (Mateus 16.18). Como fez por seu povo há muito tempo, ele vai fazer algo novo quando tudo parecer impossível.

O salmista escreve: "A tua vereda passou pelo mar, o teu caminho pelas águas poderosas, e ninguém viu as tuas pegadas" (Salmo 77.19). Ele nos dará a compaixão e a coragem para fazermos diferença – e, embora possamos nos sentir desesperadas, nunca estaremos sem esperança.

Você se sente encurralada para tomar uma decisão impossível? Você sente como se as probabilidades estivessem contra você, de uma forma injusta e irremovível? Você poderia pregar a verdade para si mesma, se lembrando de que há sempre uma esperança?

Pai, obrigada porque, mesmo neste momento da minha história, eu posso andar na confiança, porque tu reinas em glória. Amém.

Coragem para se comprometer

Entregue o seu caminho ao SENHOR; confie nele, e ele agirá.

Salmo 37.5

Nós admiramos aqueles que têm a coragem de se comprometer com árduos desafios físicos, como maratonas, provas de *ironman* e escaladas em penhascos íngremes. Esse tipo de coragem se manifesta quando há compromisso com o resultado. De fato, um atleta não consegue a vitória se não se entregar de corpo e alma a uma adequada preparação. Seja para nadar, correr ou escalar, somente o compromisso leva ao melhor resultado.

Mas a verdadeira coragem é aquela empregada em coisas que não rendem medalhas. É fácil – e até egoísta – ser um herói comprometido apenas com a coragem física, enquanto viver diariamente a coragem moral e relacional é a verdadeira luta que vale a pena

Precisamos ser o tipo de heróis que lideram pelo exemplo, habitualmente abrindo nossas agendas para as necessidades dos outros e a causa de Cristo. Precisamos modelar a coragem silenciosa que lava pratos e pés. Sim, os verdadeiros heróis têm a coragem de se comprometer.

Como está o seu poder de perseverança quando se trata de viver heroicamente nos relacionamentos?

Jesus, dá-me a energia para eu me comprometer, mesmo que ninguém aplauda. Amém.

Inclinando-se para aqueles que você lidera

> Enquanto Moisés mantinha as mãos erguidas, os israelitas venciam; quando, porém, as abaixava, os amalequitas venciam. Quando as mãos de Moisés já estavam cansadas, eles pegaram uma pedra e a colocaram debaixo dele, para que nela se assentasse. Arão e Hur mantiveram erguidas as mãos de Moisés, um de cada lado, de modo que as mãos permaneceram firmes até o pôr do sol.

Êxodo 17.11-12

Moisés foi um grande líder. Ele também era feito de carne e sangue, como você e eu, e precisava da ajuda daqueles que o cercavam.

Como líder, não acredite na mentira de que você é autossuficiente. Continue humilde. Esteja disposto a aprender e a se apoiar, mesmo naqueles que são mais jovens e menos experientes do que você. Não tenha ciúmes do crescimento alheio ou das oportunidades que os outros recebem e procure aqueles que são mais velhos e mais sábios também. Aprenda e se apoie neles. Absorva os pontos fortes de cada geração de uma família ou comunidade. Deixe a energia do jovem entusiasmar você. Honre o idoso; eles caminharam neste mundo por muito tempo. Além disso, um dia você vai esperar o mesmo respeito.

Um excelente, corajoso e eficiente líder sabe que não faz mal se arriscar a ser chamado de fraco, para reunir a força daqueles que estão em torno dele.

A quem Deus está lhe pedindo que lidere? O que você pode aprender com essas pessoas? Você teria a coragem de se apoiar nelas, se necessário?

Deus, mantém-me despretensiosa e respeitosa quando eu chamar aqueles que tu tens me chamado para amar e liderar. Amém.

Comunidade, contentamento e consistência

Passada a tempestade, o ímpio já não existe, mas o justo permanece firme para sempre.

Provérbios 10.25

Poderíamos trançar essas três palavras em uma única filosofia de liderança: Comunidade, com as pessoas; contentamento, com a paz; e consistência, com uniformidade. Estando em paz com as pessoas a quem lideramos, seremos líderes mais firmes – e elas também se sentirão mais seguras.

O caminho para a paz (contentamento) em nossos hábitos (consistência) e relacionamentos (comunidade) é *Emanuel*, o Deus *conosco*. Confiando que a presença de Deus está conosco o tempo todo, ele nos fará mais corajosas se mudarmos com sua inspiração, em vez de retornarmos, inseguras, até que o sentimento passe, deixando de fazer ou de dizer o que sabemos que deveríamos ter feito.

Talvez seja na obediência ativa a ele, e não na complacência passiva em nós, que vamos encontrar significância na época em que estamos. Talvez, para a glória de Deus e pelo seu poder, nós venhamos até a mudar o mundo.

Você tem encontrado formas de mostrar respeito aos seus líderes? E como você tem se colocado sob a liderança do Senhor?

Deus, obrigada pela comunidade onde tu me colocaste. No que depender de mim, ajuda-me a estar em paz com todas as pessoas e a expressar meu contentamento pelo que tu me tens dado. Amém.

Uma voz para os sem voz

Aprendam a fazer o bem! Busquem a justiça, acabem com a opressão. Lutem pelos direitos do órfão, defendam a causa da viúva.

Isaías 1.17

Mulheres de todas as gerações têm sido chamadas para serem líderes extraordinárias, porque há uma enorme lacuna de verdadeiros líderes nos dias de hoje. Sim, o que o mundo precisa é do extraordinário, e poderíamos ser essas mulheres extraordinárias. Temos tudo a nosso favor para fazermos uma extraordinária diferença na vida dos oprimidos, dos órfãos e das viúvas, deixando um legado extraordinário. Não se contente com a média! Constantemente, pergunte-se: "Em um mundo ferido, o que uma mulher extraordinária pode fazer?"

Uma líder usa a sua voz, não para fazer perguntas superficiais e inseguras, mas que conduzam diretamente à cruz. Não para machucar ou condenar, mas para fazer entrar nos corações a graça que muda. Uma líder aceita arriscar um desconforto para trazer esperança. E uma líder não pergunta: "Deus, o que devo fazer com a minha vida?"

Uma líder sabe que Cristo é sua vida (Colossenses 3.4). Por isso, ela pergunta: "Deus, o que tu queres que eu faça com a tua vida em mim?" Ela ecoa o poeta persa, que disse: "Levante suas palavras, não sua voz. É com a chuva que crescem as flores, não com um trovão." Ela é mais do que um arrimo para a condescendência: é uma voz dos que não têm voz.

O que está fazendo você parar de falar por aqueles que não podem falar por si mesmos?

Jesus, move o meu coração para onde queres que ele esteja. Amém.

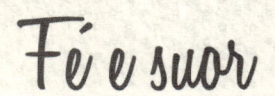

Fé e suor

"Pois os olhos do SENHOR estão atentos sobre toda a terra para fortalecer aqueles que lhe dedicam totalmente o coração. Nisso você cometeu uma loucura. De agora em diante terá que enfrentar guerras."

2Crônicas 16.9

O intrépido evangelista britânico David Livingstone tem a fama de ter, uma vez, perguntado a Charles Spurgeon: "Como você consegue fazer o trabalho de dois homens em um único dia?" Ao que Spurgeon respondeu: "Você esqueceu que existem dois de nós." Spurgeon entendeu algo sobre aquilo que o anjo do Senhor disse a Gideão: "O SENHOR está com você, poderoso guerreiro [...] Com a força que você tem, vá [...]" (Juízes 6.12, 14).

Líderes trabalham como se tudo dependesse deles, mas esperam como se tudo dependesse de Deus. Eles têm fé e descansam na verdade de que o jugo deles é suave e o fardo é leve (Mateus 11.30), e que não é pela força nem pelo poder deles que algo aconteceu, mas pelo Espírito de Deus. Somente pelo Espírito eles vivem a vida que Deus os chamou para viver (Zacarias 4.6).

Se você continua voltando à questão sobre por que você faz o que faz, vai se manter dessa mesma forma, mesmo quando os tempos forem difíceis. Então, qual é o seu porquê?

Deus, eu farei qualquer coisa que tu me pedires. Dá-me, pois, a fé e a perseverança necessárias para cumprir a tua vontade. Amém.

Elogios

SENHOR, tu estabeleces a paz para nós;
tudo o que alcançamos, fizeste-o para nós.

Isaías 26.12

Se você tem alguma influência positiva sobre alguém, é provável que seja reconhecida, elogiada ou cumprimentada. Talvez, como eu, você possa curtir um bom agradecimento por semanas, e então a única coisa que mantém os seus pés perto do chão, é o fato de que uma grande cabeça também é pesada.

Então, o que vamos fazer com os elogios?

Não olhe para eles. Um homem sábio disse que é melhor ser brilhante no escuro do que ligar a luz prematuramente e mostrar a sua própria mediocridade. Deixe que os outros percebam você – e deixe que somente Deus receba a glória que pertence a ele.

Não se deprecie se alguém lhe disser que você é incrível. Jesus não andaria por aí, sorrindo timidamente e dizendo: "Não, não, eu não sou tão grande. Eu, provavelmente, não sou o Filho de Deus." Ele nunca foi arrogante, mas ao mesmo tempo sabia quem era – e por isso ele viveu uma vida confiante.

Lembre-se: "Pois quem torna você diferente de qualquer outra pessoa? O que você tem que não tenha recebido? E, se o recebeu, por que se orgulha, como se assim não fosse?" (1Coríntios 4.7). Em seguida, com a sinceridade que faz você verdadeiramente bela, basta dizer *obrigada*.

Receber elogios faz você se sentir desconfortável ou arrogante?

Jesus, obrigada por enviares pessoas, de vez em quando, para me encorajar a me afirmar. Ajuda-me a aceitar e a apreciar as palavras delas, mas nunca esperar algo de volta. Mantém-me humilde, esta é a minha oração. Amém.

Agradecendo aos críticos

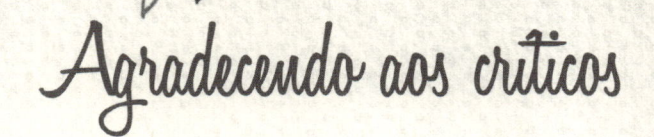

Quero que saibam, irmãos, que aquilo que me aconteceu tem, ao contrário, servido para o progresso do evangelho.

Filipenses 1.12

Paulo escreveu da prisão. Ele teve a generosidade de um espírito elevado, para ver as suas circunstâncias sombrias da perspectiva de Deus e ser grato.

Você pode não estar na prisão por sua fé, mas sabe que, às vezes, as pessoas podem ser simplesmente más. Outras vezes, as pessoas amam muito você e querem ajudá-la. De qualquer maneira, você não pode prever todas as críticas, oposições e rejeições que vai enfrentar. Porém, se tiver a coragem de ir adiante, pode ter certeza de que haverá inimigos. Se você está decidida a viver o seu potencial e ser usada por Deus como ele quiser, para a glória dele em um mundo destruído, então esteja preparada para encontrar resistência.

A ironia engraçada é que a crítica, a oposição e a rejeição lhe dão a oportunidade de mostrar a força e a beleza de Jesus. Eu oro para que você tenha a coragem de olhar seus antagonistas diretamente nos olhos. Passe por eles mansamente e sem medo. E encontre a clareza de visão para virar e lhes agradecer.

Independentemente dos motivos que alguém alegue ter para criticá-la, você pode fazer a paz com a verdade pela qual eles vão ser responsabilizados? Você pode achar o bom fruto que veio da dificuldade?

Deus amoroso, obrigada pelo que a oposição tem feito na minha vida, para tua glória. Amém.

Bem-vinda

Portanto, aceitem-se uns aos outros, da mesma forma com que Cristo os aceitou, a fim de que vocês glorifiquem a Deus.

Romanos 15.7

Lembro-me de um comediante que disse que não estava conseguindo participar das mesmas risadas que provocava em seu público. Para ele, tudo o que importava era, apenas, fazer outros darem risada. Ele queria acrescentar valor às pessoas com as quais ele se preocupava, e por isso corria o risco de exercer a sua influência humorística sobre os outros, mas não sobre si mesmo.

Talvez a melhor maneira de amar as pessoas é parar de convidá-las e começar a *recebê-las,* para que, realmente, acreditem que há espaço para elas na mesa. Eu conheci um homem, certa vez, que não queria ser popular; ele queria ser útil.

Permita que as pessoas, incluindo você, cometam erros, porque ninguém é bom em tudo logo na primeira vez que tentar – e a maneira de se tornar bom é, justamente, começar. Faça essa tentativa primeiro. Não deixe que a perfeição fique no caminho e esteja disposta a rir de si mesma. Garanta que as pessoas saibam que você valoriza o que elas têm para oferecer, mais do que a perfeição da sua entrega.

Congratular-se com os outros cria o tipo de liderança contracultural que faz com que pessoas sintam e tomem nota. É o tipo de liderança em que você está aparecendo, mais e mais, para oferecer algo aos outros que você, não necessariamente, tem ainda em si mesma.

Como as pessoas que olham para você, fazem-na sentir-se bem-vinda?

Jesus, me ajuda a acolher aqueles que se sentem à margem da sociedade. Amém.

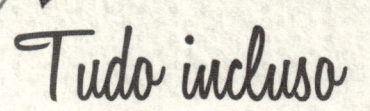

Tudo incluso

Assim o digam os que o SENHOR resgatou,
os que livrou das mãos do adversário.

Salmo 107.2

O chamado de Deus na vida de Isaías começa com uma visão inebriante da santidade do Senhor, que o leva a uma quebra de compreensão de sua própria indignidade. Deus o encontra em sua tristeza e em seu arrependimento e o purifica. E a resposta imediata de Isaías é: "Eis-me aqui. Envia-me!" (Isaías 6.8).

É exatamente quando você se sente menos digno de ser usada por Deus que ele a quer como instrumento de sua ação. É que quanto menos digna de sua atenção ou afirmação e menos certeza dos planos dele para sua vida, mais você precisa se apegar à bondade dele, entregando-se de corpo e alma para querer e trabalhar de uma maneira bela.

Você pode começar hoje! Pratique ser corajosa para falar sobre o que Deus fez por você e em você.

John Maxwell diz que a consistência lhe dá uma composição que nenhuma outra característica vai dar. Assim, você não precisa esperar pela oportunidade perfeita, dizendo: "Eu vou falar, então. Vou trabalhar duro, então. Eu vou estar totalmente comprometida com Deus, então." Grite e trabalhe duro e esteja totalmente comprometida já a partir de hoje – e amanhã, depois, na semana seguinte...

Você é uma reserva de excelência na sua família, no seu círculo de amizades, na sua rede profissional ou em quaisquer outros círculos de influência? Está realmente comprometida?

Jesus, usa tudo o que sou para o teu Reino e tua glória. Amém.

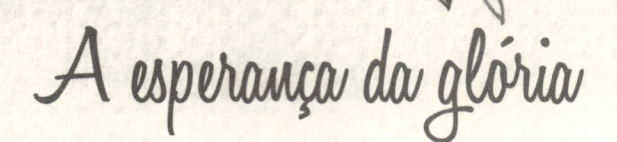

A esperança da glória

A ele quis Deus dar a conhecer entre os gentios a gloriosa riqueza deste mistério, que é Cristo em vocês, a esperança da glória.

Colossenses 1.27

A incerteza pode ser paralisante, mas é exatamente em tempos incertos que precisamos de líderes. O medo de um futuro desconhecido e inquietante, em meio a uma cultura em mutação, pode ser o seu maior obstáculo e sua maior oportunidade para liderar de maneira excelente.

Outra versão da Bíblia registra assim o texto acima: "Cristo vive em vocês, e assegura a vocês compartilhar a sua glória." Quando mudamos nossa perspectiva do futuro e da cultura para uma *pessoa*, que é o salvador imutável, então a incerteza se dissipa.

Reconheça que você precisa ser corajosa para fazer escolhas morais e relacionais sábias, que confrontem a permissividade da nossa sociedade e indiscrição. Você vai precisar fazer escolhas financeiras inteligentes, o que é uma contracultura nessa era de consumismo. Você serve a um Criador, e não a um desmancha-prazeres – e o universo foi concebido em torno desse paradoxo que, de uma maneira surpreendente, nos oferece uma liberdade extrema quando jogamos pelas regras. Os termos e as condições estabelecidas em nossa vida pelo arquiteto das galáxias e das moléculas são sempre, apenas, para nos proteger e nos libertar, a fim de que vivamos plenamente com a esperança da glória.

Independentemente das variáveis, incógnitas e pressões, você pode relaxar e levar confortavelmente seu presente, porque Cristo está em sua vida?

Jesus, obrigada pela segurança absoluta e pela confiança do que eu posso desfrutar, por causa de teu espírito que habita em nós. Amém.

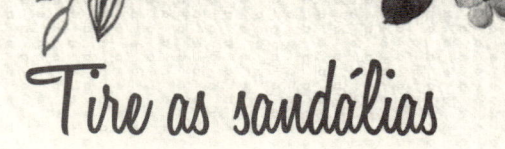

Tire as sandálias

"Então o Senhor lhe disse: 'Tire as sandálias dos pés, porque o lugar em que você está é terra santa."

Atos 7.33

Lembro-me de uma vez que eu calcei meus chinelos e não os tirei para ir trabalhar. Eu estava vagamente consciente de que meus pés estavam excepcionalmente confortáveis, mas só percebi o meu erro quando cheguei à escola do meu filho. Era tarde demais para voltar; mas, de olho no que já se anunciava como um vexame para ele perante os colegas, dei-lhe a opção de dizer se preferia que eu fosse com ele de chinelos ou descalça. Ele gritou, sem sequer me dar tempo de respirar após a pergunta: "Descalça, é claro!"

Toda a minha experiência me levou a pensar que, como uma líder com capacidade, pequena ou grande, seria bom ir com os pés descalços, às vezes. Andar descalça garante que você não chegue à frente de si mesma e lhe dá tempo para pensar sobre quem realmente está no comando e quem é, de fato, importante. É um simples e eficaz lembrete de sua pequenez diante da grandeza de Deus.

Estar ou sentir-se descalça também significa que você pode sentir os tremores da dor dos outros, enquanto a arrogância pode levá-la a tentar caminhar sobre a neblina. Ela entorpece você diante dos traumas das pessoas, o que a torna ineficaz para aqueles que Deus lhe deu para amar. Uma líder corajosa e bela não tem dificuldades de mostrar seus pés descalços aos outros.

Existe uma maneira pela qual você pode andar descalça – de fato ou metaforicamente – diante das pessoas sobre as quais Deus lhe deu certa influência? Como você pode se tornar vulnerável, a fim de compreendê-las e liderá-las melhor?

Deus, mantém-me de pé e sempre atenta quando estiver pisando em terra santa. Amém.

DEZEMBRO

Rocha dura

"Há muito, muito mais coisas melhores à nossa frente do que qualquer coisa que deixamos para trás."

– C. S. Lewis

Plataforma

> Portanto, irmãos, rogo pelas misericórdias de Deus que se ofereçam em sacrifício vivo, santo e agradável a Deus; este é o culto racional de vocês.
>
> *Romanos 12.1*

Hoje em dia, a moda é utilizar a plataforma de mídias sociais digitais. Empresários, artistas, políticos e CEOs constroem seus exércitos de seguidores, amigos e fãs. Com isso, tornam-se famosos e entram para o grupo dos chamados influenciadores digitais.

Essa plataforma nada mais é do que algo que você utiliza para se estabelecer ou se elevar. Como crentes, nossa vida deve ser estabelecida no altar do amor sacrificial e da ação de graças. E a única coisa que sempre deve ser elevada, para ganhar mais perspectiva, é a Rocha (Salmo 61.2).

O nosso maior sucesso não está em o quanto progredimos em nossas carreiras profissionais ou quantas ideias nossas se tornam virais no universo digital. Nosso sucesso está no quanto nós servimos, com verdade e coragem, às pessoas que Deus nos deu para amar.

Todos nós temos apenas uma oportunidade neste show chamado vida. Nossa maior vocação não é para construir uma comunidade de seguidores, mas simplesmente para seguir a Jesus.

O que você está fazendo pelo Reino?

Senhor, tu és a minha Rocha eterna! Quero construir altares que honrem a ti, e não plataformas que me promovam. Amém.

A melhor lembrança possível

Tenham cuidado com a maneira como vocês vivem; que não seja como insensatos, mas como sábios.

Efésios 5.15

Eu amo viajar! Fazer viagens é meu ideal do que significa viver plenamente. A gloriosa sensação de ser levada para longe da rotina e conhecer novos lugares, pessoas e culturas me dá uma ampla visão da liberdade para viver uma vida de aventura. Dormi em uma praia na Espanha, em um aeroporto de Tel Aviv, em uma estação de trem em Berlim e em um ônibus através do Marrocos, numa estrada em que até os parafusos do veículo se balançavam.

Essas são grandes histórias que tenho para contar. Eu me senti incrivelmente viva quando estava experimentado tudo aquilo. Nessas ocasiões, sou levada a olhar o contexto e dizer: "As coisas são como são." E, em seguida, usar o tempo disponível e o potencial da situação, para guardar a melhor lembrança possível.

Mas o fato é que a viagem não é apenas sobre passaportes, bilhetes de avião e estradas ao longo de remotos países. Estamos viajando o tempo todo. Viajamos, todos juntos, através do tempo – todo novo dia que nasce nos traz a perspectiva de uma nova jornada, até que a noite chegue. É uma metáfora do ciclo do nascimento até a morte, na qual o que importa é o que fazemos e aprendemos no caminho. E podemos fazer essa mesma escolha, em cada contexto. *Podemos decidir guardar a melhor lembrança possível.* Sim, podemos decidir viver plenamente!

Que lembranças você está planejando guardar hoje?

Deus, quero que todas as histórias da minha viagem nesta vida, sejam sobre o quanto tu foste mais glorificado ao longo de minha jornada. Amém.

Continue chegando

Combata o bom combate da fé. Tome posse da vida eterna, para a qual você foi chamado e fez a boa confissão na presença de muitas testemunhas.

1Timóteo 6.12

Neste lado da eternidade, nós temos que manter uma vida itinerante. Temos de continuar a chegar, mais e mais, apenas para descobrir que há uma centena de outros lugares para ir.

Temos de continuar a viajar e continuar a chegar, porque uma vida plena é uma vida viva – e coisas vivas crescem e mudam continuamente. A verdade sobre viver plenamente é que precisamos continuar a aplicar toda a verdade que aprendemos e continuar a aprender, mesmo quando é fácil e óbvio, quando falhamos e esquecemos ou quando há desafio e mudança. Lutar contra as pressões externas da vida, erradicando impiedosamente os inimigos de nosso próprio coração, tem que ser nosso hábito, todos os nossos dias.

Parece cansativo. No entanto, a graça de Deus é suficiente para cada etapa da viagem (2Coríntios 12.9). E a verdade aplicada e reaplicada, vivida e revivida, é surpreendentemente renovadora. Você nunca é velha demais para começar a viver a sua vocação e nunca demasiadamente jovem para já haver encontrado belas expressões de tudo isso, em suas buscas e paixões. Portanto, continue em frente!

Você está disposta a continuar a viver as coisas que Deus lhe ensinou este ano?

Jesus, sustenta-me enquanto continuo a chegar a novos destinos na viagem que tu traçaste para mim. Amém.

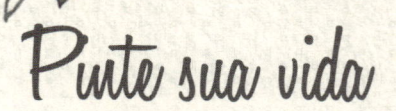

Pinte sua vida

> Mas ele me disse: "Minha graça é suficiente a você, pois o meu poder se aperfeiçoa na fraqueza." Portanto, eu me gloriarei ainda mais alegremente em minhas fraquezas, para que o poder de Cristo repouse em mim.
>
> *2Coríntios 12.9*

Nós nunca vamos ser perfeitas. Redimidas, sim; até mesmo reabilitadas. Porém, nossa estrutura corporal física nunca está completamente livre dos resultados do pecado. Isso significa que nunca iremos usar o nosso tempo, sem cometer falhas nem viver plenamente o nosso potencial.

Jesus sabia disso. Ainda assim, ele nos recomendou que fôssemos transformadores do mundo (Atos 1.8). Ele nos deu o poder por intermédio do seu Espírito para fazermos o impossível – um poder que, segundo as Escrituras, se aperfeiçoa na fraqueza.

Fico impressionada por pensar como posso ser usada por Deus, apesar de todas as falhas que tenho. E estou espantada em como ele preenche essas lacunas com outras pessoas, e com ele próprio, de modo que minha vida, a sua e a de todo mundo possam parecer uma obra de arte.

A verdade é que o mundo em torno de nós iria começar a mudar, se começássemos a descobrir as cores primárias de nossas personalidades, que se misturam aos tons de relacionamento e que pintam as paisagens da nossa vida, mudando a cor da história.

Você está disposta a deixar Deus pintar a tela da sua vida?

Deus, estou impressionada porque, embora não precises de mim ou de qualquer outra pessoa, tu me amas, me usas e me incluis nas cores brilhantes de teu Reino. Amém.

A saborosa vida agitada

Todavia, lembro-me também do que pode me dar esperança: Graças ao grande amor do SENHOR é que não somos consumidos, pois as suas misericórdias são inesgotáveis. Renovam-se cada manhã; grande é a sua fidelidade!

Lamentações 3.21-23

Para viver uma vida plena, é preciso saborear a vida e deixá-la florescer.

Saboreie a vida, porque grandes sonhos *crescem lentamente*, como as árvores, que proporcionam sombra e frutos a gerações de seres humanos. Portanto, seja paciente! Você não pode apressar Deus porque ele nunca está atrasado. A vida é curta, com certeza; mas ela também é longa, pois há tempo para tudo. Então, *deixe a vida surgir* naturalmente e ser fértil, plena e *abundante*.

A vida corajosa demanda que tenhamos essa tensão. Saboreie-a como ela é. Deixe-a surgir. Não tente ganhar tempo, mas, sim, mantenha o ritmo de acordo com o tempo. Não desperdice um momento. Encha seus dias e ganhe seus anos. Cave fundo, viva fervorosamente e deixe o planeta melhor do que você o encontrou.

Não perca seu senso de admiração, de forma alguma. Não se contente apenas com segurança e mediocridade. Capture a variedade e o aroma que explodem de seus presentes. O dia amanhece lentamente.

O que ameaça o seu sentimento de admiração?

Senhor, obrigada porque cada nascer do sol vem com misericórdias suficientes para o dia que ele anuncia. Amém.

Tendo dons, tenha vontade de usar

A cada um, porém, é dada a manifestação do Espírito,
visando ao bem comum. Pelo Espírito, a um é dada a
palavra de sabedoria; a outro, pelo mesmo Espírito,
a palavra de conhecimento. [...] Todas essas coisas, porém,
são realizadas pelo mesmo e único Espírito, e ele as
distribui individualmente, a cada um, como quer.

1Coríntios 12.7-8, 11

Para viver plenamente, você tem que conhecer seus dons e aproveitar as oportunidades para usá-los. Você foi criada com paixões e talentos para serem usados para o bem – e se você sabe quais são, procure conhecer-se a si mesma. Caso tenha a coragem de buscar e desenvolver o seu potencial, então você terá encontrado a chave para uma vida plena.

Eu oro para que você veja a verdade sobre si mesma e tenha a coragem de viver o que Deus colocou dentro de você, em obediência ao chamado do Senhor.

Descubra qual a sua paixão e o seu potencial e pergunte-se o que também a motiva. Seu melhor ambiente é, simplesmente, o espaço ideal onde suas habilidades e seus interesses coincidem: você é boa no que faz e ama o que faz – essa combinação é linda!

O que a estimula mesmo antes de fazer, enquanto você faz, ou até quando pensa sobre isso?

Pai, tu tens me ligado àquilo que gosto e sinto.
Então, usa-me para tua glória. Amém.

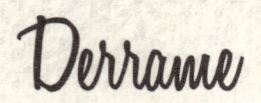

Derrame

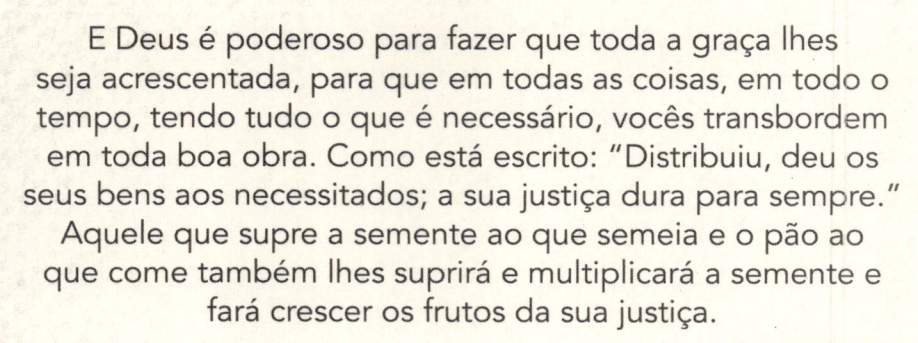

E Deus é poderoso para fazer que toda a graça lhes seja acrescentada, para que em todas as coisas, em todo o tempo, tendo tudo o que é necessário, vocês transbordem em toda boa obra. Como está escrito: "Distribuiu, deu os seus bens aos necessitados; a sua justiça dura para sempre." Aquele que supre a semente ao que semeia e o pão ao que come também lhes suprirá e multiplicará a semente e fará crescer os frutos da sua justiça.

2Coríntios 9.8-10

Mais importante do que encontrar seu ponto ideal ou estar em seu ambiente, é decidir o que você quer dar a este mundo. Não o que você quer da vida, mas como deseja contribuir.

O salmista lembra que Deus viu a sua substância ainda informe. Ele sabia o número de seus dias antes do seu primeiro amanhecer (Salmo 139). Apesar do seu (e de todos os seres humanos) pecado congênito, o Senhor colocou em seu DNA uma singularidade e uma latente possibilidade com a surpreendente capacidade de ser libertado pelo sangue de Jesus. Assim, cada um de nós podemos ser tudo aquilo que Deus nos criou para ser.

Devemos ser apaixonados, encorajando uns aos outros para sermos uma geração resolvida a viver, autenticamente, os sonhos que Deus teceu em nós desde a escuridão do útero. Há muita coisa em jogo. Se perdemos nossos dons, outros sofrem. Usar o nosso tempo e o nosso potencial para vivermos a vida de maneira excelente, corajosa e bela não é apenas para nós, mas para os outros.

Em que você gosta de ser boa? Que dons você quer dar ao mundo?

Deus, coloca os sonhos apropriados em meu coração. Quero que tu me abençoes, a fim de que eu esteja nos lugares certos e nos momentos apropriados. Amém.

Cantando no escuro

Tu, porém, és o Santo, és rei, és o louvor de Israel.

Salmo 22.3

Estando próxima do final de mais um ano e tendo, logo adiante, um novo, tenha a coragem de viver plenamente. É preciso coragem para celebrar a vida em um mundo sombrio, onde muitas vezes não há mais razão para comemorar. Mas quando você parar de procurar respostas na confusão e no caos e olhar para cima, declarando corajosamente que há esperança na graça e na bondade do Deus vivo nesta vida e na próxima, você vai espalhar a luz e o aroma dele aonde quer que vá.

Então, comemore e cante. Eleve a verdade bem alto e balance-a, para que todos vejam. Deus habita nos louvores de seu povo. O mundo será diferente se sua vida declarar a grandeza dele.

O filho de uma amiga tem uma doença degenerativa com um prognóstico não muito animador. Ela se sente como se eles estivessem viajando em uma trilha traiçoeira, daquelas que não permitem ver o que está vindo depois da próxima curva. Mesmo assim, aquela mãe sempre diz que prefere estar naquela estrada, onde a vista é espetacular e ela aprende a dirigir melhor, a estar em um caminho sem riscos, fácil e aberto, mas que a leva à acomodação com a situação. Ela diz que tem motivos para comemorar e que não pensa em trocar sua viagem por qualquer coisa, porque há uma beleza de tirar o fôlego que só pode ser vislumbrada por aqueles com a coragem de caminhar por estradas perigosas e difíceis.

Para você, quando é mais difícil celebrar a vida?

Deus, coloca um novo cântico na minha boca, não importa o quanto o céu venha a escurecer. Amém.

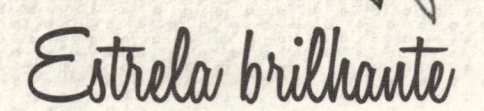

Estrela brilhante

Pois todo aquele que a si mesmo se exaltar será humilhado, e todo aquele que a si mesmo se humilhar será exaltado.

Mateus 23.12

Como eu, você provavelmente vai querer viver uma vida plena, iluminada e brilhante, mas não quer ficar orgulhosa por causa disso. *Olhe para as estrelas.*

Eu adoraria ser uma estrela! Não uma estrela do rock, mas uma das que brilham no céu, como um diamante. Eu adoraria viver uma vida bonita como elas. Fiquei comovida com o relato de uma mulher sábia que estava olhando para as estrelas. Embora fossem tão brilhantes e tão lindas, a única coisa que a tocou foi a ideia de que *as estrelas são sempre pequenas*. Com efeito, ninguém é atraído para uma pessoa que está sempre tentando se fazer maior do que realmente é. Na verdade, as pessoas que tentam se fazer maiores acabam terminando murchas. Isso é lamentável e embaraçoso.

Então, em vez disso, estou vivendo desesperadamente para a verdade que está contida em me fazer pequena, indo mais para baixo, passando ao largo da glória, porque ela não é minha e é santa demais para lidar com isso. Assim, a minha vida se torna bela, como o doce cheiro da canela ou o indescritível som das ondas. Quanto às estrelas, elas me lembram de que devo viver de modo que minha presença traga alguma beleza à vida dos outros, fazendo a presença de Cristo conhecida.

Você pode escrever uma lista de atributos da pessoa mais bela e mais admirável que você conhece? A lista incluiria itens como arrogância ou autopromoção?

Deus, eu desejo me fazer pequena. Quero ser apenas uma pequena estrela brilhando lindamente para a tua glória. Amém.

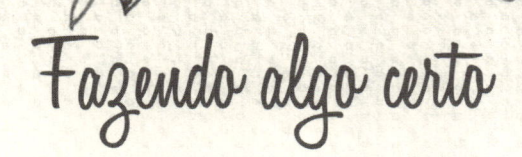

Fazendo algo certo

"Bem-aventurados serão vocês quando, por minha causa, os insultarem, os perseguirem e levantarem todo tipo de calúnia contra vocês."

Mateus 5.11

Esse versículo pode parecer masoquista, à primeira leitura. Porém, encerra uma verdade: o melhor tipo de crítica é aquela que você recebe por seguir e amar a Jesus.

Você pode não ser chamada a perder sua vida por causa do evangelho. Você pode não ser apedrejada ou demitida, cuspida ou difamada no Twitter por causa da sua fé; porém, se estiver realmente fazendo algo certo, atrairá algum tipo de contestação.

Claro, esse tipo de oposição ainda é difícil e prejudicial. Não é algo que você deve procurar experimentar, na expectativa de ser uma espécie de heroína. Mas, com certeza, se estiver andando na integridade, perto de Deus o suficiente a ponto de ouvi-lo chamando você, então não precisa temer a perseguição. E o Senhor promete que, se a perseguição for uma estrada pela qual você precisar andar, ele irá acompanhá-la.

Histórias de martírio e perseguição lhe causam fascínio ou temor? Você pode não ter enfrentado a prisão por causa da sua fé, mas conhece a dor da rejeição de colegas, de amigos ou da família porque sua vida está associada a Jesus?

Jesus, eu vou te seguir, não importa o que o mundo disser ou fizer para me parar. Ajuda-me neste propósito. Amém.

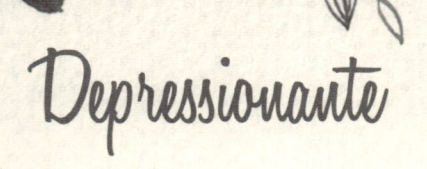

Depressionante

Aquele que estava assentado no trono disse:
"Estou fazendo novas todas as coisas!"

Apocalipse 21.5

Depressionante é apenas uma palavra que inventei para combinar as palavras "deprimente" e "emocionante". É *depressionante* que agora mesmo, em algum lugar, um bebê esteja nascendo de pais amorosos, uma mulher esteja sendo violentada, duas pessoas estejam se apaixonando e uma criança morra de fome. Sim, o mundo é *depressionante*.

Deus vê todas essas coisas, o tempo todo. Ele vê a beleza, que mostra a sua glória; também vê a tragédia, que revela a queda do homem. O Senhor contempla a criança que sorri e o idoso que geme. Por que ele, sendo Todo-poderoso, simplesmente não acaba logo com tudo o que há de ruim no mundo? Sabemos que, para Deus, tudo é possível, até mesmo o que temos como impossível. Ora, se ele falou e fez as galáxias surgirem, como não poderia colocar em ordem o nosso caos?

Ele pode. O fato de que Deus não faça algo da forma como pensamos ser a ideal, significa que ele deve ter uma boa razão para não o fazer. Às vezes, entendemos essa razão; outras vezes, não. A isso chama-se fé – e com fé as coisas ficam menos deprimentes e mais emocionantes. Deus promete, em sua Palavra, que cuida dos oprimidos. Aqueles que confiam nele não serão abalados. O Senhor é paciente, convidando todas as pessoas a voltar para ele. Ele perdoa, restaura e julga justamente do trono da graça, nesta vida ou na próxima. Ele reina para sempre e vai fazer novas todas as coisas.

Você poderia celebrar o que é emocionante e pedir a Deus que a ajude a compreender o que é deprimente?

Deus, livra-me de adorar a mim mesma. Ajuda-me a aceitar a passagem do tempo e a usar o corpo que tenho hoje para te adorar. Amém.

Espelho, espelho

A beleza de vocês não deve estar nos enfeites exteriores, como cabelos trançados e joias de ouro ou roupas finas. Ao contrário, esteja no ser interior, que não perece, beleza demonstrada num espírito dócil e tranquilo, o que é de grande valor para Deus.

1Pedro 3.3-4

A beleza é parte de nosso chamado para viver plenamente. Mas quanta atenção devemos dar à beleza externa? Como vamos fazer o nosso melhor com o que temos, sem vaidade e honrando a Deus com nosso corpo?

Quando se trata de envelhecimento, todo mundo está fazendo isso. Estamos, todos, nos movendo em direção ao futuro, onde está a decadência física e mental. Nenhum tratamento ou terapia pode erradicar os inexoráveis efeitos da queda sobre nós. Então, se você acha que está ficando velha, lamento dizer que está certa – aliás, não apenas você: os outros sete bilhões de seres humanos do planeta também.

Talvez um bom equilíbrio seja trazido quando estamos contentes ao fazer um exercício que exige esforço. Seu corpo é o templo do Espírito Santo (1Coríntios 6.19-20), e se ele está em boa forma, melhor é para o Reino. Assim, dentro de sua disponibilidade de tempo e orçamento, seja encantadora por dentro e por fora. Enquanto estiver aqui, você pode muito bem tornar-se tão útil quanto possível, para a glória de Deus.

Esteja você com 18, 45 ou 70 anos, o que realmente a assusta em relação ao envelhecimento?

Deus, livra-me de adorar a mim mesma. Ajuda-me a aceitar a passagem do tempo e a usar o corpo que tenho hoje para te adorar. Amém.

A maravilha da juventude

Olhe sempre para frente, mantenha o olhar fixo no que está adiante de você. Veja bem por onde anda, e os seus passos serão seguros. Não se desvie nem para a direita nem para a esquerda; afaste os seus pés da maldade.

Provérbios 4.25-27

Quando você olhar para si mesma no espelho e observar as alterações que vão se acumulando com o passar dos anos, lembre-se de que *você* é um reflexo da beleza de Deus. Estamos todos ficando mais velhos, mas não precisamos aniquilar o que sobrou.

Eu tenho uma teoria de que algumas pessoas se apavoram no dia em que comemoram seu aniversário porque se lembram de que ainda não fizeram tudo que deveriam fazer ou não foram aquilo que, um dia, desejaram ser. Não há problema algum por se chegar até aqui desse jeito. Portanto, se você tem arrependimentos, arrependa-se! Ainda há muito tempo pela frente. O que você fará com os anos que lhe restam? "Delimite um caminho reto para seus pés", aconselha o sábio Salomão.

A cronologia do Reino de Deus é diametralmente oposta à passagem do tempo na dimensão terrena. É por isso que Paulo escreve: "Por isso, não desanimamos. Embora exteriormente estejamos a desgastar-nos, interiormente estamos sendo renovados dia após dia" (2Coríntios 4.16).

Salomão também escreveu que a vereda do justo "é como a luz da alvorada, que brilha cada vez mais até a plena claridade do dia" (Provérbios 4.18). Assim, o caminho reto está posto à nossa frente. O melhor ainda está por vir!

O que você está procurando?

Deus, tu conheces a quantidade de dias que me restam. Quero vivê-los maravilhosamente bem! Amém.

Vencendo o medo

De fato, acalmei e tranquilizei a minha alma.
Sou como uma criança recém-amamentada por
sua mãe; a minha alma é como essa criança.

Salmo 131.2

O medo de perder algo pode ser uma forma de orgulho e inveja. Nós estamos com ciúmes das experiências dos outros porque achamos que merecemos ser como eles. Então, o medo pode ser um dos mais terríveis inimigos de uma vida plena e com satisfação.

Você precisa resolver o fato de que há sempre coisas acontecendo em outros lugares, das quais você não faz parte. Aprenda a conviver com essa realidade. Você está, exatamente, onde Deus quer que você esteja. Isso *não* é uma razão para se orgulhar; é apenas um motivo para agradecer a Deus porque ele a vê, ele a conhece e a ama. E ele continua trabalhando em seu favor.

Se você está fielmente realizando a tarefa que ele lhe deu, então não está perdendo o seu melhor.

Há pessoas e situações específicas em relação às quais, se você não estiver por perto, vai se sentir desconfortável?

Deus, me acalma e ajuda a descansar e aproveitar o reconhecimento de que tu estás intimamente consciente de quem eu sou, onde estou e o que está acontecendo com a minha vida. Estou animada para ser parte do que tu estás fazendo em volta de mim e por meio de mim. Amém.

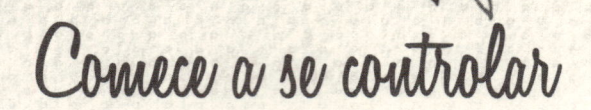

Comece a se controlar

Portanto, fortaleçam as mãos enfraquecidas e os joelhos vacilantes. "Façam caminhos retos para os seus pés", para que o manco não se desvie; antes, seja curado.

Hebreus 12.12-13

Viver uma vida melhor e mais bela é ser corajosa o suficiente para superar comparações. Mas saiba: você não tem que ser corajosa o suficiente pelo resto de sua vida. Você só precisa ser corajosa o suficiente para tomar a próxima decisão – e a próxima decisão é olhar para frente, orar, sorrir e comemorar, porque a vida melhor é a maravilha da simplicidade, e a próxima coisa certa é a obediência. A vida melhor é deixar o seu caso nas mãos de Deus, que sempre julga justamente (1Pedro 2.23).

Eu quero desafiá-la a, neste final de ano e diante do novo período que está para começar, parar de comparar e ver o que acontece. Quando você se move para além das amarras da comparação, entra na terra prometida do contentamento. E você vai longe!

Você tem coragem de parar de comparar?

Pai, ajuda-me a obter controle sobre a comparação. Faz-me corajosa o suficiente para percorrer o caminho único que tu tens para mim, sem me comparar a ninguém. Faz-me corajosa o suficiente para continuar a dar apenas o próximo passo. Amém.

O meu caminho

Dediquem-se uns aos outros com amor fraternal.
Prefiram dar honra aos outros mais do que a vocês.

Romanos 12.10

Em uma época diferente do ano como esta, quando as tensões familiares surgem em torno da preparação para o Natal, é comum ficarmos tensas ou agitadas. O detalhe é que a tensão que você sente, provavelmente, se deve ao fato de que, em algum nível, *você não está recebendo o que quer.*

Tomei ciência disso, de maneira humilhante, durante uma sessão de fotos da família. Eu queria que nós nos parecêssemos com a família perfeita emoldurada – daquelas que aparecem nos anúncios de sabão em pó, com a roupa impecavelmente limpa. Em vez disso, nosso filho mais novo usou de todas as birras possíveis. O fotógrafo não poderia registrar a imagem do garoto com aquela cara de raiva e lágrimas furiosas escorrendo pelo rosto. Quanto a mim, constrangida, restou fazer aquela cara de paisagem, como que dizendo mentalmente ao menino: "Em casa, a gente conversa."

Quando outras pessoas não seguem o roteiro que escrevemos em nossa cabeça, isso diz mais sobre nós e nosso orgulho do que sobre elas. Vamos viver este Natal com a simples, excelente e corajosa beleza de estarmos realmente aceitando o fato de nem sempre conseguirmos o que queremos.

Você poderia se comprometer a amar com genuína afeição altruísta, todos os dias, pelo resto do ano?

Jesus, quando eu não fizer do meu jeito, me ajuda a mostrar o altruísmo que aponta para tua força em mim. Amém.

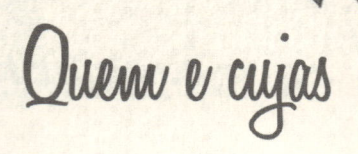

Quem e cujas

> Mas agora assim diz o SENHOR, aquele que o criou, ó Jacó, aquele que o formou, ó Israel: "Não tema, pois eu o resgatei; eu o chamei pelo nome. Você é meu."
>
> *Isaías 43.1*

Vivemos em um mundo em que a tela do smartphone, assim como a TV no passado, insidiosamente nos manipula e nos define. A mídia social tem nos feito acreditar que precisamos ser e parecer com as pessoas que vemos desfilando ali, em seus brilhantes mundos virtuais de festas, viagens e realizações.

Assim, você e eu precisamos continuar orando por sabedoria e discernimento para que possamos responder à verdade quando nos questionamos sobre o nosso próprio valor ou identidade. É crucial continuarmos a caminhar pela fé e em obediência, para que possamos viver com coragem e com integridade, tanto on-line quanto na vida real.

Nossa integridade, afinal, está diretamente ligada à nossa fé em Deus. Se nós, realmente, acreditamos que Deus é quem ele diz que é, então vamos confiar nele para nos proteger e nos promover, independentemente de como os outros se definem ou tentam impingir um tipo de definição em nós.

Antes das luzes de Natal piscarem e serem desligadas novamente e o sol nascer em um novo ano, resolva *quem você é* e a *quem pertence*. A Internet tem respostas para quase todas as perguntas imagináveis, é verdade – mas o Deus vivo sabe o seu nome.

Você poderia descrever, em 140 caracteres – apenas um tweet –, quem você é e a quem pertence?

Deus, tu me chamaste pelo nome e eu pertenço a ti para sempre. Ajuda-me a nunca me sentir intimidada pela forma como o mundo tenta me nomear e me dominar. Amém.

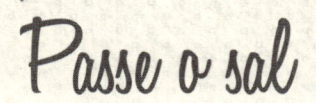

Passe o sal

"O povo que vivia nas trevas viu uma grande luz; sobre os que viviam na terra da sombra da morte raiou uma luz."

Mateus 4.16

Podemos nos sentir atingidas pelo que parece estar irremediavelmente bagunçado na sociedade. O mundo que estamos deixando para nossos filhos, parece estar se afogando na escuridão da corrupção, da injustiça, da mágoa, da fragilidade da vida e do chicote do estresse, que nos resta pouco para fazer tanta coisa.

Se abraçamos a verdade de Deus, precisamos abraçar, também, toda a sua verdade, e não apenas as partes de sua Palavra que nos trazem bem-estar. As partes que nos deixam desconfortáveis e as que são difíceis de aceitar também estão lá – e isso pode ser seriamente perturbador.

Podemos tentar valorizar a verdade de que Deus nos dá autoridade em nossos pequenos vislumbres do Reino. Podemos tentar lembrar que a luz brilha nas trevas, e as trevas não a superam (João 1.5).

Podemos viver com a certeza de que, quando os amigos e a família trituram o sal em nossas mesas, neste Natal e nos demais, é o sal da terra que não será pisado, mas usado para temperar, curar e preservar.

Hoje, você poderia criar espaço para moer o sal com alguém e oferecer a luz e a esperança que celebramos nesta época do ano?

Jesus, faz-me corajosa o suficiente para continuar passando o sal e brilhando com a tua luz. Amém.

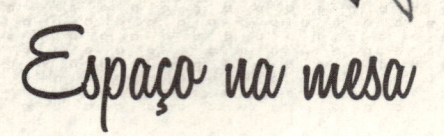

Espaço na mesa

> Então disse Jesus: "Deixem vir a mim as crianças e não as impeçam; pois o Reino dos céus pertence aos que são semelhantes a elas."
>
> *Mateus 19.14*

Somos competentes quando o assunto é autodepreciação. Nós dizemos: "Outros estão fazendo isso e fazendo melhor. Tudo já foi dito e dito bem." Sentimos, então, que não temos presentes para o Rei e que nem há espaço ao redor da manjedoura.

Antes do ano acabar e você ficar sem esperança, aqui está a verdade: a sabedoria de Deus nunca se esgota. Os cínicos dizem que o mundo está cheio de grandes ideias, mas a sabedoria de Deus é insondável. Você nunca saberá tudo. No entanto, ele a oferece generosamente (Tiago 1.5). Portanto, você pode continuar se voltando sempre para aquele que criou todas as grandes ideias.

O poder de Deus nunca se esgota. Ele nunca relaxa seu cuidado para com você. Ele é o Pai que nunca para de chamar seu nome – então, o seu chamado nunca se esgota. Não, ao menos, até que ele a chame para casa.

O amor de Deus nunca se esgota. Jesus, sangrando, disse: "Está consumado." Ele disse, fez e deu tudo, não deixando nada para adicionarmos ao evangelho. No entanto, devemos investir tudo que temos e sabemos recontando essa história de amor. Milhões não sabem disso. Não ousamos dizer que não há espaço para nós nessa história.

Até a sua última expiração neste planeta, você faz parte do plano de Deus para o mundo. Há espaço para você na mesa dele.

Você já sentiu que não há espaço para você em algum contexto?

Pai, obrigada por me convidares para sua mesa. Amém.

Eu estou sonhando com um Natal simples

...e ela deu à luz o seu primogênito. Envolveu-o em panos e o colocou numa manjedoura, porque não havia lugar para eles na hospedaria.

Lucas 2.7

Eu adoraria manter o Natal simples, como uma mãe envolvendo seu recém-nascido em qualquer coisa confortável disponível. Porém, todo ano, nesta época, eu me vejo assando comidas, comprando coisas, embrulhando presentes e arrumando a casa. Essa é a tradição, afinal de contas. No entanto, tradições mostram como a *vida* passou da geração para geração. Um Natal simples, então, significa não aplicar uma tradição se a vida tiver saído disso porque insistimos em permanecer nela e sufocá-la.

E se simplificássemos o Natal, usando apenas o que temos disponível e tornando-o, ainda assim, bonito? E se, no Natal deste ano, enfeitássemos a nossa casa apenas com coisas que achamos nos armários e colocássemos as mesas com a simplicidade que dá vida, em vez de estresse?

Experimente dizer não à correria das compras de última hora, aos dias de labor na cozinha e, claro, à avalanche de calorias que se abate sobre nós quando as festas acabam. Não para ficar na defensiva, mas para colocar nossa marca no Natal.

Apenas diga sim para *ser a segunda* porque, se não conseguirmos o que queremos à mesa ou à árvore, isso não nos enfraquece, assim como isso não minou a majestade do Rei nascido em uma manjedoura que não "considerou que o ser igual a Deus era algo a que devia apegar-se" (Filipenses 2.6). Diga sim à graça e à simplicidade!

Você se sente presa pelas armadilhas da tradição?

Jesus, eu estou comemorando a simplicidade daquilo que tu vieste fazer neste mundo. Amém.

Extravagante

Porque um menino nos nasceu, um filho nos
foi dado, e o governo está sobre os seus ombros.
E ele será chamado Maravilhoso Conselheiro,
Deus Poderoso, Pai Eterno, Príncipe da Paz.

Isaías 9.6

Por volta do Natal, penduramos luzes em nossas janelas e o mundo se torna mágico. Festejar a vinda de Deus ao mundo não faz muito sentido para quem não crê, da mesma forma que uma mulher derramando perfume sobre Jesus não fazia nenhum sentido. Era ridículo e extravagante.

Também é ridículo e extravagante que o infinitamente, poderoso e perfeito Deus tenha se humilhado para nascer em palha suja e acabar crucificado entre malfeitores, amando seus algozes para salvá-los do pecado deles.

As luzes de Natal nos lembram de tudo isso. De fato, quando damos e recebemos presentes nesta estação de alegria, Deus desembrulha o futuro. As luzes nos lembram de que, embora haja políticos corruptos, economias fracassadas, horários frenéticos, relacionamentos imperfeitos e fadiga implacável, Jesus traz descanso, restauração, cura e esperança. Elas nos lembram de viver com expectativa, de deliciar-se com novos começos e antecipar a eternidade.

Você poderia pendurar algumas luzes neste Natal como forma de mostrar ao mundo que você serve ao Deus de devoção extravagante?

Pai, todas as luzes de Natal em todo o mundo não são suficientes para celebrar o teu amor generoso. *Amém.*

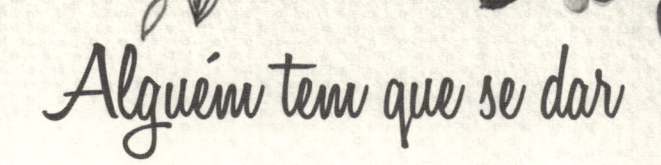

Alguém tem que se dar

"Se o meu povo, que se chama pelo meu nome, se humilhar e orar, buscar a minha face e se afastar dos seus maus caminhos, dos céus o ouvirei, perdoarei o seu pecado e curarei a sua terra."

2Crônicas 7.14

Nosso mundo está repleto de obras-primas de Deus: os oceanos profundos, a neve alva do cume das montanhas, as borboletas multicoloridas, o verde das matas e os sorrisos das crianças – estes últimos, que se abrem ainda mais nesta época de Natal. O sol brilha sobre a face da terra, as estrelas brilham no firmamento e as aves voam pelos céus. Tudo testemunha a glória do Criador.

Mas, apesar de o mundo ser cheio de beleza, *algo tem que acontecer*, porque a mancha do pecado se infiltrou através dos séculos e escureceu todas as páginas da história. Surpreendentemente, Deus não deu um basta a tudo isso; ele nos mantém aqui, a fim de que sejamos seus instrumentos na transformação do planeta. *Nós é que temos de nos dar por essa causa.*

Precisamos estar tão cheios de sua vida transbordante que não podemos deixar de derramar a graça para a mudança. Em um mundo belo e caído, precisamos continuar conhecendo os dons que ele dá como presente dele para os outros.

O que você tem para dar?

Senhor, tu és o Salvador que nasceu em um pobre estábulo e cuja glória anunciada encantou os pastores no campo. Acende em nós uma paixão para teus propósitos. Dá-nos olhos para ver os dons que temos e coragem para ficarmos ocupadas, dando algo de nós como presente. Amém.

Paz na terra e boa vontade a todos os homens

"Glória a Deus nas alturas, e paz na terra aos homens aos quais ele concede o seu favor."

Lucas 2.14

Natal, supostamente, deveria ser um momento de paz na terra e boa vontade entre todos os homens. Mas, para muitas pessoas, a ocasião é apenas uma desculpa para o consumismo e motivo de estresse.

E se orássemos uns pelos outros, a fim de que possamos viver nossas histórias de Natal de maneira diferente neste ano? Ore pelos despossuídos que não terão uma ceia naquela noite especial; interceda pelas pessoas que não veem motivo para festejar, diante da ausência de seus entes queridos; peça a Deus pelas pessoas que se encontram feridas por traumas, mágoas e graves problemas. Que este Natal seja, para elas, um marco de cura, perdão e esperança, para que possam viajar sem bagagens pesadas no próximo ano.

Não importa quem somos, de onde viemos, o que fizemos ou o que paira sobre nós: somos redimidas. Renovadas. Filhas do Altíssimo. Vamos tornar este Natal uma celebração disso.

Vinde, e o adoremos.

O que você poderia começar a fazer, hoje, para espalhar paz e boa vontade, mesmo que seja apenas para uma outra pessoa?

Jesus, eu permaneço na fé de que tu vieste trazer luz às nossas trevas. Obrigada por tua vinda, por meio da qual eu posso conhecer a paz e transmitir boa vontade entre os homens. Amém.

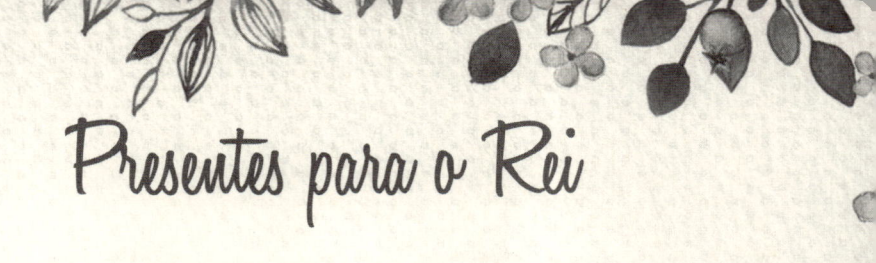

Presentes para o Rei

Ao entrarem na casa, viram o menino com Maria, sua mãe, e, prostrando-se, o adoraram. Então abriram os seus tesouros e lhe deram presentes: ouro, incenso e mirra.

Mateus 2.11

A minha oração, neste Natal, é que você coloque seus dons diante do Rei. Dedique a ele seu tempo, sua energia, seus recursos e sua disponibilidade, e veja o que ele fará com isso no próximo ano.

Eu oro para que, neste Natal, você se lembre de que Deus promete carregar seus fardos e que, se você estiver enfrentando algo que a leve a pensar que não pode fazer algo, possa se lembrar de que pode fazer todas as coisas por meio de Cristo, aquele que nos fortalece (Filipenses 4.13).

Estou orando para que este Natal seja um tempo de descanso em meio à agitação das viagens, compras e festividades. Que sua noite feliz seja com os joelhos dobrados diante do Cristo que, um dia, veio até nós.

Estou orando para que Deus fortaleça sua vida, a fim de que você ande confiantemente e entregue seu futuro nas mãos do Senhor. Ele esteve com você este ano, e estará ao seu lado também no próximo. Isso é razão suficiente para dar a ele tudo de si.

O que Deus está lhe pedindo para entregar a ele, neste Natal? Você é corajosa o suficiente para deixar tudo aos pés dele?

Deus, eu me curvo diante de ti neste Natal.
Assim como o caminho até Belém foi iluminado,
confio em ti para trazer luz diante de mim. Amém.

Feliz Natal

"Vejam, estou fazendo uma coisa nova! Ela já está surgindo! Vocês não a reconhecem? Até no deserto vou abrir um caminho e riachos no ermo."

Isaías 43.19

Essa passagem das Escrituras é sobre uma promessa antiga, que se materializou na estrela brilhante sobre Belém, naquele primeiro Natal. A ocasião sempre teve forte conexão com novidade.

A história que relembramos ano após ano, vestidos como pastores em panos coloridos, nos mostra que quase não teríamos espaço para nos envergonhar de muita coisa se Deus não tivesse se humilhado quando veio até nós, nascendo em um lugar pobre, sendo rejeitado pela maioria e sofrendo a nossa morte.

O enredo do Natal é um lembrete de que temos de nos superar, deixando para trás nossa incerteza, supostos direitos, indignação ou medo. Não precisamos carregar mais essas coisas, porque ele fez novas todas as coisas (Apocalipse 21.5). Por isso, cada Natal, desde aquele dia na pequena Belém, tem sido uma oportunidade para coisas novas. Cada Natal é a cura para a decepção e o desconforto, porque nele a derrota foi colocada em modo de espera. Cada Natal é a nossa chance de deixar a tristeza e os revezes aos pés do Rei por meio de belos momentos de rendição.

De que forma você pode comemorar a novidade deste dia de Natal?

Jesus, obrigada por tua vinda ter me oferecido a oportunidade de começar de novo. Amém.

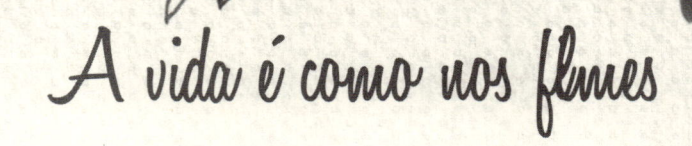

A vida é como nos filmes

Isto é, de fazer convergir em Cristo todas as coisas, celestiais ou terrenas, na dispensação da plenitude dos tempos.

Efésios 1.10

As pessoas dizem que a vida não é nada parecida com os filmes. Para mim, talvez ela seja exatamente como nos filmes – e até melhor. Nos filmes, assim como na vida real, somos inspiradas por aqueles que fazem o que é difícil e heroico. Isso nos move a observar as pessoas vivendo de maneira corajosa, resoluta e inabalável, comprometidas que estão com elevados padrões morais. Nós amamos esses personagens porque os filmes precisam de heróis, e a vida também.

Há momentos, nos filmes, em que parece que o vilão vai superar o herói, mas nossa confiança está nos diretores e roteiristas. Eles sabem o final do filme; afinal, foram eles que escreveram sua história. Da mesma forma, Deus sabe o fim da História, pois já a tem toda traçada.

Os créditos do ano começam a ser exibidos depois do Natal, e, no entanto, podemos ser esperançosos e otimistas porque o melhor ainda está por vir. Não há anticlímax na eternidade. Antes de chegarmos lá, haverá telefonemas e tragédias da vida real. Mas os mocinhos sempre ganham nos filmes e, em última análise, também nós, os que fomos resgatados e nos mudamos para o Reino da luz (Colossenses 1.13), teremos um final feliz. Quando os créditos da vida real rolarem, podemos ficar realmente felizes. Há uma maravilhosa alegria pela frente (1Pedro 1.6)!

Você acredita que, não importa o que acontecer com você nesta vida, há um final feliz?

Deus, obrigada porque tu sabes como termina a história, e que o fim é apenas o começo. Amém.

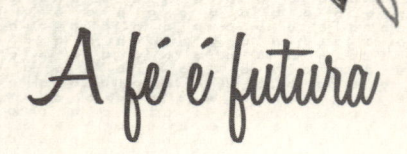

A fé é futura

Disse-me ainda: "Está feito. Eu sou o Alfa e o Ômega, o Princípio e o Fim. A quem tiver sede, darei de beber gratuitamente da fonte da água da vida."

Apocalipse 21.6

Se você é uma pessoa normal como eu, há de temer o futuro em algum momento. Talvez você já tenha se perguntado como será a vida dos seus filhos daqui a décadas, ou quem sabe esteja economizando o suficiente para não depender apenas da aposentadoria. E ainda, se há alguém que olha por você.

O Salmo 112.7 diz: "Não temerá más notícias; seu coração está firme, confiante no SENHOR." Deus estava lá em seu começo. Que alívio saber que ele estará lá, no final!

Não há como escapar do fato de que sempre precisaremos viver pela fé, não importa onde vivamos e em que tipo de circunstâncias. *Viver* em algum lugar requer fé. Juntar as coisas e *ir* a algum lugar exige fé.

Não importa onde ou como você escolhe viver a sua vida neste mundo, você é chamada a viver pela fé. E aquele que a tem chamado para isso é fiel.

Quais são seus medos específicos sobre o futuro? E como a certeza de que Deus estará lá pode mudá-los?

Deus, estou com sede na alma. Por favor, enche-me com a água viva e me ajuda a manter a fé. Amém.

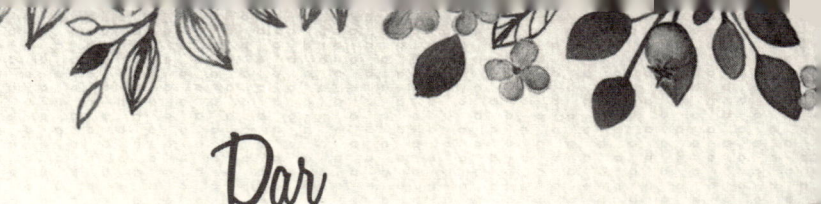

Dar

28 DE DEZEMBRO

"Vocês receberam de graça; deem também de graça."

Mateus 10.8

Quando você começa a remoer em sua cabeça pensamentos em torno de um novo ano, talvez possa pensar em três palavras: dar, economizar e viver. São boas ideias para administrar seu dinheiro: dê, antes de economizar, antes de morar. São boas palavras para administrar toda a vida. Primeiro, dê.

Dê seu coração. Em algum momento, ele vai parecer como se estivesse quebrado, quer você o dê ou não. Então, você pode muito bem dar isso. Dê o seu tempo. Desista do seu sono se alguém precisar de você. Dê abraços. Dê chocolates. Dê conselhos baseados na verdade atemporal e no discernimento do momento.

Dê dinheiro. Doar mais do que você gasta em seus próprios mantimentos, porque há pessoas morrendo de fome neste mundo. Dê às pessoas seus livros, suas roupas, seu espaço pessoal. Dê *likes* no Facebook e dê sua atenção.

Entregue-se aos planos do seu Deus. Aproveite todas as oportunidades para praticar o ato da doação, dando o seu melhor para o mundo. Dê seus talentos, sua visão, sua criatividade, sua energia e seu senso de humor, não importa como serão recebidos.

E quando você se sentir de alguma forma diminuída? Dê.

O que você possui que lhe foi dado livremente? E o que você poderia dar livremente hoje a alguém?

Pai, faz-me generosa como tu és. Muda o meu coração, para que eu anseie por dar aos outros o caminho que tu e muitas pessoas têm, tão liberalmente, dado a mim. Amém.

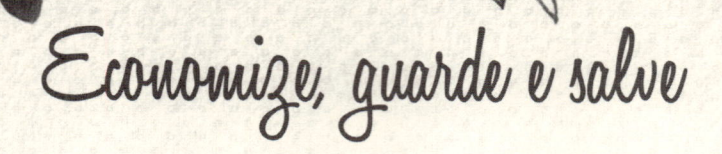

Economize, guarde e salve

O mundo e a sua cobiça passam, mas aquele que faz a vontade de Deus permanece para sempre.

1João 2.17

Que privilégio é permanecer na verdade de que nossa vida é salva pelo Deus vivo. É uma coisa linda quando deixamos a realidade da nossa salvação acontecer nas nossas decisões e nos nossos relacionamentos.

Por exemplo, você poderia economizar sofrimento, fazendo escolhas sábias. "A sabedoria clama em alta voz nas ruas" (Provérbios 1.20). Posicione-se para ouvir. Se você é solteira, preserve-se. Sexo é algo pelo qual vale a pena esperar. Guarde *memórias*, *saboreando-as* no presente antes que fiquem restritas ao passado. Uma vez por dia pare para ver o mundo chegando até você. O que tem gosto?

Economize. Às vezes, guarde sua opinião, porque a sabedoria é um subproduto da humildade. Os amigos estão vindo e você ainda não fez os pratos especiais? Economize tempo, colocando-os no forno – os pratos, claro, e não os amigos. Economize energia elétrica – e economize a sua própria energia, planejando seus atos com prudência.

Guarde algumas das suas histórias para as pessoas mais próximas, que as veem e conhecem. Não se preocupe muito com o que pensam de você. Confie em Deus. E sempre economize espaço para o pudim.

O que você poderia economizar hoje, em vez de gastar?

Senhor, eu não posso te agradecer o suficiente por ter me salvado. Amém.

Viva!

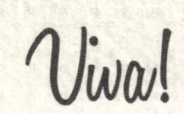

> Contudo, mesmo que eu esteja sendo derramado
> como oferta de bebida sobre o serviço que provém da fé
> que vocês têm, o sacrifício que oferecem a Deus, estou
> alegre e me regozijo com todos vocês.
>
> *Filipenses 2.17*

Essa é a parte divertida. Você pode acabar com essa parte do orçamento da vida. Esvazie os cofres. Gaste!

Viva sabendo que você é a amada de Deus. Viva sabendo que você não precisa ficar na defensiva, já que é defendida pelo Senhor. Viva sabendo que você não precisa carregar fardos porque é carregada pelo Pai. Viva com confiança e em Cristo, e se contente porque Deus é engrandecido pela sua vida quando você está profundamente grata nele.

Viva como se você tivesse praticado e determinado a acertar. Um monte de momentos intencionais, bem vividos, compõe uma vida que conta na história e na eternidade.

Eu mencionei que você pode simplesmente *gastar*? Gaste-se no trabalho para o qual Deus a chamou, porque é muito gratificante. Gaste dinheiro para abençoar as pessoas em sua casa, porque Deus proverá. Gaste tempo tentando entender as pessoas. Gaste-se para o bem da comunidade. Gaste o seu tempo com as crianças e com pessoas idosas, solitárias e realmente carentes. Gaste sua vida com sinceridade, excelência, bravura e beleza.

Você tem planejado fazer algum pequeno gasto hoje?

Deus, mostra-me com quem eu poderia passar um tempo hoje, ou com quem eu poderia investir tempo ou dinheiro; ou, ainda, como eu poderia oferecer meus dons para te honrar. Amém.

O melhor ainda está por vir

Ensina-nos a contar os nossos dias, para que
o nosso coração alcance sabedoria.

Salmo 90.12

Meus filhos, muitas vezes, me lembram de que a perspectiva é tudo. Se eu descer das alturas cansada dos adultos e me curvar, tornando-me como alguém pequeno, vejo coisas novas, grandes e diferentes. Eu posso reformular o que parece ser ingênuo e chamar isso de mágica. Reformule parâmetros e veja as possibilidades. Revisite seus problemas e pense nas promessas e no seu potencial. Repense sobre uma tragédia e encontre gratidão.

Jesus nunca disse que poderíamos ter nosso bolo e comê-lo. Não exatamente – ele disse: "Neste mundo, vocês terão aflições; contudo, tenham ânimo! Eu venci o mundo" (João 16.33). E ele disse também: "Eu vim para que tenham vida e a tenham plenamente" (João 10.10).

Então, talvez, viver a vida de Jesus – a paz profunda, a vida de grande alegria – signifique aceitar que, neste lado da vida, há sofrimento por vir. Porém, a história não vai terminar com esse sofrimento.

E para nós, o final é reenquadrado apenas no começo. Seja sábia, amiga, enquanto você vive esta curta e bela vida. Seja honesta. Seja corajosa. E vá com Deus.

Como você está no limiar do futuro, que tal agradecer a Deus porque o final deste ano é um novo começo?

Meu Pai fiel, obrigada por me conduzires através de todo este ano. É mais um capítulo de minha vida que se encerra em tua presença. A ti seja toda a glória. Amém.

Anotações

Anotações

Anotações

Anotações

Anotações

Anotações

Anotações

Anotações

Anotações

Anotações

Anotações

Anotações

Anotações

Anotações

Anotações

O amor ilimitado que salva vidas

Será que o etíope pode mudar a sua pele? Ou o leopardo, as suas pintas? Assim também vocês são incapazes de fazer o bem, vocês, que estão acostumados a praticar o mal.

Jeremias 13.23

Essas foram palavras duras para Jeremias pregar e mais duras ainda de ouvir. Elas vieram de um Deus que ama o seu povo de maneira decidida, mas que não se furtava a corrigi-los, justamente porque os amava. O povo de Israel havia se esquecido de sua fé e andava em pecado. Agora, Deus estava chamando-o de volta para si mesmo e tendo certeza de que eles entenderam o quanto precisavam de sua justiça – aliás, assim como eu e você, que não temos quaisquer virtudes em nós mesmas.

Assim como foi desconfortável para os israelitas ouvirem a admoestação do Senhor, nós, muitas vezes, nos sentimos mal quando confrontadas com a Palavra de Deus.

Ora, quem nunca viu uma mãe ficar preocupada enquanto sua criança corre por uma estrada movimentada? Estou bem convencida de que toda mãe corre atrás de seu filho quando o vê em uma situação de risco. Provavelmente, essa mãe vai gritar de desespero até alcançar o filho a quem ama, tomá-lo nos braços e apertá-lo de encontro ao peito. O quanto mais Deus faria para nós, a fim de nos atrair para a segurança de estarmos próximos dele?

Você acredita que Deus é por você, e não contra você?

Obrigada, Deus, por teu formidável amor. Obrigada por tudo o que tens feito, ao longo da história, para nos atrair para perto de ti. Amém.

Toda a verdade e nada além da verdade

Desvia-me dos caminhos enganosos;
por tua graça, ensina-me a tua lei.

Salmo 119.29

Somos tão benevolentes ao falarmos com nós mesmas... Somos capazes de nos convencer de qualquer coisa e falar para dentro ou para fora de tudo o que realmente queremos. Porém, sabemos, dentro de nós, quando falamos a verdade ou não.

Talvez se você pudesse fazer uma coisa diferente hoje, seria isso: Não minta para si mesma. Em todas as oportunidades, convites ou decisões, em cada conversa e interação e no meio de cada tarefa comum ou complexa, determine que a história projetada em sua mente vai ser completamente honesta. Você não pode enganar a Deus, e não haverá mudança duradoura no seu interior até você parar de enganar a si mesma. Diga a verdade sobre como você tem vivido e, em seguida, procure a verdade de Deus, que vai prepará-la para viver sabiamente onde quer que se encontre.

Você poderia criar excelência, beleza e mudança positiva hoje, apenas por si mesma, dizendo a verdade em vez de justificar o que é arriscado ou imprudente?

Deus, sei que não posso te manipular, como muitas vezes faço comigo mesma e com outras pessoas. Quero falar a verdade para mim mesma e para ti. Quero ser limpa e começar a dizer sempre a verdade para ti e para mim. Amém.

Você está aquecida o suficiente?

O SENHOR Deus fez roupas de pele
e com elas vestiu Adão e sua mulher.

Gênesis 3.21

Enquanto ainda era uma adolescente, cada vez que eu saía minha mãe sempre me perguntava se eu estava aquecida o suficiente ou se estava levando o casaco. Aquilo me irritava tanto que jurei para mim mesma que, quando tivesse filhos, deixaria que eles decidissem por si mesmos se estavam sentindo frio ou não. O tempo passou, meus filhos vieram e... É claro que isso não aconteceu! Pergunto a eles, *o tempo todo*, se estão suficientemente aquecidos e se os casacos estão dentro das mochilas. Agora, entendo a preocupação de minha mãe. Assim como ela, eu também amo meus filhos e quero vê-los sempre bem, gostem disso ou não.

Fico impressionada ao pensar que, depois que Adão e Eva desobedeceram à ordem divina e mergulharam toda a história humana no pecado, Deus lhes fez roupas. Embora tivessem se desviado da vontade do Senhor, ele estava interessado neles e preocupado com o bem-estar deles. Claro, havia uma mensagem naquela roupa, que dizia respeito à vergonha pela culpa. Mas, mesmo assim, ele poderia tê-los deixado nus e envergonhados – afinal, Adão e Eva mereciam isso. Mas, em vez disso, ele os procura, a fim de lhes encobrir a desgraça. Esse é o amor persistente e incansável de um Pai. E essa é a forma como o Pai ama a mim e a você.

Quando você se sente mais exposta, descoberta e insegura?
Que verdade sobre Deus isso tudo pode lhe dizer?

Pai, obrigada por não me deixares de fora no frio. Teu amor me encontra e me cobre. Obrigada porque abrir meu coração para ti não significa que ele vai congelar, mas sim que tu vais me aquecer com tua graça. Amém.

Mantenha um breve relato

Então reconheci diante de ti o meu pecado e não encobri as minhas culpas. Eu disse: "Confessarei as minhas transgressões, ao SENHOR", e tu perdoaste a culpa do meu pecado.

Salmo 32.5

Se você ler esse salmo, verá que Davi estava resistindo a Deus. Ele simplesmente se recusou a confessar seus pecados. Não está claro se estava com medo ou se sentia-se demasiado orgulhoso para negá-lo; fato é que Davi se agarrou ao seu pecado até ficar doente. Quando, finalmente, admitiu que seu pecado era apenas um pecado, ficou livre.

Buscar o arrependimento nos liberta para seguir em frente sem restrições dos emaranhados pegajosos e tristes da autopiedade, do ressentimento, do ciúme e de toda a sujeira que faz nosso interior – e, eventualmente, até o exterior – ficar adoecido. Admitir nossas desobediências a Deus deixa nosso coração suave, quebrantado e aberto, na firme semelhança de Cristo.

Você falaria com Deus sobre isso hoje, para ser livre já? Não demore.

Se não for você, há alguém perto de quem você suspeite de que tem um rancor ou mantém o hábito de pecar para dar suporte à vida? Você poderia orar por ele hoje ou encorajá-lo a se entregar a Deus, sendo livre.

Deus, obrigada porque a minha culpa se foi. Eu gostaria de ter confessado tudo há muito tempo. Ajuda-me, a partir de agora, a manter um breve relato do meu pecado. Amém.

Impossivelmente possível

Pois ele nos resgatou do domínio das trevas e nos transportou para o Reino do seu Filho amado, em quem temos a redenção, a saber, o perdão dos pecados.

Colossenses 1.13-14

Você e eu nunca iremos envolver completamente nossa mente e nosso coração na redenção até nos encontrarmos com o nosso Redentor face a face. Às vezes, parece bom demais o fato de que Deus nos amou tanto que, por causa do nosso bem e da sua glória, agradou-lhe esvaziar Jesus, que entendeu o nosso sofrimento e a nossa tentação (Isaías 53.10; Hebreus 4.15). Parece incrível que Jesus tenha sido obediente até a morte (Filipenses 2.8); que pelas suas pisaduras fomos sarados (Isaías 53.5); que mesmo em sua agonia ele tenha demonstrado compaixão (Lucas 23.34); que ele pregou a nossa impureza na cruz (Colossenses 2.14); que o túmulo está vazio (João 20.1); que a morte perdeu seu aguilhão (1Coríntios 15.55); que somos verdadeiramente livres (João 8.36); e que, quando esta vida passageira se findar, vamos passar a eternidade com ele (Efésios 2.6).

Você tomaria um minuto de seu dia, hoje, apenas para se maravilhar com a segunda chance que nos foi dada, e a maravilha que isso representa?

Qual o aspecto do sacrifício de Cristo e vitória sobre a morte que mais mexe com o seu coração? Você pode fazer o dia de alguém mais bonito, compartilhando essa verdade?

Jesus, obrigada por tornar possível o impossível em minha vida. Eu fico maravilhada com isso! Amém.

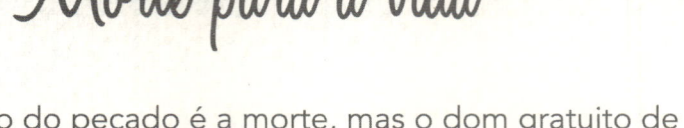

Morte para a vida

Pois o salário do pecado é a morte, mas o dom gratuito de Deus é a vida eterna em Cristo Jesus, nosso Senhor.

Romanos 6.23

Se você é pai, saberá o quanto é perturbador perceber que seus filhos não apenas herdaram suas boas qualidades – como o seu sorriso e o seu senso de humor – como também seus erros. Você viu como sua instintiva rebelião egoísta se manifesta neles e você quer desesperadamente que venham a compreender que o pecado causa a morte.

Obviamente, todos nós vamos morrer fisicamente por causa de uma decisão tomada há muito tempo; uma decisão que envolveu duas pessoas e o fruto de certa árvore. Porém, há mais. A morte anda junta ao pecado em geral. Ela é sempre o salário pago pelo pecado. A morte difere, dependendo do pecado. Ela pode ser, por exemplo, a derrocada de um relacionamento, a falência da saúde, a perda da confiança de alguém. Talvez a morte venha sobre seu emprego, seus sonhos, sua reputação ou seu desejo para o que é natural e bom.

Precisamos fixar em nosso coração e em nossa mente que nenhum de nós está acima das últimas consequências de nossos erros: *a morte*. Porém – e glórias a Deus por isso! –, há um caminho para sair dela. Há um dom gratuito que nos é oferecido pelo Senhor: *a vida*.

Você já tomou posse da verdade libertadora de que Deus lhe deu a vida, em vez da morte?

Deus, que eu nunca trate o meu pecado de forma suave. Cristo pagou um alto preço para perdoá-lo. Que eu nunca perca o sentimento de gratidão a ti por tão grande amor. Amém.